古代歷史文化 研究輯刊

三 編

王 明 蓀 主編

第 12 冊

吳越佛教之發展

賴 建 成 著

國家圖書館出版品預行編目資料

吳越佛教之發展／賴建成 著—初版—台北縣永和市：花木
蘭文化出版社，2010〔民99〕

目 4+218 面；19×26 公分

（古代歷史文化研究輯刊 三編：第12冊）

ISBN：978-986-254-097-8（精裝）

1. 佛教史　2. 隋唐五代史

228.2　　　　　　　　　　　　　　　　　99001176

ISBN - 978-986-2540-97-8

9 789862 540978

古代歷史文化研究輯刊

三 編 第十二冊　　　　　ISBN：978-986-254-097-8

吳越佛教之發展

作　　　者	賴建成
主　　　編	王明蓀
總 編 輯	杜潔祥
出　　　版	花木蘭文化出版社
發 行 所	花木蘭文化出版社
發 行 人	高小娟
聯絡地址	台北縣永和市中正路五九五號七樓之三
	電話：02-2923-1455／傳真：02-2923-1452
網　　　址	http://www.huamulan.tw 信箱 sut81518@ms59.hinet.net
印　　　刷	普羅文化出版廣告事業
初　　　版	2010 年 3 月
定　　　價	三編 30 冊（精裝）新台幣 46,000 元

吳越佛教之發展

賴建成　著

作者簡介

賴建成教授，宜蘭蘇澳人，文化大學史學研究所博士。民國 73 年，依明復法師修習佛教史與禪學，擔任過《獅子吼雜誌》、《佛學譯粹》編輯，並在海明佛學院、蓮華山淨土專宗佛學院、華嚴蓮社、圓光佛學院，教授中國佛教史等課程。又於華嚴蓮社、法光禪寺、景文科技大學，開設禪學、華嚴與禪、禪修與氣功等講座，專長除了氣功、術數之外，多著重在晚唐宋初的禪宗與天台教史之上，發表的論文有三十多篇。出版的專書，除了《吳越佛教之發展》之外，另有《晚唐暨五代禪宗的發展——以與會昌法難有關的禪門五宗為重心》、《藝術與生活美學》。民國 96 年 2 月，以《台灣民間信仰、神壇與佛教發展之省思——台灣宗教信仰的特質》一書為主著作，升等為正教授。

提　要

　　漢末，佛教東來，迄隋唐之際，承先賢五、六百年苦心探研之結果，中國人理解佛法漸深，能融會印度之學說，闡發義理，自立門戶，蔚成宗派。安史亂起，佛教在北方受到摧殘，聲勢驟減，僧紀蕩然，又經會昌滅佛，典籍湮滅極為嚴重，教下各宗因之日趨衰落，唯有禪宗一枝獨秀。下至五代，北方兵革時興，佛教受到限制，無甚發展，而南方諸國皆崇佛，佛教續有亢進。諸國中，以吳越錢氏崇佛最盛，諸宗漸興，影響後來佛教發展甚深。本文即基此一旨趣，試作論述。全文共分五章：

　　第一章「緒論」：凡三節。除探討佛教中國化之問題外，說明吳越佛教發展之歷史背景，並由此漸入本文主題，以顯吳越佛教之重要性。

　　第二章「吳越之宗教政策」：凡四節。除敘述宗教政策之緣起外，並分別說明諸王之宗教措施、與僧侶之關係，及佛教各宗派如何在吳越境內弘化，且兼論道教。

　　第三章「吳越之佛教情勢」：凡四節。除說明吳越佛教各宗派之宗風、人物及其影響外，並統計各州寺院數目，分析其盛況、經濟及其社會之活動。

　　第四章「吳越佛教對文化之貢獻」：凡四節。指出除社會之救濟與公益事業外，佛教對印刷、文學藝術、建築等方面，有卓越之貢獻，兼論吳越佛教與日、韓佛教文化之交流。

　　第五章「結論」：就前述各章作一玄之總結外，指出吳越佛教在發展上有何特性、密宗之影響力、世學與佛法之關係。而吳越佛教對後世影響有多深、各宗之思想、僧侶之生平諸問題，皆待來日繼續研究。

目次

附　圖

附　表

第一章 緒 論

第一節 佛教之中國化

　　佛教創始者釋迦牟尼（西元前 565～486），說法四十九年，談經三百餘會，後人集成三藏十二部經，又益以所製之律儀，和弟子們引申之論說，成爲傳世「三藏」釋典〔註1〕。在三藏十二部經中，出世自度之解脫道，是爲其親隨之聲聞弟子而說；去惡行善之世間人天道，係爲在家弟子而說〔註2〕。揆其要領，不出「諸行無常」、「諸法無我」、「涅槃寂靜」三原則，因而稱爲三法印。此外，另有爲發廣大同情心、企求普利人我、兼善眾生之有大智慧弟子而說之解粘釋縛、自利利他之菩薩道，以及其覺行圓滿、湛然無爲之最高境界，亦即所謂佛道。總而言之，即「實相無相」一個原則。這種種不同之

〔註1〕有關佛陀的生卒年，北傳佛教據漢譯《善見律毗婆娑出律記》推斷爲公元前565～486 年；而南傳佛教則作公元前 624～544，或公元前 623～543 年。更早的說法，也有，當中以公元前 566～486 年被普遍採用。三藏經、律、論也，此三者各包藏文義，故名三藏；經說定學，律說戒學，論說慧學。一切經分十二種類之名；一、修多羅（契經）；二、祇夜（重頌）；三、伽陀（諷誦）；四、尼陀那（因緣）；五、伊帝目多（本事）；六、闍多伽（本生）；七、阿毗達磨（未曾有）；八、阿波陀那（譬諭）；九、優婆提舍（論議）；十、優陀那（自說）；十一、毗佛略（方廣）；十二、和伽羅（授記）；此十二部中，修多羅與祇夜及伽陀三者爲經文上之體裁，餘九部從其經文所載之別事而立名。見道誠，《釋氏要覽》卷中（臺灣：新文豐出版社印行，民國 63 年 9 月），頁285。

〔註2〕中村元〈佛陀的教義〉，李世傑譯，《佛教思想》第一冊（臺灣：幼獅文化事業公司印行，民國 74 年 6 月初版），頁 1～40。

境界，與其個別修學法通為「五乘」。其中，偏重自度者，名為「小乘」；兼利普濟者，稱作「大乘」。這本依修學者根器所設之「方便」，後來卻不期而然地影響到其流佈情形：小乘教易為文化積累淺薄、社會結構簡陋之地區所接受；而大乘教則必須文化昌明、社會繁密之民族始能信奉。若就其流佈之時間次第以觀，每每人天教、小乘教先行，大乘教後繼，而促成流佈地區之文化昇華、生活富樂，化娑婆為淨土，變穢界成佛國。

佛法由西而來，首先在中國邊境之外徬徨二、三百年，迄東漢末年，始借商賈、行旅傳入。那時，漢朝已是世界上最龐大、最文明之統一帝國。經濟上已發達到極度繁榮之高級農業經濟，社會已完成嚴密之宗法體系，而文教方面也已形成儒教獨尊之局勢。但是那時國人在崇教信仰上，卻一直滯溺於半原始之信仰中，而為什物幽靈、圖騰巫術所蒙蔽。佛法傳入，中國人最先接觸人天小乘教，由其啟迪，乃從幽靈崇拜頓時轉為三世因果、六道輪迴之信仰。而方士巫覡也吸收禪數、神通、懺摩之說，形成理論嚴整、修法完整、組織繁複之道教。

嗣後，大乘佛法接踵而至，支婁迦讖在洛陽譯出《般若經》，中國人領悟其殊勝之旨趣而予以信奉，為求進一步瞭解，掀起西行求法之熱潮。待至西元三、四世紀，印度大乘佛法纔在龍樹、提婆倡導下傳佈開來。南北朝時，無著（約西元 400～470）、世親（約西元 420～500）所開創之瑜珈行宗起而競秀之際，中國則已匯集當時「佛教世界」各地之法要，展開十餘個宗派并弘齊進之局面。就實質而言，這并非單純地把佛教思想鉗入中國文化體系，或把中國某家某派學說摻屬入佛學之中，而意味著佛教之傳入，開拓了國人眼界與襟懷，并激發起國人智慧與熱忱，完成世界文化之融匯與創進，使作更高度之展現。所以「佛教之中國化」是人類文化史上極其偉大、宏富之事業。茲試以管窺井觀之見，依教學、僧侶、寺院經濟、政教關係等層面，探討如下：

一、教　學

小乘教之傳來，助成國人從半原始之宗教信仰中超拔，而大乘教之傳來，則更進一步促成人本思想加速發展。印度發展中之佛教思想不斷傳譯而來，中國人融匯貫通之成就也即不斷增上。隋唐時代，天台、賢首、禪宗、淨土、三階教等接踵追步，走上文化之舞臺，充分顯示出中國佛學基本上已走向獨立發展之道路，不再單靠印度傳來之學說給拂煦加被，而開始有大量中國僧

家對佛經之註釋，以及弘法之著作出現〔註3〕。當中，值得一提的是，我國僧侶對於佛理之契會，不執著於經說，而崇尚義理之發揮，有所謂「依法不依人，依義不依語，依了義不依不了義」之說。但也產生佛說與教史上，有歧異之處。

盛唐時代，教下天台、華嚴與淨土已呈現出嶄新面目。邁入中唐，禪宗也由達摩之「藉教悟宗」，發展到慧能（638～713），直指當前一念本來解脫自在，把佛法從高遠引向平實，恢復了原始佛教之模樣〔註4〕。禪宗盛行下，高僧之公案、語錄成為禪門中人悟道之基石，使學者們不為名相所拘縛，活潑地以甚深「般若」照見一切，遂又把佛法從平實引向深祕〔註5〕。世人不離名相文句，而明心見性、無所拘執，代表了中國人治學融貫匯通之最高精神成就，亦可說中國文化最優美之果實。

二、僧 伽

佛教在古印度，以編造了組織嚴密之「僧伽」為其特色。它是世界上第一個把佛、法、僧作等量齊觀之宗教，「佛在依佛為師，佛滅依僧為師」。釋迦牟尼用「六和合」法為基礎，把其出家弟子組成「僧伽」，以為住持正法之樞紐；僧伽中人以「二百五十戒」、「百一羯磨」為規範，屏絕一切世務，捨棄所有財產，以修己度人為唯一職事；而「優婆塞」、「優婆夷」等在家眾，雖受皈戒卻不必完全屏棄世務、財產，僅依「僧伽」學習，參與濟度宣化之工作〔註6〕。僧侶接受俗世布施，深受諸王禮敬、護持，為人天師之修道者不為一姓一王服務，本著「無緣大慈」及「同體大悲」之心，願把佛法普及眾生。〔註7〕

當漢代佛法藉西域商人與移民傳入中國時，中國早已完成大一統之帝

〔註3〕 任繼愈〈漢唐時期佛教哲學思想在中國的傳播和發展〉，《漢唐佛教思想論集》（北平：人民出版社印行，民國62年4月二版），頁17。

〔註4〕 釋印順，《中國禪宗史》（臺灣：廣益印書局印行，民國60年6月初版），頁14。按：依佛法言，明心見性曰宗，言及一切經義即是教；宗與教對舉，出於《楞伽經》，達摩禪即以《楞伽經》為心要。

〔註5〕 同前書，頁372～373。

〔註6〕 釋明復，《中國僧官制研究》（臺灣：明文書局印行，民國70年3月初版），頁1。按：六和合者，乃眼、耳、鼻、舌、聲、意六根與色、聲、香、味、觸、法六塵相合。二百五十戒者，係比丘之具足戒。羯磨者，僧中作事求眾同意贊成，而成就其事之作法。

〔註7〕 有關佛教之平等觀，參照尼沙卡（H. S. S. Nissanka）"Equality of Man-The Buddhist Perspective"，《錫蘭佛教世界雜誌》，民國73年5月，頁91～93。

國，並建立了完密之官僚制度；此外，中國政治有所謂「聖人假神道以設教」，而以「法先王」、「尊聖哲」爲基本教條，帝王爲聖天子，是役使巫覡之主人翁，官僚啣天子之命爲萬民牧守，有監督宗教活動之權柄；中國寺院組織與僧官制度，即是受上述因素激盪下蛻化而生的〔註8〕。而我國僧伽遂在「以官轄寺」、「以寺轄僧」之制度下，運作不良而僵化。致使佛教安危與勢力消長，繫於士大夫之態度與帝王之好惡。〔註9〕佛子的戒德，也成爲關注問題。

佛陀時代，沙門不敬俗人〔註10〕。但在中國，沙門禮敬問題，由東晉至南朝成爲爭論之焦點，入唐之後尙爭辯不休，迄玄宗開元二年（714），獲得中國式之結論──沙門須拜君親〔註11〕。佛教發展至此，已喪盡釋迦創設僧伽之特性，完全融入中國社會之習性〔註12〕；並影響到東亞各國，如日本、韓國、越南等。

三、寺院經濟

佛教在印度，僧尼之經濟生活，應以托缽乞食爲基礎，僧尼蓄財與從事生產，皆佛制所不許。其後，因接受施主之供養，僧尼生活漸移入寺院；寺院爲維持廣大之堂、塔，並扶養僧尼，不得不從事生產。關於寺院之經濟狀況，依《釋氏要覽》卷中謂，總括寺院之資財，名爲三寶物；三寶物中之名佛者，係佛物；名法者，係法物；名僧者，係僧物。〔註13〕又《佛祖統紀》卷三十九云：「佛之禁戒，凡僧藍、錢穀、蔬果、器具、屋廬、田山，是爲十方僧家常住之物，非己可得私用。」〔註14〕由此可知，僧物是常住共有，不得私自享用，但歷史之發展卻不盡然。僧德、僧產問題，常引發爭訴。

〔註8〕 釋明復，《中國僧官制度研究》，頁2～3。

〔註9〕 湯用彤，《隋唐佛教史稿》〈緒言〉（臺灣：木鐸出版社印行，民國72年9月），頁2。

〔註10〕 釋彥悰《集沙門不應拜俗等事》卷三云：「釋道宣等列佛經論明沙門不敬俗者，《梵網經》下卷云：『出家人法不禮拜國王、父母、六親，亦不敬事鬼神。』《涅槃經》第六卷云：『出家人不禮敬在家人。』《四分律》云：『佛令諸比丘長幼相次禮拜，不應禮拜一切白衣。』」，《佛教大藏經》第七十九冊（臺灣：佛教出版社印行，民國67年3月），頁616。

〔註11〕 釋志磐，《佛祖統紀》卷四十，《佛教大藏經》第七十五冊，頁695。

〔註12〕 參見野上俊靜等著、釋聖嚴譯，《中國佛教史概說》（臺灣：商務印書館印行，民國60年5月三版），頁62～63。

〔註13〕 釋道誠，《釋氏要覽》卷中〈三寶物〉，《大正藏》第五十四冊（臺灣：新文豐書局印行，民國63年9月初版），頁289上。

〔註14〕 《佛祖統紀》卷三十九，前引書，頁685。

　　唐代諸帝欲使法門清整，一再發布勸告僧尼恪遵淨戒之諭令，但安史亂起，對僧尼蓄財之禁令，因政府之鬻牒度僧而破壞〔註 15〕。此後，不僅僧尼可擁有私財，社會豪強亦借寺院隱庇私產，致使原本清淨之法門蒙受污染，弊端叢生，遂予野心家有機可乘。

　　此外，修禪之僧侶，唯參省是求，識見灑脫，行為率性。其不重經教與不合律制之生活，普遍引起教界激烈之評論，如律宗大師道宣（586～687）重慧思輕達磨，其在《續高僧傳》〈習禪篇〉末云：「（禪門）排小捨大，獨建一家，攝濟住持，居然乘僻，……如斯習定，非智不禪，則衡嶺臺崖扇其風也。復有相述同好，聚結山門，持犯蒙然，動掛形網，運斤揮刃，無避種生，炊爨飲噉，寧慚宿觸。」〔註 16〕這些禪者不顧佛戒，公然用刀用斧，壞生掘地，犯宿食，犯觸齪，都不知慚愧，其生活同世俗，道宣對之感慨已極，但這些禪者已開中國禪宗叢林制度之先河。〔註 17〕

　　中唐後，懷海禪師（720～814）依照佛世佛教原始體制，並模倣中國政治、教育之組織型態，於新吳（江西奉新）百丈山創立叢林，訂製清規，率眾參修，并事墾植〔註 18〕。百丈禪師之作為，不但改變了僧眾之生活方式，而且放棄印度式之三衣，改著中國唐朝衣冠，其後人且援引中國宗法制度，改變叢林中師徒資承關係之形式，以家族倫常觀念取代了「六和敬」法，更使禪宗更加中國化〔註 19〕。宋時，程明道見齋堂之儀規，曾贊嘆「三代威儀盡在是矣」（《二程全書》「外書」，頁 18 下）。但之後佛門淡薄，人才轉趨理學。

四、世　學

　　佛教視世間學問，不如佛法之「殊勝」。在古印度，為伏「外道」，佛陀

〔註 15〕森慶來〈唐代均田法中僧尼的給田〉，《食貨半月刊》第五卷第七期，民國 26 年 4 月，頁 39。

〔註 16〕釋道宣，《續高僧傳》卷二十六，《高僧傳二集》（臺灣：印經處印行，民國 59 年 9 月），頁 740～743。

〔註 17〕釋印順，《中國禪宗史》，頁 35。

〔註 18〕釋贊寧，《宋高僧傳》卷十〈唐新吳百丈山懷海傳〉，《高僧傳三集》第二冊（臺灣印經處印行，民國 50 年 3 月），頁 259～260。

〔註 19〕按：六和敬者，乃身和敬、口和敬、意和敬、戒和敬、見和敬及利和敬，乃凡僧所修。三衣者，一為僧伽梨，譯言眾聚時衣；二為鬱多羅，譯言上衣；三為安陀會，譯言中著衣。

亦許僧侶研習外學，但不許依其見解〔註 20〕。南北朝時，大乘佛法不斷傳譯而來。大乘佛法不若小乘之「聲聞」與「緣覺」二者，祇求自身解脫，而處處呈現慈、悲、喜、捨四無量心之利他願行，以拯救一切「有情」爲職志。也就是說大乘佛法之微妙，不在義理，不在禪坐，而在實踐空悲之理趣。即行解之相應以及弘法之善巧。有此殊勝，因此從南北朝迄隋唐五代，每當離亂之際，士子習業山林之風極盛；當時山林寺院，除藏有佛經外，亦有經、史、子、集書，而第一流學者且多僧徒，因兼通經史，貴族平民皆尊仰之；佛寺所設之義學，亦爲其濟化社會之事業。〔註 21〕

此外，「應機設教」亦爲大乘佛法之一大特色。唐中葉以後，禪宗與淨土信仰最盛，天台宗次之。教下諸宗日趨不振，固爲「會昌法難」之戕傷所致，然禪宗之所以隆盛，卻係名僧大德之弘化，而叢林制度之建立也有以助成之。鈴木大拙對此問題，有如下之說法：「佛教在遠東，如果能發展到可以滿足其民眾靈性的渴望的話，那末，佛教就非長成到禪的地步不可。」〔註 22〕這雖有其獨到之見地，但卻忽視了淨土信仰。究實言之，乃安史亂後，以社會門閥爲中心之文化逐漸式微，禪宗與淨土信仰一向易爲大眾所依歸，故而轉趨昌盛。更值得注意的是，唯心淨土、西方淨土，以及人間佛教在中土漢地的發展，逐漸深入社會人心。

就禪宗而論，山邊水涯皆可參禪念佛，不須立道場，雖受安史之亂及會昌法難所波及，然恢復迅速，非依賴道場與寺院經濟之教下諸宗所能及。此外，禪宗以不立文字，直指人心，摒棄煩瑣教義及規儀，因而易在大眾中流行，且禪門中人多異行，更有益於弘化活動，如永明延壽（904～975）參禪之外，一意修習淨業，日行百八佛事爲常課，念彌陀聖號十萬聲，亦受持大悲咒、尊勝陀羅尼咒，每夜於曠野施食鬼神，聞者見者，怎能不起敬信之

〔註 20〕釋贊寧，《大宋僧史略》卷二十三〈外學〉云：「夫學不厭博，有所不知，蓋闕如也。吾宗致遠，以三乘法而運載焉。然或魔障相陵，必須禦悔；禦悔之術，莫若知彼敵情；敵情者，西竺則韋陀，東夏則經籍矣。故祇洹寺中有四韋陀院，外道以爲宗極；又有書院，大千界內所有不同文書並集其中：佛俱許讀之，爲伏外道，而不許依其見也。此土古德高僧能攝伏異宗者，率由博學之故。」《大正藏》第五十四冊，頁 240 下。
〔註 21〕嚴耕望〈唐人習業山林寺院之風尚〉，《唐史研究叢稿》（香港：新亞研究所印行，民國 58 年 10 月），頁 367～423。
〔註 22〕鈴木大拙著，李世傑譯，《禪佛入門》（臺灣：協志工業叢書出版社印行，民國 73 年 2 月六版），頁 9。

心。〔註23〕

　　至於天台宗，頗注重其與民間流行之神靈崇拜，及咒術之關係。咒術出自婆羅門教，為佛陀所禁用，并斥為畜生之學〔註24〕；但為攝化「外道」，而採取寬容、善導之方便態度。自佛教傳入中國，為使民眾起正信，亦有種種神靈之崇拜，如華嚴之文殊，法相之彌勒信仰。六朝隋唐之際，觀音菩薩、阿彌陀佛、藥王已是民間流行之崇拜對象；當時北方以崇拜淨土為俗尚，南方則重修行，以念佛淨土為目的〔註25〕。天台宗則因《法華經》故，特奉觀音菩薩，智者大師（531～597）嘗制《請觀音懺法》；而修唸佛三昧，往生極樂，亦有謂曾為智者奉行之說〔註26〕。真言宗的儀軌，則因天下離亂，而逐漸在中土失傳，流落到海外日本較多，部份道法被天台宗人所容攝，因此在吳越地方懺法流行，異行僧頗多。

　　五代時，天台山僧坊道觀音塑王子喬形像，四時薦以香果，世傳從禮（847～925）治毘尼，精持律範，住天台山福田寺，卻能祠真君王子喬〔註27〕。北宋初，省常（959～1020）慕廬山蓮社之風，結淨行社於杭州西湖，習唸佛淨業往生極樂〔註28〕。四明知禮（960～1028）結念佛會，且修懺法祈雨〔註29〕。與此類似祈禱法會、齋會、金光明懺會及仁王護國息災法會等，不時啓建，逐漸風行。由此亦可見，佛教為渡化眾生，不惜採用社會上流傳之本非佛教所有之活動方式，作為宏化手段，以發揮「真諦」佛理，轉化社會群眾之執

〔註23〕釋志磐《佛祖統紀》卷二十六〈延壽傳〉，前引書，頁490～491。

〔註24〕梅尾祥雲著、李世傑譯，《密教史》（臺灣：中國佛教雜誌社印行，民國58年6月再版），頁6云：「據《中阿含》、《長阿含》和《四分律》等經看，最初，佛陀對弟子們嚴禁世俗之咒術密法，說：『犯了這個的人，即是犯波逸提。』又於《巴利經》〈小品小事篇〉第五裏說：『以此世俗咒法為畜生之學。』」

〔註25〕黃公偉，《中國佛教思想傳統史》（獅子吼雜誌社印行，民國61年5月），頁82。按：凡造塔建寺供佛以崇祀、接引諸佛觀音等，發願往生樂土，謂之淨土崇拜；凡念佛、禪定力，發願破迷成悟，得見諸佛，而往生淨土，則為淨土念佛。

〔註26〕柳宗元，《柳河東集》卷二十八〈永州龍興寺修淨土院記〉（臺灣：商務印書館印行，民國54年11月），頁70云：「晉時廬山遠法師作〈念佛三昧詠〉，大勸于時，其後天台顗大師著《釋淨土十疑論》，弘宣其教，周密微妙，迷者咸賴焉。」

〔註27〕《宋高僧傳》卷十六〈後唐天台山福田寺從禮傳〉，頁426～428。

〔註28〕《佛祖統紀》卷二十六〈省常傳〉，頁491。

〔註29〕同前書，卷二十七〈知禮傳〉，頁514。另見喻昧菴《新續高僧傳》四集卷四十一〈宋四明延慶寺沙門釋知禮傳〉（臺灣：琉璃經房印行，民國56年5月），頁1228～1230。

迷滯障，使生正信，真可謂大開方便法門。而方便法門影響之深廣，往往出人意想之外，在社會上由是產生各式各樣的佛教文化與儀軌。

五、政教關係

佛教在中國政治、社會等力量浸蝕下，中國化之現象加深，然佛教並不因此失祛其教化生民、救濟「有情」之「菩薩行願」。相反的，中國佛教徒為圓成其「菩薩行願」，以順應中國政治、社會等方面特殊性質，創造出一種與印度或其他國家中完全不同之方式來遂行其化濟工作，這也是「佛教之中國化」。譬如菩薩行布施，在印度以個人之應機施捨為主，傳入中國後，則逐漸演變成一種社會救濟制度、社會福利制度，以及公共創產制度。並以此補救了我國傳統重農抑商政策所造成之弊害，及宗法社會「親親而殺」觀念所造成之疏漏，使國人得以渡過許多次慘酷之災難，得以享受到富裕康樂之幸福，以及高度文明之教養，培育成睿敏之理性與馨潔之道德。這便是佛教中國化之成就，但也產生了修行的附屬品，即所謂的佛事。

佛教的這種事業和觀念，在政治上卻和君主專制「恩賞自上出」之傳統思想相矛盾；同時，僧侶所倡導之各種宗教教化、社會福祉之組織如「義邑」、「義社」、「義產」、「無盡藏」，也嚴重威脅到社會上豪門仕紳與「學而優則仕」之儒生之地位與利益；於是君子與士大夫合作，消滅全國性之無盡藏組織，且力阻邑社之發展，并用恩賞賜田法，把新興之禪宗叢林變成舊式之官寺組織〔註30〕。佛教所謂「法難」，即是這種以強暴手段，壓抑像佛教菩薩行願這種高層次之作為，屈就低層次之欲望，使文化與社會蒙受無法避免之創傷。但法難也使教界與僧侶，得到一個自清與反省的機會。

這種不智之滅佛行徑，一些開明之官僚或儒生不予苟同。史載，唐朝宣宗時，節度巡官李節曾有如下之論述：

> 儒學之人喜排釋氏，其論必曰：「禹、湯、文、武、周、孔之代皆無有釋；釋氏之興，源於漢，流於晉，瀰漫於宋、魏、齊、梁、陳、隋、唐；此衰世之所奉也，宜一掃絕之，使不得滋。」論者之言粗矣，吾請精而言之。……釋氏之教，以清淨自居，柔和自抑，則怨爭可得而息也；以因果為言，窮達為分，則貴賤可得而安也；怨爭息，則干戈盜賊之不興；貴賤安，則君臣民庶之有別，此佛聖人所以救衰

〔註30〕釋明復〈關於現代佛教寺院經濟問題的對話〉，《獅子吼雜誌》第二十四卷第七期，民國 74 年 7 月，頁 39。

世之道也，不有釋氏尚安救之哉；今論者不責衰世之俗爲難移，而尤釋氏之徒爲無用，是不憐抱病之夫，而詬醫禱之爲何人也；不思釋氏救世行化之爲大益，而且疾其宮牆之麗，徒眾之蕃，摘其猥庸、無檢者爲口實，而欲一槩以廢棄之，是見其末而遺其本也。〔註31〕

佛教在一連串法難下，教徒千餘年之廣大行願，到近百年祇落得一種破碎枯萎之「子孫廟」經濟型態，我執我見之觀念牢不可破，僧伽已名存實亡，社會上雖不乏名僧、大德仍稟持大乘佛法之宗本，但欲振無力，往日之光輝難再。

第二節　隋唐佛教之盛況

當佛法初來，正值漢末三國人心厭惡雜亂，談玄之風蔚起時，故小乘法「人空法有」之論，適與此玄風相交匯。下至魏晉，大乘法「性空」、「相空」之經論繼入，以道論佛，激盪而生佛、道之論難。東晉後，佛教揚棄以道論佛，而以佛論道，迄隋唐大乘法盛行，宗派思想相繼形成。

一、隋代佛教

隋代立國雖短（581～618），但隨著政治之統一，佛教亦綜合南（偏重玄談）、北（偏重禪觀）體系，各家師說有折衷的趨勢，新教學與宗派因而成立〔註32〕。時北方有地論道派之慧遠（523～592）、攝論師曇遷（542～607）及三階教之信行（541～594）；南方有天台宗之智顗，及三論宗之吉藏（549～623）；三論宗之勢力尤爲龐大，金陵、會稽、荊襄、長安、蜀地皆見名僧弘化。

至於一般佛徒之信仰和行持，則因隋文帝偏重定門，習禪風氣大開，修懺、造像、咒像、咒願、持律、齋會頗盛；民間除淨土崇拜外，有在家眾組成之「義邑」，又有貴族、達官或在家眾和僧尼組成之「法社」；義邑中人重視往生淨土，法社中人則重視禪定〔註33〕。隋代二君四十七年中，有寺三千九百八十五所，度僧尼二十三萬六千二百人，譯經達八十二部之多。〔註34〕

〔註31〕《佛祖統紀》卷四十二，頁719。
〔註32〕呂澂，《中國佛學源流略講》（臺灣：里仁書局印行，民國74年1月），頁169。另見任繼愈〈禪宗哲學思想略論〉，《漢唐佛教思想論集》，頁128。
〔註33〕黃懺華〈隋代佛教〉，《中國佛教總論》（臺灣：木鐸出版社印行，民國72年1月初版），頁55。
〔註34〕釋道世，《法苑珠林》卷一二〇〈興福部〉（臺灣：商務印書館，民國60年8月），頁1428上。

二、唐代佛教宗派

唐代立國，仰仗佛教之處頗多，因此亦重視佛教之整頓和運作〔註 35〕。太宗貞觀十九年（645），玄奘（595～664）從印度攜帶梵本六百五十七部回長安，朝廷為其組織大規模之譯場，予佛教界深遠影響，慈恩、律宗相繼成立。

慈恩宗一稱法相宗，又稱唯識宗。印度佛學從漢末傳入中國，直到唐初數百年間，真正能夠傳譯印度學說本來面目的，要算慈恩宗。玄奘傳戒賢之學，糅合天竺唯識十大論師之精義，折衷於《成唯識論》，傳於窺基（631～682）。窺基弘揚師說，有百疏論主之稱，深為道俗所欽服。窺基門下慧沼（650～714）廓清異說，奠定了慈恩宗之基石，其弟子智周（668～723），僅能守成，活動僅在河南。此後這派勢力式微，傳承不明，論作零星。〔註 36〕

律宗是以研習及傳持戒律為主之宗派。中國約在東晉，戒律才逐漸完備。六朝時，華北地區採行《僧祇律》，江南則盛行《十誦律》。姚秦時，佛陀耶舍、竺佛念譯出《四分律》後，經法聰、道覆、慧光（468～537）之研習弘通，纔逐漸盛行。迄唐代，道宣（586～687）繼承慧光到智首（567～635）之系統，專事《四分律》之宣揚，在理論上吸收玄奘新譯之佛典尤其是唯識學，組織律宗體系，其所立之宗派人稱「南山宗」。同時宣揚《四分律》的，有相州日光寺法礪（569～635）所創之「相部宗」；西太原寺懷素（625～698）創立之「東塔宗」，三家對於戒禮，疊有爭論；嗣後，相部、東塔兩系式微，晚唐宋初尚見相部律宗在吳越地區發展，入宋以後祇有南山一系傳承獨盛。〔註 37〕

武后證聖二年（696），新譯之八十卷《華嚴》告成，由賢首國師法藏（643～713）集大成之賢首宗隨即成立〔註 38〕。法藏依八十《華嚴》，以判釋如來一代時教，為小、始、終、頓、圓五教。其後澄觀（736～838）廣造疏鈔，於《華嚴經》之微言大義闡發無餘，本宗尊為四祖。迄五祖宗密（779～841）則兼揚禪風，開禪、教合一之說，也使得華嚴宗的法脈幾近斷絕。

玄宗朝（712～756）雖曾一度沙汰僧尼，清整佛教，但因善無畏（637～735）、金剛智（662～732）入唐傳密法，迄不空（705～774），由於講求現世

〔註 35〕 參見李樹桐〈唐代的政教關係〉，《唐史新編》（臺灣：中華書局印行，民國 61 年 4 月），頁 166～211。
〔註 36〕 呂澂，《中國佛學源流略講》，頁 199。
〔註 37〕 黃懺華〈律宗〉，《中國佛教總論》，頁 296～298。
〔註 38〕 《佛祖統紀》卷三十九，頁 690～691。

之救濟，能夠即身成佛，得帝王護持，爲玄宗、肅宗、代宗三代之帝師。不空在宮廷弘傳密法，且盡力將密教傳給社會，因此南至廣州，北至武威、太原，乃至五台山皆見密教之弘化〔註39〕。其弟子青龍寺惠果（746～805）集善無畏、金剛智、不空以來純正密教傳統於一身。

上述教下各宗，大抵祇流行於官廷和上層知識份子之間，其向民眾傳播，并帶有更濃厚宗教色彩的是依三經（《觀無量壽經》、《阿彌陀經》、《無量壽經》）、一論（《往生淨土論》）立宗之淨土信仰。隋以前有法曠（327～402）、慧遠（333～416）、曇鸞（476～542）；隋以後有道綽（562～645）、善導（613～681）、慧日（680～748）、承遠（712～802）、法照、大行、少康（？～805）諸師相次輩出，弘傳他力「稱名唸佛」法門。

六朝至隋唐，北方以崇拜淨土爲俗尚，南方重修行，以念佛淨土爲目的。民間不獨造立彌陀佛像，且流通「極樂變相」之製作，淨土信仰亦及士大夫階層如白居易〔註40〕。因受初唐教學勃興影響，淨土思想亦普遍爲人所鑽研，教下諸師多有淨土之論作。

淨土信仰之外，漸迎合時代需求者，當屬於禪宗。達摩禪到四祖道信（580～651）而隆盛，又經弘忍（601～674）、神秀（？～706）和慧能（638～713）先後弘揚，禪宗成爲中國佛教之主流，天台、華嚴、唯識均有匯歸於禪之趨勢。弘忍門下神秀從「漸悟」入，弘忍歿後，住江陵當玉泉山修道，武后召入東都供養，中宗尤加禮重，有兩京法主、三帝國師之稱。其弟子普寂（651～739）、義福（658～736）相繼住持，盛極一時。而慧能從「頓門」入，直指自性，離相無念，爲達摩禪中國化開關新路。慧能門下南岳懷讓（677～744）、青原行恩（？～740）弘化南方，荷澤神會（687～713）弘化北方，成效卓著。會昌以下，江南幾乎全屬青原門下石頭希遷（699～790）與南岳門下馬祖道一（709～788）之法系，計有五宗七家之多。此外，還有金陵之牛頭宗與四川之無住宗。諸宗禪風各有特色，分別接機，皆稱別傳。

佛教發展迄玄宗朝，寺院數量達五千三百五十八所，僧七萬五千五百二十四人，尼五萬五百七十六人〔註41〕。宗派勢力既盛，僧侶繫屬各宗，時至

〔註39〕金岡秀友著、許洋生譯〈密教思想的形成〉，《佛教思想》第二冊，頁92～96。
〔註40〕《白居易集》卷七十〈畫彌勒上生幀讚與繡西方幀讚〉，頁1475；另見同書，卷七十一〈畫西方幀記與畫彌勒上生幀記〉（臺灣：漢京文化事業有限公司印行，民國73年3月初版），頁1496～1498。
〔註41〕歐陽修，《新唐書》卷四十八〈百官志〉崇玄署條（《正史全文標校讀本》，臺

壁壘森嚴。澄觀（738～839）嘗受學於天台湛然（711～782），後華嚴宗人推爲四祖，天台宗人罵之爲叛徒。江浙一帶寺院，多屬天台宗。五台山因澄觀故，爲華嚴宗之聖地，後又經密教信徒併力經營，寺院繁多。至於三階段，入唐後在長安發展活絡，雖屢遭迫害，仍潛藏他宗寺院中活動，「無盡藏」之名亦爲他宗寺院所採用。

三、寺院之社會活動

隋唐寺院非但擁有廣大信眾，亦從事「質庫」、「碾磑」、製油等工商活動，經濟力極爲雄厚。寺院即憑此經濟力量從事社會福利措施，并把佛法植根於民間。因此，地方上造橋、修路、義井之設施，多賴僧侶之主持；而「無盡藏」、「義塚」、「義診」、「悲田坊」、「養病坊」、「宿坊」等社會救濟事業，亦賴寺院之盡力而見效。〔註42〕

寺院亦是人們借以進行商品交易之場所，寺院也常聚民間音樂藝術，供給人民玩賞，人們亦借寺院所發動之節期、廟會，進行活動，宋錢希白《南部新書》敘唐大中年間事時說：「長安戲場多集於慈恩，小者在青龍，其次在薦福、永壽。」〔註43〕寺院多設於湖山勝水間，藏有經、史、子、集書，因此每爲寒士聚讀之所，由此功成名就者多有。

四、佛教對文學、藝術之貢獻

隋唐佛教之發展，對文學、藝術方面帶來不少影響。在文學方面，由於「俗講」流行，創作了「變文」作品，如〈阿彌陀經變文〉、〈目乾連冥間救母變文〉等〔註44〕。參禪盛行，使文士詩詞之意境、風格更加高雅〔註45〕。雕塑方面，已不限於固定軌範之形像，塑造現實人物之作品廣泛流傳，尤其

灣：鼎文書局印行，民國 69 年 3 月初版），頁 1252。

〔註42〕 參見黃敏枝，《唐代寺院經濟的研究》（國立臺灣大學出版，民國 60 年 11 月），頁 131～135。

〔註43〕 楊蔭瀏，《中國十代音樂史稿》第二冊〈寺院和民間音樂生活〉（臺灣：丹青圖書公司印行，民國 74 年 5 月初版），頁 20。另見《資治通鑑》卷二四八〈宣宗大中二年十一月〉條（臺灣：大申書局印行，民國 71 年 9 月），頁 8036。

〔註44〕 參見向達《唐代長安與西域文明》〈唐代俗講考〉（臺灣：明文書局印行，民國 71 年 10 月二版），頁 294～336。

〔註45〕 杜松柏，《禪學與唐宋詩學》（臺灣：黎明文化事業公司印行，民國 65 年 10 月），頁 118。

是僧徒捏塑高僧紀念性之塑像頗爲風行〔註46〕。繪畫方面，名家輩出，佛畫之盛超越前代，當時長安、洛陽及成都等處大伽藍，幾無不施壁畫者，且隨「變文」之發達，創造出多樣經變之圖畫，也影響到敦煌的藝術。

佛教初入中國，僅有畫像，晉以後造像之風始盛，於是大同、龍門石窟，遂成天下奇觀。至隋代造塔風氣蔚興，入唐石經幢又代塔而起〔註47〕。由於尊勝陀羅尼信仰普遍，刻眞言之經幢隨處可見，淨土信仰者亦多設經幢。〔註48〕

五、與日、韓佛教之交流

隋唐佛教發達，也影響日、韓兩國。自隋至唐末黃巢之亂止，日本努力輸入華化，遣隋使有五次，遣唐使達十八次之多，隨使者來華參學之僧人極多，私人往來尤夥。當時日本舉凡廟宇之建築、僧伽之組織均取法唐人。奈良朝（710～794）有所謂古京六宗——三論、成實、法相、俱舍、華嚴與禪宗，全由中國傳入。平安朝所謂入唐八大家——最澄、空海、常曉、圓行、圓仁、惠運、圓珍與宗叡，歸國不但攜去大量佛經，中國儒家經籍亦隨同輸入日本，促使日本文化滋長〔註49〕。嗣後日本佛教發展出許多新宗派，若法華宗、日蓮宗，乃至十三宗之多，然皆不出唐代各宗之範圍。

日本之外，朝鮮三國亦仰慕華風，來華留學沙門人數眾多。七世紀末期，朝鮮爲新羅所統一，與唐朝邦交更加和睦。太宗貞觀十二年（638）慈藏入唐參學，以十七年（643）歸國，被敕爲大國統，佛法大興〔註50〕。此後，新羅僧人留唐參學蔚爲風尚，順璟依玄奘學法相，有盛名，海外時稱獨步〔註51〕；義湘（625～702）從智儼學《華嚴》妙旨，於高宗咸亨二年（671）歸國，在太白山浮石寺弘化，爲海東華嚴初祖〔註52〕。新羅僧入唐學《法華》者亦夥，

〔註46〕 金維諾〈隋唐時代的雕塑家〉，《中國美術史論集》（臺灣：明文書局印行，民國73年10月），頁123。

〔註47〕 向達〈攝山佛教石刻小紀〉，《唐代長安與西域文明》，頁451。

〔註48〕 設經幢事跡，于唐人文集中屢見不鮮，如《白居易集》卷六十九〈主智如和尚茶毗幢記〉，頁1462；另見《李日集校注》卷二十八〈崇明寺佛頂尊勝陀羅尼幢頌〉，頁608～609。

〔註49〕 高觀如〈中日佛教關係〉，《中國佛教總論》，頁192～207。另見釋東初，《中日佛教交通史》（中華佛教文化館印行，民國59年6月初版），頁169。

〔註50〕 道宣，《續高僧傳》卷三十二〈慈藏傳〉，頁884。

〔註51〕 《宋高僧傳》卷四〈唐新羅國順璟傳〉，頁76～80。

〔註52〕 同前書，同卷〈唐新羅國義湘傳〉，頁80～83。

當時楚州以北有新羅院，登州文登縣法華院中人多爲習天台教義者〔註53〕。由於朝鮮入唐學法華者眾，故至五代末葉，其國保存天台論疏甚備，中國會昌後失傳典籍，能向高麗求取。新羅人入唐習禪者，亦較他宗爲多，所謂新羅禪門九山，即此因緣下成立。〔註54〕

第三節　會昌法難

安史亂後，唐政權弊象叢生，外患頻仍，方鎮跋扈，國用不足。由於佛教隆興，寺產極爲豐富，已引起野心人士之覬覦。至武宗即位，慮及經濟因素，乃假借儒生及道士之手，以寺院影響國計民生與僧紀不淨爲口實，逐步摧毀佛教，社會之安定力亦蒙受無可言喻之創傷。茲試論法難之背景、過程及其影響。

一、鬻牒度僧

玄宗天寶十四年（755）十一月，安祿山反，官廷國用不足，司空楊國忠以爲正庫物不可以給士，遣侍御史崔眾至太原，納錢度僧尼、道士、旬月得百萬緡。翌年（756），兩京版蕩，玄宗駕幸巴蜀，太子在靈武即位，改元至德，出售度牒又行於彭原郡（甘肅慶陽縣西南）。〔註55〕

當時出售度牒，必有大師登壇說法，如神會曾受公推，主持開壇度僧事，以所得財帛支助軍費〔註56〕。此後，置壇度僧事疊有記載，爲國家開闢了新財源，但官廷亦感到僧尼日多，對兵役、賦稅損失極大，因此，憲宗在位時嚴禁私度，但方鎮私度仍多，以江淮爲盛〔註57〕。至文宗太和四年（830），祠部請令天下僧尼非正度者，許具名申請給牒，時申請者達七十萬人。〔註58〕

宮廷鬻牒度僧，本爲國用，以濟眉急，然一發不可收拾，私度盛行，規避徭賦、隱庇資產之假僧尼所在多有，結果，不僅清淨法門受污染，佛教亦

〔註53〕釋圓仁，《入唐求法巡禮行記》卷二（臺灣：文海出版社印行），頁33～46。

〔註54〕嚴耕望〈新羅留唐學生與僧徒〉，《唐史研究叢稿》，頁469～471。

〔註55〕《佛祖統紀》卷四十〈至德元年〉條，頁699。

〔註56〕《宋高僧傳》卷八〈唐洛京荷澤寺神會傳〉，頁198～200。

〔註57〕劉昫《舊唐書》卷十七〈敬宗本紀〉寶歷二年條，頁519。另見同書，卷一七四〈李德裕傳〉，頁4514。

〔註58〕《佛祖統紀》卷四十二，頁714。

面臨災禍，贊寧在《僧史略》中提及此事時云：「自唐末已來，諸侯角立，稍闕軍須，則召度僧尼、道士先納財，謂之香水錢，後給公牒云。念此為事，復毀法門，吁哉！」〔註59〕

二、會昌滅佛及其影響

佛教入唐勃興，寺院莊田產業隨之增加，儒學之士已有所非議，中宗時有「天下財富而佛有七、八」之說法〔註60〕。當時除了寺院之外，貴族、官吏亦擁有為數極大之莊田、佃戶與奴婢。開元以後，天下戶籍久不更造，安史亂起，均田制度隨之崩潰，逃亡戶、田業之歸宿，一部份變為寺院之私產，大部份則為富豪勢家所兼併〔註61〕。官廷雖然一再發布諭令，嚴禁豪富兼併，但既得利益者大抵為王公百官，敕令近於具文，主事者常為眾怨所歸。〔註62〕

官廷恒苦財政之窮乏，目標指向佛教。文宗朝時有毀法之議，但念佛教本牢根大，不能果去〔註63〕。及武宗登位（841～846），召道士入禁中，以道士趙歸真之進言為契機，由宰相李德裕執行滅佛行動。

廢佛情事，圓仁於《入唐求法巡禮行記》中有翔實之記載，其云：

> 三、四年已來，天下州縣准敕條疏僧尼還俗已盡；又天下毀拆佛堂、蘭若、寺舍已盡；又天下焚燒經、像、僧服罄盡；又天下剝佛身上金已畢；天下打碎銅、鐵佛，稱斤兩收撿訖；天下州縣收納寺家錢物、莊園，收家人奴婢已訖。〔註64〕

依圓仁所言，大河以北法難未波及〔註65〕。廢佛雷厲風行之狀況，《佛祖統紀》卷四十二云：「會昌季年，武宗大翦釋氏，巾其徒，徹其居，容貌於土木者沈諸水，言論於紙素者投諸火。分命御史乘驛走天下，察敢隱匿者罪之，於是

〔註59〕釋贊寧，《大宋僧史略》卷下〈度僧規利〉，頁252中。
〔註60〕《舊唐書》卷一一〇〈辛替否傳〉，頁3159。
〔註61〕李劍農，《魏晉南北朝隋唐經濟史稿》（臺灣：華世出版社印行，民國70年12月初版），頁268。
〔註62〕同前書，頁276。
〔註63〕董浩，《全唐文》卷七五三〈杜牧杭州新造南亭子記〉，頁16下云：「文宗皇帝嘗語宰相曰：『古者三人食一農人，今加兵、佛，……其間吾民尤困於佛。帝念其本牢根大，不能果去之。』」
〔註64〕圓仁，《入唐求法巡禮行記》卷四，頁109。
〔註65〕同註64。

天下名藍、真宇毀去若掃。」〔註66〕會昌六年（846）三月，武宗食道士丹藥而薨〔註67〕。宣宗即位，誅道士趙歸眞、劉玄靖等人，謫配李德裕於朱崖（廣東省崖縣），因佛教勢力仍大，乃興佛寺，立壇度僧，并於太原求取經、律、論五千四十八卷。〔註68〕

　　武宗全面滅佛之結果，使佛教基於大乘菩薩道所辦之社會福利事業摧毀無遺。法難後，首先發生之問題，乃「悲田坊」因僧尼還俗無人主持〔註69〕。其次是，社會治安惡化，李德裕在〈請淮南等五道置游奕船〉一文中謂：

> 自有還俗以來，江西劫殺，比常年尤甚；自上元至宣池地界，商旅絕行，緣所在長吏掩閉道路，頗甚嗟怨。〔註70〕

圓仁於《入唐求法巡禮行記》中亦云：

> 唐國僧尼本來貧，天下僧尼盡令還俗，乍作俗形，無衣可著，無物可吃，艱窮至甚；凍餓不徹，便入鄉村劫奪人物，觸處甚多，州縣捉獲者，皆是還俗僧，勘責更盛。〔註71〕

唐末，王仙芝、黃巢、裘甫相繼起事，江淮之民從之者眾，此或沙汰佛教過份，事後又未顧及僧侶、奴婢之生計有以致之〔註72〕。嗣後雖經宣宗竭力彌補，由於國家財力枯竭，方鎮又相傾軋，農民暴動風起雲湧，民生更加凋敝，唐室至此已走向衰亡道路。

　　會昌法難影響佛教之發展極為深遠，教下四宗因莊園經濟破滅、經籍散佚，又經晚唐五代天下擾攘而漸趨衰微，祇有禪宗各家原就散住山林，又同平民接近，不講義理，無求於典籍，所受之影響較小，在毀佛事件過後，旋即恢復。據《景德傳燈錄》、《禪宗正脈》、《佛祖統紀》所載，中晚唐時飲譽法壇之禪師，不下六十六家，各有其獨特的教學法。教下衰微情形，沈遼在〈隱學山復放生池碑文〉中有云：「唐大歷（766～779）時，宏教詮師於此修行，垂三十年，有徒萬指，方天下鑿放生池，而此寺最為勝（中略）。詮師入

<hr>

〔註66〕《佛祖統紀》卷四十二〈大中八年〉條，頁719。另見《佛祖歷代通載》卷二十三，頁1165。
〔註67〕《佛祖歷代通載》卷二十三，頁1158。
〔註68〕《佛祖統紀》卷四十二，頁717～719。
〔註69〕《舊唐書》卷十八〈武宗本紀〉會昌五年條，頁26。《全唐文》卷七七〈武宗選耆壽勾當悲田養病坊敕〉條，頁2。
〔註70〕《全唐文》卷七〇四〈李德裕請淮等五道置游弈船〉。
〔註71〕釋圓仁，《入唐求法巡禮行記》卷四，頁108。
〔註72〕湯用彤，《隋唐佛教史稿》，頁58。

滅，其徒散去。五代焚擾，寺與池且廢，而其故址，餘波幾不可辨。較大歷之世，方袍圓頂者，為無二在，而居離離，若將且之星，或在或亡，尚離統律哉！」（《乾道四明圖經》卷十一，頁22～23，《宋方地方志叢書》第八冊，頁5056～5057）

　　唐末五代之際，禪宗相繼在南嶽、青原兩大系統下，成立五個宗派。義玄（？～867）創臨濟宗；良价（808～870）與弟子本寂（840～901）創曹洞宗；靈祐（771～853）與弟子慧寂（814～890）創潙仰宗；文偃（864～949）創雲門宗；文益（885～958）創法眼宗。五宗祇有臨濟宗在河北，其餘四宗皆弘化南方。而南方諸國，咸奉佛法，禪宗與淨土信仰深入社會各階層。北方則從後梁到後漢，各代咸襲唐代成規，例行佛事外，管制僧侶甚嚴，後周世宗時且又清整佛教，因此佛教之命脈仍繫於江南。在這種趨勢下，值得注意的是，吳越錢氏所護持之江浙佛教。

　　錢氏領有兩浙之地十三州，從後梁太祖開平元年（907）錢鏐封吳越王始，迄宋太平興國三年（978）錢弘俶舉國歸宋為止，共五世七十二年。在這七十二年中，善保其國之平靜，幾乎未罹戰禍，境內寺院林立，高僧輩出，除禪宗隆興外，天台、律宗、淨土、華嚴亦先後興起，密宗雖不見大師弘化，但信仰真言之風尚普及，境內陀羅尼經幢極多。

第二章　吳越之宗教政策

第一節　武肅王錢鏐之宗教措施

　　佛教傳入中國，到隋唐時代勃興，佛教如日麗中天，其勢力已深入民間，政治不免受其影響，宮廷對佛教之干涉也隨著佛教勢力之發展增強；此外，一股以傳統文化自居、反對佛道之暗流始終未絕〔註1〕。然唐自安史亂後，黃河中下游廣大地區殘破，自憲宗朝起已全恃江淮財富維持其形式之政權〔註2〕。下至五代，北方仍混戰不已，民生亟為困苦，時士大夫自保猶恐不周，唯有少數能秉持氣節，遯隱不仕強藩〔註3〕。由於宗教對安撫離亂之人心，有無可言喻之「殊勝」，因此五代諸國莫不妥善運用，然宗教措施運作最妙者，當屬吳越國。

　　史稱吳越錢氏有國七十餘年，善保其國平靜，究其因應之道，要在國力穩定、開發經濟〔註4〕、「善事中國」及護持佛教。吳越立國之規模，奠定自武肅王時期，嗣後諸王皆秉持其遺訓「善事中國」〔註5〕、「護持佛法」〔註6〕，

〔註1〕　黃聲孚，《唐代佛教對政治之影響》（香港：天德印務公司印行，民國48年4月初版），頁8～9。

〔註2〕　全漢昇，《唐宋帝國與運河》（香港：太平書局印行），頁42～47。

〔註3〕　趙效宣〈五代兵災中士人之逃亡與隱居〉，《新亞書院學術年刊》第五期，民國52年9月，頁291～33。

〔註4〕　吳越之經濟開發，韓國磐〈五代時南中國的經濟發展及其限度〉一文解說甚詳，載於《隋唐五代史論集》（北平：生活、讀書、新知三聯書局印行，民國68年10月初版），頁234～266。

〔註5〕　吳任臣，《十國春秋》卷七十八〈武肅王世家下〉（《四部叢刊續編》史部，上海：幽涵芬樓景印吳枚菴手鈔本），頁28下。

〔註6〕　《宋高僧傳》卷十二〈餘杭徑山院釋洪諲傳〉，頁303～304。另見吳之鯨，《武

因此吳越境內高僧輩出，寺院林立，民雖不免賦斂之毒〔註7〕，卻免於兵革之
殃，則錢氏仍有其功德。茲敘述其宗教措施如下：

一、武肅王與神靈、道術

　　錢鏐字具美，浙江臨安縣人，生於唐僖宗大中六年（852），薨於後唐明
宗長興三年（932），享年八十一，諡曰武肅。壯時為無賴，不事生產，盜販
鹽業，善射與槊，稍通圖緯諸書〔註8〕。後就戍應募為軍，累立戰功。光啓
三年（887）為杭州刺史，會鎮海軍亂，遣兵取常（今江蘇武進）、潤（江蘇
鎮江）及蘇州（江蘇吳縣），旋三州為楊行密及孫儒所奪。景福初（892），
為武勝軍防禦使，翌年授鎮海節度使。乾寧二年（895），董昌叛唐稱帝，翌
年鏐討平之，授鎮海（治浙西）、鎮東（治浙東）節度使，四年復拔蘇州。
天復二年（902）進爵越王。天祐初（904），改封吳王，三年取睦州（浙江
建德）、婺州（浙江金華）、衢州（浙江衢縣），四年朱全忠篡位，改封吳越
王。錢王以杭州為督府，亦曰西府，而以越州（浙江紹興）為東府，尋又
取溫州（浙江永嘉）、處州（浙江麗水西），於是浙東、浙西之地遂皆屬之。
〔註9〕

　　錢王一生，武足以安民定亂，文能佐理經邦，負知人之鑒，使兩浙郡邑
長保金湯之固。而所以成霸業，與宗教有密切之關係。據《十國春秋》與《吳
越備史》云，錢王發迹前，善相者皆謂為貴人或非常人〔註10〕。嗣後，爭戰
失勢，祈神護祐，每有靈驗，遂封山川神祇為王侯〔註11〕。其幕僚賓客多術

<hr />

林梵志》卷十，頁6上。

〔註7〕　《十國春秋》卷八十七〈江景防傳〉，頁12下云：「吳越以一隅捍四方費用，
　　　　無藝其田賦、市租、山林、川澤之稅，悉加故額數倍。宋既平諸國，賦稅恒
　　　　仍舊籍以為斷。忠懿王入朝，景防以侍從，當上圖籍，歎曰：『民苦苛斂久矣，
　　　　使有司仍其籍，民困無已時也，吾寧以身任。』遂沈圖籍于河，詣闕自劾所
　　　　以亡失狀。」

〔註8〕　《新五代史》卷六十七〈吳越世家第七〉（臺灣：鼎文書局印行，民國69年3
　　　　月初版），頁835～841。

〔註9〕　顧祖禹，《歷代州域形勢》卷六〈五代〉（臺灣：樂天書局印行，民國62年10
　　　　月初版），頁278。

〔註10〕《十國春秋》卷七十七〈武肅王世家上〉，頁1～3。

〔註11〕《十國春秋》卷七十七，頁5上、22上、24上、39上；卷七十八，頁11上、
　　　　14上、16上、15上、16上、27上。另見徐碩至，《元嘉禾志》卷十二〈金山
　　　　忠列昭應廟〉，頁6。陸公亮，《嚴州圖經》卷二〈仁安靈應王廟〉，頁18下。
　　　　陳耆卿，《嘉定赤城志》卷三十一〈元應善利真人祠〉，頁3上；同書，卷三

士，如葉簡善占候，尤精風角〔註12〕；李咸亦通占卜之術〔註13〕。天復二年（902），徐綰、許再思叛變，錢王曾召兩人占卜，皆靈驗。錢朗能補腦還化之術，錢王延至西府，以師禮事之〔註14〕。餘杭洞霄宮閭丘方遠精黃老術，又酷喜儒業，博學多聞，曾與錢王談玄論道，語不投機，後陳春秋霸業乃得禮遇，兩人常相度洞霄宮形勢，改天柱觀南向〔註15〕。羅隱師事閭丘方遠，性不喜軍旅而料事多中，得錢王厚待。〔註16〕

錢王深信地理風水：開平三年（909），因術者言安吉縣東有王氣，鑿地破之，建雙仁祠鎮壓〔註17〕。亦信氣運祥瑞：天寶四年（911），仁王廢院掘地，得大錢，以為瑞應，命建大錢寺，于其地設寶幢〔註18〕；天寶十年（917）四月，黃龍見於卞山之金井洞，命立瑞應宮〔註19〕。亦有圓夢消災之舉：天寶十五年（922）冬，夢青人捧簿書以前，告曰：「大王明年錢塘官滿。」及寤，頗惡之，乃割錢塘、鹽官各半，及富春之長壽、安吉二鄉，置錢江縣。〔註20〕

錢王善相人骨法，常使畫工數十人居淞江，號鸞手校尉，伺北方流移來者，咸寫貌以聞，擇清俊，福厚者用之〔註21〕。通術數不肯見用者，即有殺身之禍，如吳仁璧習星緯黃白家言，武肅王聞其名，待之客禮，叩以天象，辭非所知，欲辟幕職，又以詩固辭，後堅不肯屬秦國太夫人墓銘，武肅王大怒，投之於江中死；其女亦精天官之學，未幾併沈之于江〔註22〕。另有韓必與吳崧偕隱于洛塢，日以煉丹為事，武肅王遣羅隱招之，兩人隱入石壁中〔註23〕。又有目醫胡者，自云累世療內外眼，鍼法獨神，亦知天命，武肅王晚

十一〈祐正廟〉，頁4下；同書，卷三十一〈靜邊侯廟〉，頁22上。談鑰《嘉泰吳興志》卷十三〈銅官趙監廟〉（《宋元地方志叢書》，中國地志研究會印行，民國68年8月初版），頁17下～18上。

〔註12〕《十國春秋》卷八十八〈葉簡傳〉，頁7下～8上。
〔註13〕《吳越備史》卷一〈李咸傳〉，頁34下。
〔註14〕《十國春秋》卷八十九〈錢朗傳〉，頁16上。
〔註15〕《吳越備史》卷一〈閭丘方遠傳〉，頁38下。
〔註16〕《十國春秋》卷八十四〈羅隱傳〉，頁3下。
〔註17〕同前書，卷七十八，頁5下。
〔註18〕同前書，同卷，頁9下。
〔註19〕同前書，同卷，頁14上。
〔註20〕同註19。
〔註21〕同前書，同卷，頁38下。
〔註22〕同前書，卷八十八，頁1～2上。
〔註23〕同前書，同卷，頁17下。

年患目疾，召使治之〔註24〕。武肅王一生善用道教，有國後興修不少官觀。
〔註25〕

二、武肅王與佛教

　　佛教能得武肅王之護持，要在高僧通術數，並能以「般若」智示人吉凶禍福。武肅王與佛教之困緣，按史書所載，係幼時遊徑山，知遇於寺主洪諲，謂之曰：「好自愛，他日貴極，當與佛法爲主。」後累立戰功，爲杭牧，奏署師號，見必拜跪，檀施豐厚，異於常數，終時執喪禮〔註26〕。武肅王將薨，曾謂文穆王錢元瓘曰：「吾昔自徑山法濟示吾霸業，自此發迹，建國立功，故吾嘗厚顧此山，他日汝等無廢吾志。」〔註27〕

　　光啓三年（887），錢鏐爲杭州刺史，除厚顧徑山外，請千頃山楚南下山供施〔註28〕，亦降疏請文喜住龍泉廨署〔註29〕。此後，每建寺請僧侶住持，而受禮重者咸爲道行孤高者，如幼璋禪師曾於溫、台、明三郡埋遺骸數千，時謂悲增大士，武肅王聞之，遣使童建齋衣、香藥入天台山致請，日請說法要，爲立瑞龍院於杭州〔註30〕。自新以定力、相術得錢元瓘禮重，及見武肅王，言無所屈，加之高行，造應瑞院居之，賜廣現大師〔註31〕。異行僧受禮重者，尚有鴻楚、從禮、彥偁、可周；武肅王每設冥齋，則召彥偁行持明法，時覆肩衣自肱而墜，還自搭上，或見鬼物隨侍〔註32〕。可周曾因武肅王之命，於天寶堂夜爲冥司講經，人常見鬼神現形扈衛，武肅王聞知，更加禮重，加號精志通明〔註33〕。從禮能祠掌天台水旱之元弼眞君王子喬，武肅王召入州

〔註24〕同前書，卷八十九，頁16上。

〔註25〕《浙江通志》卷二二八〈崇道宮〉，頁4上。另見潛說文，《咸淳臨安志》卷七十五〈天慶觀〉，頁2上；〈錢明宮〉，頁4上；〈水府院〉，頁4下；〈玉虛觀〉，頁10下；〈洞霄宮〉，頁14下；〈沖虛宮〉（《宋元地方志叢書》第七冊），頁23下。

〔註26〕宋奎光，《徑山志》卷一〈法齊禪師傳〉（《中國佛寺史志彙刊》第一輯第三十一冊，明文書局印行，民國69年1月），頁11。

〔註27〕《宋高僧傳》卷十七〈唐杭州千頃山楚南傳〉，頁460～461。

〔註28〕同前書，卷十二，頁316。

〔註29〕釋道原，《景德傳燈錄》卷二十〈杭州瑞龍院幼璋禪師傳〉（臺灣：眞善美出版社印行，民國56年2月初版），頁209～210。

〔註30〕《十國春秋》卷八十九〈自新傳〉，頁2下。

〔註31〕《宋高僧傳》卷十六〈梁蘇州破山興福寺彥偁傳〉，頁425～426。

〔註32〕同前書，卷七〈後唐杭州龍興寺可周傳〉，頁161。

〔註33〕同前書，卷十六〈後唐天台山福田寺從禮傳〉頁426～428。

府，建金光明道場，檀施優渥〔註 34〕。另有僧昭者，通於術數，大爲武肅王所重，號爲國師。〔註 35〕

武肅王護持佛教之目的，乃在高僧之道法能助成霸業。此外，由其於貞明二年（916）派沙門清外同錢鏵，往四明阿育王山迎釋迦舍利塔，置杭州羅漢寺供養，可知其心理。《阿育王寺志》卷三云：

> 昔世尊入王舍城乞食，路遇童子聚沙爲戲，見佛威儀，心生歡喜，即以沙土爲麵，殷勤奉佛，佛即受之，乃授記曰：「此童子吾滅度百年後，閻浮提中作鐵輪王，有大威德，四大部洲悉皆臣順，取吾八塔眞身舍利，造塔供養。」〔註 36〕

武肅王深知佛教對保境安民有「殊勝」力，因此沿襲唐代成規，設僧官制度，州立僧正〔註 37〕，寺立僧主〔註 38〕；另有國師〔註 39〕、僧統〔註 40〕、都僧正〔註 41〕諸名位；每設戒壇度僧，必召明律之大德如慧則、鴻楚、虛受、景霄等人監壇〔註 42〕。武肅王晚年病目，信仰佛教虔誠，常取湖州德清縣八聖寺井水洗目〔註 43〕。至於與武肅王往來之僧侶，爲數甚多，茲僅就資料所見，列表如下：

〔註 34〕《十國春秋》卷八十九〈僧昭傳〉，頁 2 下。

〔註 35〕《佛祖統紀》卷四十二〈法運通塞志十七之九〉，頁 100 下。

〔註 36〕郭子章，《阿育王山志》（《中國佛寺史志彙刊》第一輯第十一冊），卷三，頁 7 下。

〔註 37〕有關吳越之僧正，見《宋高僧傳》卷七〈宗季傳〉，有僧正蘊讓，頁 172；卷二十二〈王羅漢傳〉，有僧正贊寧，頁 607；卷三十〈望光傳〉，有溫州僧正智琮，頁 808。

〔註 38〕見《景德傳燈錄》卷二十〈杭州瑞龍院幼境禪師傳〉，頁 210 云：「剋期順寂，尚父悲悼，遣僧主集在城宿德迎引入塔。」

〔註 39〕《十國春秋》卷八十九〈僧昭傳〉，頁 2 下。

〔註 40〕阮元，《兩浙金石志》卷四〈吳越僧統慧因普光大師塔銘〉（《石刻史料新編》第九冊，臺灣新文豐書局印行，民國 66 年），頁 5 上～9 上。

〔註 41〕《宋高僧傳》卷十三〈宋天台山德韶傳〉，頁 339 云：「韶終，焚舍利繁多，營塔命都督正贊寧爲塔碑焉。」

〔註 42〕同前書，卷十六〈後唐杭州眞身寶塔寺景霄傳〉，頁 428 云：「（武肅王）命赴北塔寺臨壇。」；卷二十五〈梁溫州大雲寺鴻楚傳〉，頁 658 云：「乾化初年（911，武肅王）於杭州龍興寺開度戒壇，召楚足臨壇員數。」
《宋高僧傳》卷七〈後唐會稽郡大善寺虛受傳〉，頁 160；同前書，卷十六〈梁京兆西明寺慧則傳〉，頁 424。

〔註 43〕《浙江通志》卷二二九〈八聖寺〉，頁 13。

表一：武肅王與僧侶關係表

法　名	州名	主要住山寺剎	署　號	引　　　據	備　　　考
令　因	杭州	眞身寶塔寺	慧因普光	《兩浙金石志》卷四	僧　統
希　覺	杭州	大錢寺		《宋高僧傳》卷十六	○
重　機	杭州	天龍寺	明　眞	《景德傳燈錄》卷二十一	
道　怤	杭州	天龍寺	順　德	《宋高僧傳》卷十三 《景德傳燈錄》卷十八	
師　郁	杭州	化度院	悟　眞	《景德傳燈錄》卷十八	○
景　霄	杭州	竹林寺	清　涼	《宋高僧傳》卷十六 《武林梵志》卷十一	
洪　諲	杭州	徑山院	法　濟	《宋高僧傳》卷十二 《景德傳燈錄》卷十一	○
幼　璋	杭州	瑞龍院	志　德	《景德傳燈錄》卷二十 《十國春秋》卷八十九	
楚　南	杭州	慈雲院		《宋高僧傳》卷十七 《景德傳燈錄》卷十二	○
文　喜	杭州	龍泉寺	無　著	《宋高僧傳》卷十二 《景德傳燈錄》卷十二	○
可　周	杭州	龍興寺	精志通明	《宋高僧傳》卷七 《龍興寺志》卷八	○
宗　季	杭州	龍興寺		《宋高僧傳》卷七 《龍興寺志》卷八	
宗　靖	杭州	龍興寺		《景德傳燈錄》卷十九 《咸淳臨安志》卷七十	
蘊　讓	杭州	龍興寺		《宋高僧傳》卷七〈宗季傳〉	僧　正
宗　韜	杭州	阿育王寺		《阿育王山志》卷五	僧　正
清　福	杭州	阿育王寺		《阿育王山志》卷五	武肅王遣其備香花往迎阿育王寺銀星小鰻
自　新	杭州	應瑞院	廣　現	《宋高僧傳》卷三十 《吳越備史》卷二	
宗　徹	杭州	羅漢院		《景德傳燈錄》卷十二	
昭	杭州			《十國春秋》卷八十九 《舊五代史》卷一三三	國　師
彥　俦	蘇州	興福寺		《宋高僧傳》卷十六	
皓　端	秀州	羅漢寺		《宋高僧傳》卷七	

道　弘	秀州	寶林寺			《至元嘉禾志》卷十一《浙江通志》卷二二七	
從　禮	台州	福田寺			《宋高僧傳》卷十六《天台山方外志》卷八	
師　彥	台州	瑞嚴寺			《宋高僧傳》卷十三《景德傳燈錄》卷十七	
弇　光	明州	國寧寺		廣　利	《宋高僧傳》卷三十《寶慶四明志》卷十一	○
慧　則	明州	育王寺			《宋高僧傳》卷十六	
義　恩	越州	旌教寺			《十國春秋》卷七十八	
虛　受	越州	開元寺			《宋高僧傳》卷七	○
無　作	越州	四明山			《宋高僧傳》卷三十《四明山志》卷二	
智　琮	溫州			僧　正	《宋高僧傳》卷三十	
鴻　楚	溫州	大雲寺			《宋高僧傳》卷二十五《龍興寺志》卷八	
貫　休	婺州	和安寺			《宋高僧傳》卷三十	
光　嗣	滄州	眞容院			《宋高僧傳》卷二十八	
法　崇					《阿育王山志》卷五	
宗　韜					《阿育王山志》卷五	
		奉國寺			《吳越備史》卷一	

說明：1. 本表依州次序排列。
　　　2. 本表僅列重要引據，餘暫從略。
　　　3.「○」表賜紫衣。
　　　4. 空白處待考。

　　武肅王時期之宗教情勢，約可分成三個階段。光啓三年（887）前，爲第一期；此時國力未定，錢鏐接近神靈道術，禪宗則南嶽第三世杭州寰中（780～860，懷海之法嗣）、蘇州西禪、衢州子湖巖利蹤（800～880，普願之法嗣）、徑山鑒宗（？～866，齊安之法嗣）、杭州志賢（法常之法嗣）、嘉禾藏廙（789～879，圓暢之法嗣）於江洲弘化〔註44〕；至於青原法系，僅見華亭船子德誠禪師〔註45〕。光啓三年錢鏐爲杭牧，至天祐三年（906）閭丘方遠卒，爲第二期；此期中佛、道中道法孤高者同受禮遇；禪宗南嶽下四世越州明心慧

〔註44〕《景德傳燈錄》卷十，頁169～171。
〔註45〕同前書，卷十四，頁70。

沐（契眞之法嗣）婺州木陳從朗、婺州新建、杭州多福（三人皆從諗之法嗣）、台州勝光（利蹤之法嗣）、婺州金華山俱胝（志賢之法嗣）、明州雪竇山常通（景岑之法嗣）、處州連雲院有緣（神照之法嗣）、睦州龍興寺道明、杭州千頃山楚南、杭州烏石山靈觀、杭州羅漢宗徹（以上四人爲希運之法嗣）、杭州徑山洪諲、餘杭文立、越州光相、蘇州文約、溫州靈空（以上五人皆靈祐之法嗣）、台州浮江（大安之法嗣）、明州天童咸啓、杭州大慈山行滿、背山行眞（鑒宗之法嗣）、南嶽五世之杭州龍泉寺文喜（慧寂之法嗣）、浙西善權徹（義玄之法嗣）、睦州刺史陳操、睦州嚴陵釣臺和尙（以上兩人皆道明之法嗣）、陸州東禪和尙（智閑之法嗣）、越州清化全付（光涌之法嗣）在江浙弘化〔註46〕；青原法系則有四世湖州道場山如訥（無學之法嗣）、五世天台瑞龍院慧恭、雪峰義存（以上兩人皆宣鑒之法嗣）、台州涌泉景欣、越州雲門海晏、杭州龍泉敬、餘杭通（以上四人皆慶諸之法嗣）、越州越峰（善會之法嗣）、台州幽棲道幽、超州乾峰、明州天童山咸啓、明州天童山義（以上四人皆良介之法嗣）、六世台州瑞巖師彥（全豁之法嗣）、台州涌泉京欣（道虔之法嗣）、台州六通院紹（湧泉景欣之法嗣）〔註47〕。天祐三年後，吳越僧材輩出，下至後唐長興三年（932）武肅王卒，爲第三期；此期中青原系雪峰義存之思想大盛，其門下有杭州龍冊寺道怤、杭州西興化度師郁、杭州龍華寺靈照、明州翠岩令參、越州洞岩可休、杭州龍井通、杭州龍興宗靖、越州越山師鼐、衢州南臺仁、餘杭大錢山從襲、台州十相審超、湖州清源、杭州耳相行修〔註48〕；另有道膺之法嗣蘇州永光院眞、杭州佛日和尙，及本仁之法嗣杭州瑞龍院幼璋。〔註49〕

此外，南山律學亦在慧則、元表〔註50〕、丹甫〔註51〕、常達〔註52〕弘傳下，得以不墜。天台宗則有元琇及其法嗣清竦、常操續傳止觀。〔註53〕

〔註46〕同前書，卷十一，頁1～18；卷十二，頁20～21。
〔註47〕同前書，卷十五，頁90；卷十六，頁111；卷十七，頁131，卷十七，頁132。
〔註48〕同前書，卷十八，頁154；卷十九，頁176。
〔註49〕同前書，卷二十，頁193、209。
〔註50〕《宋高僧傳》卷十六〈梁京兆西明寺慧則傳〉，頁424～425。
〔註51〕同前書，同卷，頁419～420。
〔註52〕同前書，同卷，頁418～419。
〔註53〕《佛祖統紀》卷八，頁70下。

表二：武肅王時期僧侶建寺表

法　名	州　名	寺　名	年　　代	引　　據
明　曉	杭　州	平陽寺	唐光化中（898～901）	《咸淳臨安志》卷八十三
道　志	杭　州	西菩寺	唐天祐間（904～907）	《咸淳臨安志》卷八十四
志　勤	蘇　州	明月院	唐光化中（898～901）	《吳郡志》卷三十三
如　納	湖　州	正眞寺		《吳興志》卷一
長　守	睦　州	靈石院	後梁時（907～923）	《浙江通志》卷二三三
智　道	秀　州	尊勝院	梁貞明六年（920）	《雲間志》卷中
景　瑤	台　州	寶慈寺	梁乾化元年（913）	《嘉定赤城志》卷二十八
道　隆	台　州	永安寺	唐乾符中（874～879）	《嘉定赤城志》卷二十九
安　普	明　州	安昌院	唐長興元年（930）	《浙江通志》卷二三一
初　璡	明　州	安寧院	梁乾化初（911）	《延祐四明志》卷十七
妙　綽	明　州	塔岩院	梁貞明中（915～921）	《延祐四明志》卷十七
圓　遠	明　州	蓮華寺	吳越寶正初（926）	《延祐四明志》卷十八
法　雲	越　州	五峰塔院	唐天祐元年（904）	《會稽志》卷八
鑒　眞	越　州	越山寺	唐天祐六年（909）	《會稽志》卷八
貫　休	處　州	翠峰院		《浙江通志》卷二三四

表三：官宦與佛教關係表（一）

姓　名	官　宦	事　　　跡	引　　據
方　銖	錢塘縣節度討擊副使	天寶九年（916），同眾共造石幢于福慶庵。	《十國春秋》卷七十八
方　鄴	睦州都嚴將	寶大二年（925）乞重修永泰寺	《浙江通志》卷二三三《淳安縣志》卷八
皮光業	副　使	道怤住越州鑑清院，嘗深擊難之。	《宋高僧傳》卷十三《景德傳燈錄》卷十八
皮光業	副　使	靈照往越州鑑清院，興語不相投，被舉擯徒龍興寺。	《宋高僧傳》卷十三
仰　詮	明州太守	爲彗光之喪主	《宋高僧傳》卷三十
阮　結	潤州制置使	散香於甘露寺	《十國春秋》卷八十四
杜　順	台州刺史	創瑞龍院於紫凝山，請慧恭興法。	《宋高僧傳》卷十二

吳 氏	莊穆夫人	常遊奉國寺，武肅王命載帛縑以備散施。	《十國春秋》卷八十三《吳越備史》卷一
吳 頊		奉武肅王之命，與五都將何新同僧清施、宗韜往阿育王寺迎靈	《阿育王山志》卷五
茅 氏	將 軍	梁開平二年（908），捨宅建歸順院。	《延祐四明志》卷十七
俞 壽	大理評事	寶正二年（927），捨山建寶林院。	《十國春秋》卷七十八
高 彥	湖州制置使	師事道場山僧如訥	《十國春秋》卷八十五
高 澧	湖州刺史	如訥曾云有白面夜叉將治此郡，如其言。	《十國春秋》卷八十八
徐仁綏	內衙指揮使	唐天成四年（929），奉武肅王之命，同近侍兵稔往明州餘姚縣舜井迎古佛舍利。	《吳越備史》卷一
陸仁章		寶正四年（929），武肅王命其于西關選勝地建寺。	《十國春秋》卷八十九
陳 氏	司 空	唐長興元年（930），捨宅建壽星院。	《會稽志》卷七
張 瑗	秀州刺史	護持普照寺	《十國春秋》卷八十五
黃 晟	明州刺史	請恒通居雪寶院	《宋高僧傳》卷十二
黃 晟	明州刺史	嘗請惟靖出伏龍山供施	《宋高僧傳》卷十二
黃 晟	明州刺史	慧則弟子，守八戒，則寂，為營塔。	《宋高僧傳》卷十六
黃 顥	明州刺史	後唐乾化初（911），重建國寧寺。	《寶慶四明志》卷十七
楊 弇	進 士	常與四明山無作為林下之遊	《宋高僧傳》卷三十
錢元瑛	大同軍節度使	好施捨	
錢仁杞	湖州刺史	造報慈院，請靈造住持。	《宋高僧傳》卷十三
錢傳璟	湖州刺史	後梁貞明中（915～921），建保安院。	《吳興志》卷十三
錢 鏵	溫州刺史	禮重希覺	《宋高僧傳》卷十六
錢 鏵	恩州防禦史	奉武肅王之命，往四明阿育王迎釋迦舍利塔	《佛祖統紀》卷四十二《吳越備史》卷一
戴 詮		奉武肅王之命，往阿育王山聖井窺靈鰻	《阿育王山志》卷五
羅 隱		與杭州僧正蘊讓為莫逆之交，見宗季于龍興寺開法，申問之。	《宋高僧傳》卷七
顧全武	明州刺史	少時常為僧，吳越建以為神將，軍中號曰顧和尚，後累立戰功，左右以僧為諱。	《九國志》卷五《十國春秋》卷八十四
	諸州刺史	後梁乾化三年（913），光嗣奉使至吳越牧宰皆刻俸入緣。	《宋高僧傳》卷二十八

說明：1. 本表依筆劃次序排列。
　　　2. 空白處不詳，待考。

第二節　文穆王錢元瓘與佛教

錢元瓘字明寶，幼名傳瓘，武肅王第七子，生於唐僖宗光啓三年（887）十一月十二日，後唐明宗長興三年（932）三月武肅王薨，襲位。後晉天福六年（941）八月二十四日，因杭州府署一再失火，驚悸發狂而卒，在位十年，享年五十五，諡曰文穆。〔註54〕

文穆王長於撫馭，決事神速，好儒學，善爲詩，即位後以武肅王時期之幕僚沈崧、皮光業、曹仲達、林鼎等爲丞相，置擇能院，選吳中文士任用〔註55〕。在位期間仍有封嶽讀〔註56〕、建宮觀〔註57〕之舉，道教活動因史傳記載不詳，僅見黃永乾於天福五年（940）住台州天慶觀。〔註58〕

至於文穆王與佛教之淵源，據史傳所載，出生前即有預兆。有一胡僧持一玉羊，大可數寸，光彩異常，以獻武肅王，且曰：「得此當生貴子。」果如其言〔註59〕。梁乾化三年（913），文穆王率騎兵攻宣州廣德縣，時自新住廣德山院，常衣紙，見兵至仍巍然晏坐，及見文穆王，乃斂衣奉迎，與語久之，遂同歸杭州，後問當時何以見識，自新曰：「微僧無他術，但觀王在萬眾中，骨法獨異，與咸通皇帝御容頗相類，故幸得一識也。」〔註60〕

文穆王深信沙門之言，梁沙門寶誌〈銅碑記〉云：「有眞人在冀州，開口張弓左右邊，子子孫孫萬萬年。」因此南唐以弘冀名子，而文穆王諸子皆連弘字以應之〔註61〕。其亦禮敬僧侶，請道忩居龍冊寺；全付、希覺、志通、道翊等僧侶同受禮重；延壽初爲華亭鎮將，以官錢放生，坐死，文穆王赦之，聽其出家〔註62〕。文穆王在位十年，所建寺院甚多，事見宋元方志，營造皆派稱「都勾當」之官監工〔註63〕。當時佛教界，以青原法系勢力最大，雪峰義存之禪學尤爲盛行，而南岳法系後繼無力，僅見清化全付（882～947）弘

〔註54〕《舊五代史》卷一三三〈錢元瓘傳〉，頁 1772～1773。
〔註55〕《十國春秋》卷八十六，頁 1～5 上。
〔註56〕《嚴州圖經》卷二〈寧順廟〉，頁 20。吳興志，卷十三〈銅官趙監廟〉，頁 17 下～18 上。
〔註57〕《咸淳臨安志》卷七十五〈開元宮〉，頁 3 下；同卷〈天柱廢院〉，頁 23 下。
〔註58〕《嘉泰赤城志》卷三十〈天慶觀〉，頁 1 下。
〔註59〕《吳越備史》卷二〈文穆王傳〉，頁 1 上。
〔註60〕同前書，同卷，頁 3 上。
〔註61〕《十國春秋》卷八十三〈文穆王子孝獻世子弘傳〉，頁 19 下～20 上。
〔註62〕《佛祖統紀》卷二十六〈延壽傳〉，頁 143 下。
〔註63〕《兩浙金石志》卷四〈建化度禪院寶幢記〉，頁 3 下～5 上。

化溈仰宗風。南山律因希覺得文穆王禮重，住持千佛寺，學者輻輳。天台宗有國清清竦（937～）、國寧常操分燈傳止觀。另有志通於天福四年（939）入吳越，或攜帶瑜伽教法梵夾同來〔註64〕。至於與文穆王往來之僧侶，僧侶建寺及官宦與佛教，列表如下：

表四：文穆王與僧侶關係表

法　名	州名	主要住山寺剎	署　號	引　　　據	備　　　考
自　新	杭州	寶塔寺	廣　現	《宋高僧傳》卷三十 《吳越備史》卷二	天福中寂 （936～947）
志　通	杭州	眞身塔寺		《宋高僧傳》卷二十三 《佛祖統紀》卷二十七	
希　覺	杭州	千佛寺	文光僧錄	《宋高僧傳》卷十六 《天聖廣燈錄》卷二十七 〈慶祥傳〉	○
佛陀波利	杭州	天竺寺		《武林金石記》卷四	
彥　昇	杭州	天竺寺		《兩浙金石志》卷四 《武林金石記》卷四	
景　雲	杭州	天竺寺		《武林金石記》卷四	
景　崇	杭州	天竺寺		《武林金石記》卷四	
惠　賓	杭州	天竺寺		《武林金石記》卷四	
道　翊	杭州	天竺寺		《十國春秋》卷七十九 《天竺志》卷三	
彙　征	杭州	天竺寺	光文大德	《兩浙金石志》卷四 《武林金石記》卷四	○
令　參	杭州	龍冊寺	永　明	《景德傳燈錄》卷二十八 《佛祖歷代通載》卷二十六	
延　壽	杭州	龍冊寺		《宋高僧傳》卷二十八 《佛祖統紀》卷二十六	
道　恣	杭州	龍冊寺	順　德	《宋高僧傳》卷十二 《景德傳燈錄》卷十八	天福二年卒（937）
贊　寧	杭州	靈隱寺		《十國春秋》卷八十九 《宋高僧傳》卷十六	

〔註64〕《宋高僧傳》卷二十三〈晉鳳翔法門寺志通傳〉，頁635云：「遇縛日囉三藏行瑜伽教法，通禮事之。乃欲陟天台羅浮，遂辭，三藏曰：『吾比求翻譯，屬中原多事，子議南征，奈何路梗何。』通曰：『泛天塹其如我何。』三藏曰：『苟去吳會間，可付之梵夾，或緣會傳譯。』通曰：『已聞命矣。』」

守　賢	杭州	阿育王寺			《阿育王山志》卷五	癸亥十月奉命用建道場
晏　從	杭州	阿育王寺			《阿育王山志》卷五	癸亥十月奉命用建道場
靈　照	杭州	龍華寺		順　德	《宋高僧傳》卷十三《景德傳燈錄》卷十八	
全　付	越州	清化院			《宋高僧傳》卷十三《景德傳燈錄》卷十二	
子　麟	明州				《佛祖統紀》卷四十二《寶慶四明志》卷十一	

說明：1. 空白處不詳，待考。
　　　2.「○」表賜紫衣。

表五：文穆王時期僧侶建寺表

法　名	州　名	寺　名	年　代	引　據
德　蟾	蘇州	明因寺	晉天福六年（941）	《雁山志》卷二
栖法紹光	秀州	光福院	唐長興三年（933）	《至元嘉禾》卷十一
啓　爽	台州	靈山寺	晉天福二年（937）	《浙江通志》卷二三二
雲　暉	台州	山宮寺	晉天福元年（936）	《嘉定赤城志》卷二十七
德　韶	台州	多福院	唐長興四年（933）	《嘉定赤城志》卷二十七
德　韶	台州	安國雲居院	晉天福元年（936）	《嘉定赤城志》卷二十八
德　韶	台州	華頂圓覺道場	晉天福元年（936）	《嘉定赤城志》卷二十八
全　奉	明州	峰山院	晉天福初（936）	《延祐四明志》卷十八
惟　寶	明州	峰山院	晉天福二年（937）	《寶慶四明志》卷十七
法　通	明州	金繩教寺	唐清泰中（934～936）	《延祐四明志》卷十八
清　立	明州	泗洲律寺	唐清奉中（934～936）	《延祐四明志》卷十八
蘊　思	明州	鹿苑寺	唐清泰初（934）	《延祐四明志》卷十七
永　乾	越州	昭覺院	晉天福中（936～947）	《會稽志》卷八
悟　眞	越州	資國看經院	晉天福五年（940）	《會稽志》卷八
從　契	越州	含珠院	晉天福六年（941）	《會稽志》卷八
道　山	越州	天長院	晉天福三年（938）	《會稽志》卷七
寧　光	越州	上方院	晉天福二年（937）	《浙江通志》卷二三一

表六：官宦與佛教關係表（二）

姓　名	官　宦	事　　　　跡	引　　據
冷　求	都勾當興國中直都隊將	晉天福四年（939），造天竺寺開路記	《兩浙金石志》卷四
李　安	都軍頭	晉天福四年（939），造天竺寺開路記	《兩浙金石志》卷四
姚敬思	都勾當廂虞候	唐長興四年（933），建化度寺寶幢記	《兩浙金石志》卷四
徐　氏	鎮海軍節度掌書記	唐應順元年（934），慧因普光大師塔銘記	《兩浙金石志》卷四
夏承裕	隨使當直廂虞候將作院副將	唐清泰二年（935），捨銅鐸并火珠于天竺寺	《兩浙金石志》卷四《武林金石記》卷四
殷承訓	供使衙書寶幢手	唐清泰二年（935），天竺寺題記	《兩浙金石志》卷四《武林金石記》卷四
許　明	丞　相	唐長興三年（932）舍宅爲寺	《十國春秋》卷七十九《咸淳臨安志》卷八十四
陸　檔	造幢都料	唐清泰二年（935），造天竺寺	《兩浙金石志》卷四《武林金石記》卷四
陶仁福	造幢都料	唐清泰二年（935），造天竺寺	《兩浙金石志》卷四《武林金石記》卷四
錢元璣	寧國公	尚儒釋	《十國春秋》卷八十三
錢文舉	吳軍節度使	晉天福四年（939），建吳山院	《吳郡志》卷三《雁山志》卷二
錢弘億		文穆王夢僧入寢帳，已而生弘億，故小字曰和尚	《十國春秋》卷八十一
錢　稱	觀察使	晉天福五年（940），建錢湖院	《會稽志》卷七
錢　琛	勾當人長直都都子虞候	唐清泰二年（935），建天竺寺	《兩浙金石志》卷四《武林金石記》卷四
謝思恭	節度經略副使	唐清泰三年（936），建淨明寺	《會稽志》卷七
龔　霖	進士	授詩訣於贊寧	《十國春秋》卷八十九

說明：空白處不詳，待考。

第三節　忠獻王錢弘佐與佛教

　　錢弘佐字玄，文穆王第六子，唐明宗天成三年（928）七月二十六日生於杭州功臣堂，晉天福六年（941）八月文穆王薨，九月嗣其位，時年十四，命丞相曹仲達攝政，即位期間，諸將校驕恣，多優容之。開運初（944），因閩亂，遣兵取福州（福建閩侯），四年（947）六月薨，享年二十，在位七載，

諡曰忠獻。〔註65〕

　　忠獻王在位期間，與晉、契丹信使不絕，曾奉契丹正朔〔註66〕。對內則溫柔好禮，恭勤政務，發摘姦伏，人不敢欺；天福十二年（947），伺內都監使程昭悅以多聚賓客、蓄兵器、與術士遊，被殺〔註67〕。此外，優禮諸宗教有加，嗣位之初，即命田園有隸道宮、佛寺比入賦稅者，悉免之〔註68〕；又神廟、宮觀、寺院之興修、給額者，不計其數，事見《宋元地方志叢書》。時吳越境內術士仍多，朱景環通奇禽遁甲事，顧規得其眞傳，忠獻王誠之靈驗，擢爲軍師〔註69〕，儒學之士皮光業通禪學，人或謂爲神仙中人，曾於越州破淫祠〔註70〕；丞相林鼎則知天文人事，曾累疏切諫忠獻王。〔註71〕

　　至於佛教，獲忠獻王之護持。開運元年（944），遣僧慧龜往婺州雙林寺，開善慧大士塔，奉迎舍利靈骨諸物至錢塘縣光冊殿供養，並建龍華寺，以其骨塑大士像，請靈照住持〔註72〕。開運二年（945），建鷲峰禪院于國城之北山，延伏虎光禪師居住〔註73〕。當時佛教界，弘傳潙仰宗風者有清化全付（822～947）及其弟子雲峰應清。雪峰義存之禪學，因行修（？～848，初住四明山，後住杭州法相院）、令參（住杭州龍冊寺）、宗靖（871～951，住台州通院）、慧明（住明州大梅山）諸師弘化而臻盛〔註74〕；德韶（890～971），在天台山大興玄沙之宗，歸依日眾〔註75〕。天台宗則有義寂（住天台螺溪）、志因（住錢塘慈

〔註65〕《十國春秋》卷八十〈忠獻王世家〉，頁1～10。
〔註66〕同前書，同卷，頁14下～15上。
〔註67〕同前書，同卷，頁8下。
〔註68〕同前書，同卷，頁2上。
〔註69〕同前書，卷八十八，頁9。
〔註70〕皮光業破淫祠之事跡，見《十國春秋》卷八十六〈皮光業傳〉，頁3。至於禪學方面，《宋高僧傳》卷十三〈後唐杭州龍冊寺道怤傳〉，頁330云：「暨迴浙，住越州鑑清院。時皮光業者，日休之子，辭學宏贍，探賾禪門，嘗深擊難焉。」
〔註71〕《十國春秋》卷八十六〈林鼎傳〉，頁5上。
〔註72〕《佛祖統紀》卷四十二〈法運通塞志十七之九〉，頁102上；《宋高僧傳》卷十三〈杭州龍華寺釋靈照傳〉，頁334。
〔註73〕《十國春秋》卷八十，頁7上。
〔註74〕《景德傳燈錄》卷二十五〈杭州報恩寺慧明禪師〉，頁102：「後至臨川謁淨慧禪師，師資道合，尋迴邨水大梅山庵居，時吳越部內禪學者雖盛，而以玄沙正宗置之閫外，師欲整而導之。」
〔註75〕同前書，同卷〈天台山德韶國師〉，頁95～96。
　　　　《嘉定赤城志》卷三十五〈德韶傳〉，頁4上玄：「清泰二年（935），入臺嶺，憩智顗道場，後於通元峰卓庵。」

光）及子麟徒眾（住明州保安院）續傳止觀〔註76〕。另有皓端通南山律、名數與台教；宗季曾投衢州巨信論師，學名數論，兩人偕在杭州開講。傳《南山律鈔》者有贊寧，時人謂爲律虎。忠獻王之世，諸將跋扈，政局不穩，其年紀輕，在位僅七年，所以與僧侶往來較諸王爲少，茲列有關之僧侶如下：

表七：忠獻王與僧侶關係表

法 名	州名	主要住山寺刹	署 號	引 據	備 考
思 憲	杭州	虎跑寺		《兩浙金石志》卷四	官銜上柱國
遂 徵	杭州	淨化禪院	通元大德	《兩浙金石志》卷四	
慧 龜	杭州			《佛祖統紀》卷四十二	
靈 照	杭州	龍華寺	直 覺	《宋高僧傳》卷十二《景德傳燈錄》卷十八	
皓 端	秀州	靈光寺	崇法大德	《宋高僧傳》卷七《佛祖統紀》卷二十二	○
惟 寶	明州	香山寺	常寂大師	《寶慶四明志》卷十七	
全 付	越州		純一禪師	《宋高僧傳》卷十三《景德傳燈錄》卷十二	○
法 諲	衢州	瓘源寺	通 濟	《浙江通志》卷二三三	

說明：1. 空白處不詳，待考。
　　　2. 法諲或是洪諲之誤，待考。
　　　3.「○」表賜紫衣。

表八：忠獻王時期僧侶建寺表

法 名	州 名	寺 名	年 代	引 據
明 一	杭 州	佛慧寺	晉天福七年（942）	《西谿志》卷二
智 厚	杭 州	護國禪院	晉開運三年（946）	《崇福寺志》卷一
智 聆	杭 州	寧國院	晉天福八年（943）	《龍興寺志》卷二
得 求	杭 州	寧國院	晉天福八年（943）	《龍興寺志》卷十二
處 齊	杭 州	保安院	晉天福七年（942）	《咸淳臨安》卷八十一
齊 教	杭 州	崇新寺	晉天福七年（942）	《浙江通志》卷一一○
彌 洪	杭 州	煙霞洞	晉開運元年（944）	《兩浙金石志》卷四
智 暉	秀 州	法雲寺	晉開運元年（944）	《雲間志》卷中

《里安寺志》卷五〈志逢禪師傳〉，頁 1 下云：「天福中（937～947）遊方，抵天台雲居，參國師，賓主緣契，頓發玄秘。」

〔註76〕胡榘、羅濬寶，《慶四明志》卷十一〈東壽昌院〉（《宋元地方志叢書》第八冊），頁 12 上。

表九：晉天福中僧侶建寺表

法　名	州　名	寺　名	年　　代	引　　據
希　育	明　州	慈林寺	晉天福中（936～941）	《延祐四明志》卷十七
紹　回	明　州	興福寺	晉天福中（936～941）	《延祐四明志》卷十七
道　珍	明　州	新慶寺	晉天福中（936～941）	《延祐四明志》卷十八
鑑　瑩	明　州	明波寺	晉天福中（936～941）	《延祐四明志》卷十八
行　欽	越　州	石佛妙相寺	晉天福中（936～941）	《會稽志》卷七
悟　眞	越　州	看經院	晉天福中（936～941）	《浙江通志》卷二三一
道　密	婺　州	法華寺	晉天福中（936～941）	《浙江通志》卷二三二
德　韶	杭　州	龍山寺	晉天福中（936～941）	《武康縣志》卷四

表十：官宦與佛教關係表（三）

姓　名	官　宦	事　　　　跡	引　　據
仰　氏	吳越王妃	晉天福中（936～941），杭州建釋迦院	《咸淳臨安志》卷七十九
徐　顏		晉開運三年（938），捨宅建法華院	《至元嘉禾志》卷十一
許　氏	吳越國夫人	與麗春院契雲尼法師相知	《吳越備史》卷三
曹仲達	吳越丞相	好施與	《吳越備史》卷三
潘　彥	天龍軍副將	晉開運三年（946），與妻陳十二娘共造羅漢二軀供養石屋洞	《兩浙金石志》卷四
錢　億	明州刺史	晉天福七年（942），迎香山寺惟寶法師于眞身府庭，後遣還山	《寶慶四明志》卷十七
錢弘俶	台州刺史	延請德韶說法	《吳越備史》卷四《景德傳燈錄》卷二十五
沖　瑗		晉開運三年（946），撰西關淨化禪院記	《兩浙金石志》卷四

說明：1. 空白處不詳，待考。
　　　2.吳越備史》卷三云，天福八年（943）十一月納元妃仰氏。仰氏條暫列於此表，待考。

第四節　忠懿王錢弘俶與佛教

錢弘俶字文德，文穆王第九子，唐明宗天成四年（929）八月二十四日生於杭州城內功臣堂。忠獻王末年，出鎮台州，漢天福十二年（947）六月忠獻王薨，弟弘宗即位，七月召弘俶同參相府事，逢內牙統軍使胡進思及指揮史諸溫、斜滔等作亂，囚忠遜王，矯命傳位於弘俶。乾祐元年（948）正月，弘俶即位於天寵堂，赦境內租稅，又募民墾荒田，勿取其稅。忠懿王即位之初，政局不穩，將士跋扈，因其撫馭有方，爭端乃息，對北方王朝，則貢奉不絕，

又屢出兵助周、宋伐南唐，宋開寶八年（975）十一月江南平，翌年忠懿王朝宋，太宗拊其背曰：「誓不殺錢王。」忠懿王惶恐，嗣後每修貢必梵香而遣。太平興國三年（978）五月，忠懿王以吳越奉宋，國除，復因趨闕早起得風疾，於端拱元年（988）八月二十四月卒，享年六十，在位凡四十年。〔註77〕

忠懿王時期，諸宗教亦得優禮，神廟、宮觀及寺院林立，香火鼎盛，然杭、婺、衢、睦三州曾發火災，而周顯德五年（958）四月杭州被火燬者有一萬七千餘家〔註78〕。當時除封神靈為王侯外，道士受禮遇者有張契眞、齊物與朱霄外；張契眞居眞聖宮，為忠懿王所命，主三籙齋事，吳越歸宋，太宗令校道書，賜號元靜大師〔註79〕。齊物居大滌山巖洞，深通道書微旨，忠懿王曾欲為賜度弟子，為清淨故辭之〔註80〕朱霄外居台州白雲庵，善河圖懸緯，持法甚嚴，為忠懿王所禮重，於台州天台縣興修玉霄宮、降眞臺、延壽院與桐柏觀〔註81〕。當時朱霄外所居之白雲觀，與黃永乾所居之天慶觀，號稱東西兩宮，朱霄外後為吳越兩街道統，食邑一千五百戶〔註82〕。忠懿王又在仙居縣興修峽山觀，天台縣降眞臺造檀香像一百軀，及賜桐柏觀金銀字經二百函與銅三清像。得忠懿王賜號者，尚有越州桃源觀主靈逸大師陸契眞。〔註83〕

忠懿王崇奉佛教更深，在國中飯僧億萬，建造寺院凡三百所〔註84〕其所以護持佛教如此虔敢，得力於德韶精術數，助得王位。德韶因之被奉為國師，而天台宗國清寺成為禪宗道場，及法眼宗大盛皆此因緣而生。德韶亦疏忠懿王，助義寂向高麗求取天台佚籍，使天台宗得以振興〔註85〕。當時弘揚天台宗風，除義寂門下外，另有志因法系，入宋後學台教者眾，重師說又爭法統，演成「山家」、「山外」之爭〔註86〕。律宗則有希覺門下贊寧，得文格于光文大師彙征，受詩訣于進士龔霖，多毗尼著作，時人謂之律虎，為兩浙僧統，

〔註77〕《吳越備史》卷四〈今大元帥吳越國王〉，頁1～41。

〔註78〕《十國春秋》卷八十一〈忠懿王世家上〉，頁11。

〔註79〕同前書，卷八十九，頁17下。

〔註80〕同前書，同卷，頁18上。

〔註81〕《嘉定赤城志》卷三十〈洞天宮〉，頁8下；同卷〈法輪院〉，頁9；同卷〈聖壽院〉，頁9下～10上；卷三十五〈朱霄外傳〉，頁12上。

〔註82〕同前書，卷三十〈棲霞宮〉，頁二上；卷三十五〈朱霄外傳〉，頁12上。

〔註83〕高似孫，《剡錄》卷八〈桃源觀〉（《宋元地方地叢書》第六冊），頁3。

〔註84〕《吳越備史》卷四，頁39下～40。

〔註85〕《佛祖統紀》卷八十五〈十五祖淨光尊者義寂傳〉，頁71上。

〔註86〕同前書，卷十，頁83下。

錢氏諸王公咸加仰重，吳越入宋，奉舍利眞身塔以朝，太宗聞其名召對滋福殿，賜紫方袍，尋賜號通慧〔註87〕。至於華嚴宗因子璿（965～1038）之弘化，使法脈不絕〔註88〕。密教信仰亦極風行，寺院多見經幢，上刻陀羅尼眞言，忠懿王且造八萬四千寶塔，納寶篋印《陀羅尼經》於塔內，頒發境內〔註89〕。淨土信仰因延壽及天台宗人之弘傳，日益普及。

　　吳越自武肅王起，宮中已崇奉觀音大士〔註90〕漢乾祐元年（948），忠懿王夢白衣人求葺其居，遂建看經院供奉〔註91〕。嗣後宋代周而起，因進止不決，每禱於大士求迷津〔註92〕。國內曾禁酒〔註93〕，又鑄先王、先妣銅容供于寺塔，以資冥福〔註94〕。乾德四年（966），迎阿育王舍利歸南塔寺供養，並鑿靈鰻井。〔註95〕

　　忠懿王甚優禮有道行之高僧，如德韶、延壽皆以師禮事之。召道潛入王府受菩薩戒，造慧日永明寺居之，又別給月俸〔註96〕。願齊曾與忠懿王參德韶，亦得王欽重，爲建普照道場，贍予平陽一鄉之賦〔註97〕。儀晏以禪法知名，忠懿王遣使圖畫，展像作禮，隨雨舍利，目疾頓瘳，因賜號開明禪師，事聞於太宗，召入殿內論禪定，深契緣法〔註98〕。忠懿王時期，有道高僧輩出，爲世人所欽服者多見，茲列表如下：

〔註87〕　《十國春秋》卷八十九〈贊寧傳〉，頁8下～9上。

〔註88〕　《佛祖統紀》卷二十九〈子璿傳〉，頁11。

〔註89〕　《兩浙金石志》卷四〈吳越金塗塔二種〉鐵塔附，頁34。另見《咸淳臨安志》卷七十七〈勝相院〉，頁3。

〔註90〕　《至元嘉禾志》卷十〈超果寺〉，頁5下。

〔註91〕　《十國春秋》卷，七十九，頁12下。

〔註92〕　《天竺志》卷一，頁4下～5上。

〔註93〕　《十國春秋》卷八十一，頁7下云：「是時（周廣順二年，952），國內禁酒。」

〔註94〕　同前書，同卷，頁7下云：「（周）廣順三年（953）夏四月，建報恩元教寺於城北，薦王姚也。」同卷，夏八上云：「顯德元年（954），五月辛巳，王命鑄恭懿太夫人銅容二，致於奉國、金地二尼寺。」同卷，頁15云：「（宋）乾德二年（964）四月，重建城南寶塔寺，奉武肅王、文穆王、忠獻王銅容于內）。」卷八十二，頁1上云：「開寶元年（968）三月乙巳，建奉先寺于城西，薦文考也。」

〔註95〕　同前書，同卷，頁17上。另見《阿育王山志》卷五，頁3下云：「癸亥（宋乾德元年）十月，王遣錢仁晃、禇延昌押花舫，設佛像，選高德僧昱從、守賢、子蟾、贊寧，預馬遠詣貿山阿育王寺井所開道場，即日便得靈鰻。」

〔註96〕　《宋高僧傳》卷十三〈錢塘慧日永明寺釋道潛傳〉，頁337。

〔註97〕　《十國春秋》卷八十九〈願齊傳〉，頁15上。

〔註98〕　同前書，同卷〈儀晏傳〉，頁11。

表十一：忠懿王與僧侶關係表

法　名	州名	主要住山寺剎	署　號	引　　　　據	備　　考
子　儀	杭州	天竺山	心印水月	《景德傳燈錄》卷二十一 《天竺寺志》卷五	
子　蟾	杭州			《阿育王山志》卷五	
志　逢	杭州	華嚴道場	普　覺	《景德傳燈錄》卷二十六 《十國春秋》卷八十九	○
令　參	杭州	龍冊寺	永　明	《景德傳燈錄》卷十八 《宋高僧傳》卷二十八	
守　賢	杭州			《阿育王山志》卷五	
行　明	杭州	六和寺		《景德傳燈錄》卷二十六 《武林梵志》卷十	
行　修	杭州	法相寺	宗　慧	《宋高僧傳》卷三十 《十國春秋》卷八十九	
法　端	杭州	報恩光教寺	慧　月	《景德傳燈錄》卷二十六	
法　瓌	杭州	奉先寺	法明普照	《景德傳燈錄》卷二十六	
志　光	杭州	虎跑寺	臨壇大德	《兩浙金石志》卷四	
永　安	杭州	報恩寺	正覺空慧	《宋高僧傳》卷二十八 《景德傳燈錄》卷二十六	
延　壽	杭州	永明寺	智　覺	《宋高僧傳》卷二十八 《佛祖歷代通載》卷二十六	○
彥　求	杭州	龍華寺	實相得一	《景德傳燈錄》卷二十一 《宋高僧傳》卷二十八	
宗　靖	杭州	龍興寺	六　通	《景德傳燈錄》卷十九 《武林梵志》卷十一	
契　盈	杭州	龍華寺	廣辯周智	《景德傳燈錄》卷二十一 《十國春秋》卷八十九	
師　郁	杭州	化度院	悟　眞	《景德傳燈錄》卷十八	○
師　簡	杭州	湖光院	密修神 化尊者	《宋高僧傳》卷二十三	
清　昱	杭州	奉先寺	圓通妙覺	《景德傳燈錄》卷二十六 《十國春秋》卷八十九	
清　聳	杭州	靈隱寺	了　悟	《景德傳燈錄》卷八十九 《四明山志》卷二	
紹　安	杭州	報恩光教寺	通辨明達	《景德傳燈錄》卷二十六	
紹　岩	杭州	寶塔寺	了空常照	《宋高僧傳》卷二十三 《景德傳燈錄》卷二十五	

道潛	杭州	永明寺	慈化定慧	《宋高僧傳》卷十三 《景德傳燈錄》卷二十五	○
遇安	杭州	光慶寺	善智	《景德傳燈錄》卷二十六 《十國春秋》卷八十九	
彙征	杭州		僧正	《景德傳燈錄》卷二十六 《台州金石甀文關訪》卷一	
慧居	杭州	龍華寺		《景德傳燈錄》卷二十六 《福建高僧傳》卷二	
慧明	杭州	報恩寺	圓通普照	《景德傳燈錄》卷二十五 《武林梵志》卷十一	○
轉智	杭州	龍興千佛寺		《咸淳臨安志》卷七十七	
彌洪	杭州	煙霞洞		《十國春秋》卷八十九 《咸淳臨安志》卷七十八	
贊寧	杭州	靈隱寺	兩浙僧統	《宋史》卷四八○ 《新續高僧傳四集》卷六十	
光	杭州	龍興千佛寺		《咸淳臨安志》卷七十七	
明彥	蘇州	長壽院	廣法	《景德傳燈錄》卷二十六	○
安	蘇州		僧正	《吳郡志》卷三十二	
敬尊	台州	般若寺	通慧	《景德傳燈錄》卷二十五	
義寂	台州	定慧寺	淨光	《宋高僧傳》卷七 《佛祖統紀》卷八	○
德韶	台州	天台山	國師	《宋高僧傳》卷十三 《景德傳燈錄》卷二十五	
諦觀	台州	定慧寺		《佛祖統紀》卷十	
矗蟾	秀州	禪居寺	崇惠明教	《雲閒志》卷中	
全曉	明州	全文院		《佛祖統紀》卷十三 〈沖霄傳〉	
希辨	越州	普門寺	希慧智一	《景德傳燈錄》卷二十六 《十國春秋》卷八十九	
重曜	越州	淨名庵		《會稽志》卷七	
願齊	溫州	普照道場	崇法	《景德傳燈錄》卷二十六 《佛祖統紀》卷十	○
志澄	衢州	鎮境寺	積善	《景德傳燈錄》卷二十六	○
守威	福州	廣平院	宗一	《景德傳燈錄》卷二十六	
辨隆	福州	大華嚴寺		《三水志》卷三十八	

說明：1. 本表僅列重要之引據，餘暫從略。
　　　2.「○」表賜紫衣，空白處不詳，待考。

表十二：忠懿王時期僧侶建寺表

法　名	州　名	寺　　名	年　　　代	引　　　　據
永　保	杭　州	保俶塔	宋開寶元年（968）	《咸淳臨安志》卷七十九
延　壽	杭　州	六和塔	宋開寶五年（972）	《咸淳臨安志》卷八十二
悟空清了	杭　州	龍門寺	宋建隆元年（960）	《淨慈寺志》卷三
梓	杭　州	大安寺	宋開寶中（966～976）	《武康縣志》卷四
文　謙	蘇　州	觀音禪院		《吳郡志》卷三十二
知　義	蘇　州	白鶴寺	宋乾德中（963～968）	《吳郡志》卷三十三
道　興	湖　州	寶相寺	宋乾德五年（967）	《吳興志》卷十三
善　通	睦　州	孝明院		《景定嚴州續志》卷九
道　寶	睦　州	靈瑞院	宋開寶中（968～976）	《嚴州圖經》卷二
曉　明	睦　州	太平院		《嚴州圖經》卷二
德　升	秀　州	永安寺	宋建隆二年（961）	《常棠澉水誌》卷五
憙　蟾	秀　州	禪居寺		《雲閒志》卷中
實　強	秀　州	觀音院	周顯德元年（954）	《常棠澉水誌》卷五
全　泰	台　州	開巖寺	周顯德六年（959）	《天台山方外志》卷四
全　宰	台　州	大梵寺		《浙江通志》卷二三二
希　寂	台　州	傳教寺	宋乾德元年（960）	《嘉定赤城志》卷二十八
德　韶	台　州	西定慧院	漢乾祐元年（948）	《嘉定赤城志》卷二十八
德　韶	台　州	永明寺		《嘉定赤城志》卷二十七
德　韶	台　州	保國華嚴寺		《嘉定赤城志》卷二十八
德　韶	台　州	大覺普光寺		《嘉定赤城志》卷二十八
德　韶	台　州	瑞隆感應塔院	宋開寶中（966～976）	《嘉定赤城志》卷二十八《黃巖縣志》卷七
德　韶	台　州	般若寺	周顯德四年（957）	《嘉定赤城志》卷二十八
德　韶	台　州	通圓定慧寺	周顯德四年（957）	《嘉定赤城志》卷二十八《天台山方外志》卷四
德　韶	台　州	呼茶院	周顯德七年（960）	《嘉定赤城志》卷二十八
德　韶	台　州	普聞寺	漢乾祐三年（950）	《嘉定赤城志》卷二十八
德　韶	台　州	無量壽佛塔院	宋建隆元年（960）	《嘉定赤城志》卷二十八

德　韶	台　州	旃檀瑞像寺		《嘉定赤城志》卷二十八
南　慧	台　州	靈感觀音寺	宋建隆元年（960）	《嘉定赤城志》卷二十八
師　拱	台　州	育王塔院		《浙江通志》卷二三一
願　齊	台　州	崇法寺		《天台山方外志》卷七
介　如	明　州	清隱接待庵	宋開寶元年（968）	《至正四明志》卷十
元璡善為	明　州	圓通接待庵	宋開寶元年（968）	《至正四明志》卷十
洪　固	明　州	靈龜寺	宋開寶中（968～976）	《延祐四明志》卷十七
神　靜	明　州	門院寺	周廣順元年（951）	《大德昌國三十圖志》卷七
師　碧	明　州	白龍寺	宋建隆二年（961）	《寶慶四明志》卷十七
清　肅	明　州	回峰寺	周廣順初（951）	《延祐四明志》卷十八
清　聳	明　州	四明院	漢乾祐三年（950）	《延祐四明志》卷十七
師　悟	明　州	廣濟院	宋建隆二年（961）	《寶慶四明志》卷十五
智　瑤	明　州	靈巖廣福寺	宋太平興國二年（977）	《至正四明志》卷十
能	明　州	集善教寺	宋太平興國元年（976）	《浙江通志》卷二三一
義朋紹忠	明　州	回向寺	宋建隆初（960）	《延祐四明志》卷十八
全	明　州	保安寺	周廣順初（951）	《延祐四明志》卷十八
德　浩	衢　州	太平寺	宋乾德初（963）	《浙江通志》卷二三三
昭　度	越　州	無礙浴院	周顯德元年（954）	《嘉泰會稽志》卷八
重　曜	越　州	淨名菴	周廣順初（951）	《嘉泰會稽志》卷八
集　惠	越　州	福清塔院	周顯德五年（958）	《嘉泰會稽志》卷七
德　欽	越　州	廣濟院	周顯德五年（958）	《嘉泰會稽志》卷七
德　韶	越　州	天姥寺	周廣順中（951～953）	《浙江通志》卷二三一
慶　鏦	溫　州	淨名菴	宋太平興國二年（977）	《樂清縣志》卷五
守　堅	福　州	靈源院	宋開寶二年（969）	《三水志》卷三十五
行　證	福　州	文殊尼院	宋太平興國元年（976）	《三水志》卷三十五
清　覺	福　州	秀峰崇勝院	漢乾祐元年（948）	《三水志》卷三十六
淨　慧	福　州	鷲峰院	漢乾祐三年（950）	《三水志》卷三十六
傳　宗	福　州	資壽院	宋太平興國二年（977）	《三水志》卷三十五

說明：1. 空白處不詳，待考。
　　　2. 希寂當係義寂之誤。

表十三：官宦與佛教關係表（四）

姓　名	官　宦	事　　　　跡	引　　據
丁元瓚	攝刺史	宋開寶六年（973），建無量壽塔	《至元嘉禾志》卷十
丁守節	中吳從事	於長沙縣建長壽寺	《吳郡圖經續記》卷中
石　湮	大理評事	捨田建釋天院	《新昌縣志》卷十三
江景房	侍御史	於衢州常山縣建保安寺	《浙江通志》卷二三三
田　氏		宋乾德六年（963），捨宅爲寺	《咸淳臨安志》卷八十
朱仁幹	衢州刺史	宋建隆三年（962），建浴室院	《嘉泰會稽志》卷七
李延諤		周顯德五年（958），於福州建觀音院	《三水志》卷三十三
周邦彥	明州刺史	捐金建青蓮閣于傳教寺	《延祐四明志》卷十六
周　勢		宋建隆元年（960），捨財於西山靈鷲禪院，造彌陀石佛一軀	《兩浙金石志》卷四
吳延福	鄭國公	周顯德五年（958），建崇化寺西塔	《兩浙金石志》卷四
吳延爽	都指揮使	捨三十千於西湖煙霞洞，造羅漢	《兩浙金石志》卷四
吳延爽	丞　相	於崇壽院內建九級浮圖，名應天塔	《兩浙金石志》卷四
吳延爽	都指揮使	於西湖煙霞洞石塔提名	《兩浙金石志》卷四
吳　頊	將　軍	捨宅爲寺	《吳興志》卷十三
林仁憲	錢塘縣令	宋建隆元年（960），捨宅建彌陀院	《嘉泰會稽志》卷七
花　應	福巖將	周顯德元年（954），重建國榮禪院	《浙江通志》卷二三三
章　靖	餘杭令	周顯德三年（956），捨宅建羅漢院	《吳興志》卷十三
徐　蟠	指揮史	西湖煙霞洞石塔題名	《兩浙金石志》卷四
翁　晟	衢州刺史	宋開寶三年（970），創院請瓊省禪師主持	《景德傳燈錄》卷二十六
孫　氏	昭　儀	周顯德中（950～960），重修崇福寺	《浙江通志》卷二三二《天台山方外志》卷四
孫承祐	節度使	宋太平興國初（976），於楓橋寺建七級浮屠	《吳郡志》卷三十三
孫承祐	平江節度使	宋太平興國初（976），於能仁寺鑄大銅鐘	《吳郡志》卷三十六
孫承祐	大寧軍節度使	撰〈紹岩禪師碑紀〉	《宋高僧傳》卷二十二
陳　榮	睦州刺史	得行脩托夢，重漆布法身	《宋高僧傳》卷三十
胡　曹	中直都上押將	造羅漢一軀供養於石屋洞	《兩浙金石志》卷四
陳希靖	天台鎮將	周顯德四年（957），建雲光院	《天台山方外志》卷四
凌　超	將　領	創華嚴道場於五雲山，請志逢居住	《景德傳燈錄》卷二十六
崔仁冀	衛尉卿	以詩交贊寧	《十國春秋》卷八十九
陳　志	鎮海軍指揮史	宋開寶五年（972），建光讚般若寺	《嘉泰會稽志》卷七

陳　蒲	僕　射	周廣順中（951～953），同眾興修遵勝禪院	《吳郡志》卷三十六
盛　氏	縣　令	煙霞洞石塔題名	《兩浙金石志》卷四
梁文謹	閤門承旨	周顯德六年（958），造羅漢一軀於石屋洞，為家人求冥福	《兩浙金石志》卷四
陸　氏	少　師	於大乘永興禪院前橋亭題扁	《嘉泰會稽志》卷七
陸仁旺	中　允	宋開寶七年（974），與弟大卿捨園地擴建寶城寺	《嘉泰會稽志》卷七
張萬進	衛州刺史	周顯德六年（959），鐫羅漢一尊於石屋洞	《兩浙金石志》卷四
程延翰		漢乾祐三年（950），奉制書法空大師塔亭碑記	《台州金石甎文闕訪》卷一
葉　預	尚　書	捨宅建三峰院	《浙江通志》卷二三一
黃　氏	錢王妃	建雷峰塔	《咸淳臨安志》卷八十二
楊柳堤	副　使	宋乾德六年（968），造羅漢兩軀於石屋洞以資冥福	《兩浙金石志》卷四
楊　惲	內侍致仕	以詩交贊寧	《十國春秋》卷八十九
慎知禮	工部侍郎	以詩交贊寧	《十國春秋》卷八十九
薛　溫	軍　使	於西湖建奉先寺，延請昱居之	《景德傳燈錄》卷二十六
薛　溫	鎮海軍都指揮使	周顯德五年（958），重建新興塔院	《嘉泰會稽志》卷七
錢文奉	節度使	禪流法齊輩賴其供養	《十國春秋》卷八十三
錢元懿	婺州刺史	建五雲寺大殿	《浙江通志》卷二三二
錢　氏	錢王女	周顯德二年（955），鑄妙勝院鐘	《台州金石甎文闕訪》卷一
錢仁奉	蘇州節度使	遣人齎香請德韶占吉凶	《宋高僧傳》卷十三
錢仁奉	蘇州節度使	建長壽院請朋彥轉法輪	《景德傳燈錄》卷二十六
錢　易	忠遜王子	喜觀佛書	《十國春秋》卷八十三
錢　昱	秀州刺史	曾與皓端之法會，後為著行錄	《宋高僧傳》卷七
錢　昱	台州刺史	宋乾德五年（967），建淨光塔院	《嘉定赤城志》卷二十七
錢　昱	台州刺史	宋太平興國二年（977），建白雲延壽庵	《嘉定赤城志》卷二十七
錢　昱	工部侍郎	與贊寧切磋以文義	《十國春秋》卷八十九
錢　昱	工部侍郎	與贊寧隸竹事	《十國春秋》卷八十三
錢惟治	鎮國軍節度使	在湖州法華寺作九十首詩	《吳興金石記》卷六
錢惟治	越州刺史	宋開寶五年（972），為大興永興禪院書額	《嘉泰會稽志》卷七

錢惟治	明州刺史	延請義通說法，止其歸高麗國	《佛祖統紀》卷八
錢惟演		撰〈塔亭院碑紀〉	《咸淳臨安志》卷八十三
錢惟演		宋太平興國二年（977），建惠嚴院	《咸淳臨安志》卷七十九
錢 倧	宣德節度使	與贊寧切磋以文義	《十國春秋》卷八十九
錢 儀	越州刺史	與贊寧切磋以文義	《十國春秋》卷七十九
錢 儀	觀察使	宋乾德五年（967），建執慈寺	《嘉泰會稽志》卷七
錢 儀	觀察使	宋開寶五年（972），拓建淨名菴為大乘永興禪院	《嘉泰會稽志》卷七
錢 儀	觀察使	宋開寶六年（973），建地藏院	《嘉泰會稽志》卷七
錢 儀	觀察使	宋開寶九年（976），建三峰院	《嘉泰會稽志》卷七
錢 儀	觀察使	建祇園寺	《嘉泰會稽志》卷七
錢 綽	都水使	宋太平興國中（976～984），建崇惠明教寺	《至元嘉禾志》卷十
錢 綽	都水使	建華嚴院	《雲間志》卷中
錢 億	明州刺史	劇觀章像置於傳教寺	《延祐四明志》卷十六
錢 億	明州刺史	宋建隆間（960～963），於國寧寺造鐵塔	《寶慶四明志》卷十一
錢 億	奉國節度使	與贊寧切磋以文義	《十國春秋》卷八十九
錢 億	明州刺史	師事清聳禪師	《景德傳燈錄》卷二十五
錢 儼	金州觀察使	與贊寧切磋以文義	《十國春秋》卷八十九
錢 儼	彭城公	作傳教院碑於螺溪	《佛祖統紀》卷十
錢 儼		撰〈觀音禪院碑記〉	《吳郡志》卷三十二
鮑修讓	福州刺史	宋乾德二年（964），建越山吉祥禪院	《三水志》卷三十三
戴 彥	金馬都副將	同妻沈一娘於石屋洞造羅漢一軀	《兩浙金石志》卷四
韓承德	太 保	宋開寶中（966～976），捨梳洗樓為塔院	《吳郡志》卷三十三
顧承徽	漕 使	宋開寶元年（968），舍宅為義通建傳教院	《佛祖統紀》卷八
□事治	鎮國節度使	宋開寶四年（971），建保安寺	《嘉泰會稽志》卷八
	安僖王	宋開寶五年（972），於西關建光慶寺，請願濟開法	《景德傳燈錄》卷二十六
	許 王	宋乾德四年（966），建香積院	《咸淳臨安志》卷八十一
	秦 王	宋乾德四年（966），建般若寺	《咸淳臨安志》卷七十七
	鄧 王	宋開寶六年（973），建總持寺	《咸淳臨安志》卷七十八

說明：1. 空白處不詳，待考。

　　　2. □事治條，當係錢惟治之誤寫。

圖一：吳越疆域形勢（一）

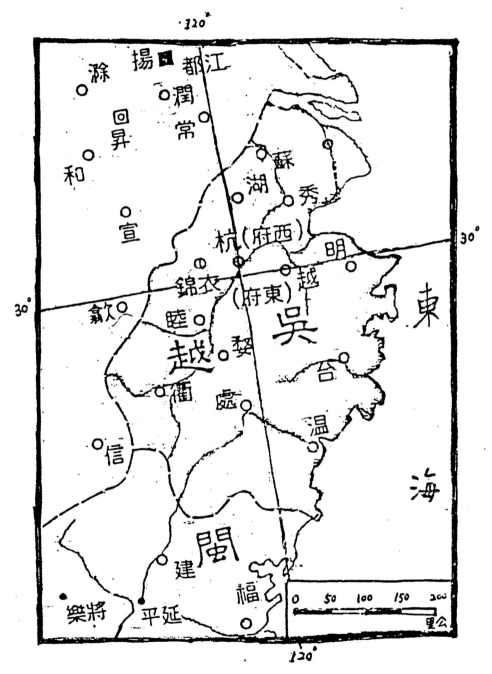

五代梁到晉，907～946

圖二：吳越疆域形勢（二）

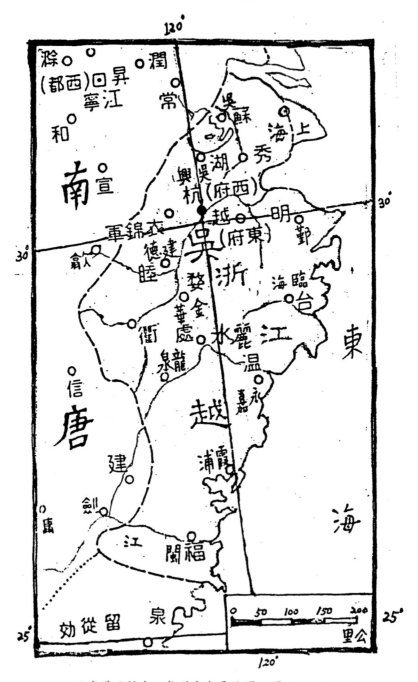

五代漢天福十二年到宋太平興國三國，947～978

第三章　吳越之佛教情勢

第一節　宗　派

隋唐以前，中國佛教之學派分岐，隋唐以後，爭道統，各種教派乃競起〔註1〕。各派咸有其理論和教義，故通稱爲「宗」，例如「法相宗」、「華嚴宗」，又可稱爲「教」，如「三階教」、「天台教」，各立其到達解脫之辦法，故稱「門」或「法門」，如「禪門」、「淨土門」。〔註2〕

教派風起，各宗派亦有其根本道場。華嚴宗初起在關中之終南山，又因澄觀故，五台山爲華嚴宗之勝地。密教亦在五台山建金閣寺，並於此山華嚴寺等處安置有金剛界曼荼羅〔註3〕。江浙一帶寺院多屬天台宗，且因智者大師故，天台山亦爲天台宗之聖地。律宗大師道宣久居終南山，故後人稱其法系爲南山宗。而所謂三階院，以及中儲財物之「無盡藏」皆屬於三階教。至於禪宗初在大河南北弘化，青原行思之門下石頭希遷教化於湖南（洞庭湖以南），南岳懷讓之門下馬祖道一教化於江西（揚子江以西），當代學者多慕名前往參學，由此湖南、江西之禪風靡於天下，世人雅稱走江湖。道一所居在洪州（江西省南昌縣），及有洪州宗之稱；洪州一派至唐末，又分成臨濟、潙

〔註1〕湯用彤，《隋唐佛教史稿》〈綜論各宗〉，頁248。有學者認爲，天台、華嚴以及禪宗等，爭論第幾祖之傳承，是受到密教傳承主義之影響，參見金岡秀友著、許洋生譯〈密教思想的形成〉，《佛教思想》第二冊（臺灣：幼獅文化事業公司印行，民國74年6月），頁93。

〔註2〕湯用彤，《隋唐佛教史稿》，頁257。

〔註3〕梅尾祥雲著、李世傑譯，《密教史》，頁73～74。

仰二宗。希遷曾於南嶽石頭臺上結庵而居，時人稱其為石頭和尚，其門下人稱石頭宗；石頭法子有婺州五泄山靈默，集青原、南岳兩派佛學之大成，下出洞山良价禪師。希遷法系至唐宋之際，漸衍為曹洞、雲門、法眼三宗。上述各宗，除臨濟宗在曹州（山東省曹縣西北六十里）外，其他皆在江南弘化。〔註4〕

　　會昌毀佛，教下各宗聲勢驟衰，大中復教，敕令於東都、荊、揚、汴、益等州建寺院，僧尼如欲再度，可重新受戒法，五台山則立五寺，各度僧尼五十人〔註5〕。但其時教下各宗經籍佚失嚴重，密教無名師、無大寺，三階教則罕聞於世，佛教復興極不容易。下至五代，由於北方爭戰頻仍，南方諸國奉佛者多，當中吳越國因諸王累世崇佛，因此原來以長安、洛陽為中心之隋唐佛教，轉變成以杭州為中心之吳越佛教文化，而此佛教文化且為後來以杭州、揚州、福州、廣州為中心之宋元近世佛教，奠定了隱定之基礎。據〈崇福田記〉云：「佛教自西域入中國，距今千一百九十年，其流之漸于東南大盛，蓋嘗考之會要，方天禧承平，僧尼幾四十萬，閩浙占籍過半焉（《嘉禾志》卷二十六～二，《宋元地方志叢書》第十二冊，頁 7560）。又據閩縣萬歲寺〈葉亭郡人朱敏功詩〉云：「自聞達摩西來意，五葉敷榮衹一華，從此祖風傳不泯，靈枝到處有奇葩。」（《三山志》卷第三十三〈寺觀類〉僧寺，《宋元地方志叢書》第十二冊，頁 7979）茲分列吳越諸宗，溯其源流，擇教事之要者，以明其盛衰及其對後世之影響。

一、溈仰宗

　　溈仰宗在禪門五家中最先興起，由於此宗之開創者靈祐（771～853，百丈懷海之法嗣），及其弟子慧寂（814～890），先後在潭州溈山（湖南省寧鄉縣西）、袁州仰山（江西省宜春縣南），發揮此宗禪法，後世因取名為溈仰宗。〔註6〕

　　溈仰宗之禪要，散見於《溈山警策》及兩師之語錄、傳記中。要言之，其禪風係婆心中帶嚴峻，以「鏡智」為其宗要，以「三種生」（想生、相生、流注生）接化學者，參禪目的需打破「三種生」。〔註7〕

〔註4〕孫峰智璨著、印海譯，《中印禪宗史》〈晚唐五家之分派〉，頁 161～162。

〔註5〕《佛祖統紀》卷四十二，頁 97 上。

〔註6〕黃懺華〈溈仰宗〉，《中國佛教總論》，頁 34。

〔註7〕參見孫峰智璨著、印海譯，《中印禪宗史》，頁 167～169。

　　本宗宏化吳越之禪師，有餘杭文立、越州光相、蘇州文約、溫州靈空、徑山洪諲、福州雙峰與志和和尚（以上皆潙山門下）及其弟子杭州令達，另有處州遂昌、無著文喜（仰山門下）、清化全付（南塔門下）及其弟子雲峰應清。然事跡可尋者，僅杭州洪諲、杭州文喜、越州全付、福州志勤四人而已。

　　志勤，長溪人，初在潙山，因桃花悟道。有偈曰：「三十年來尋劍客，幾回落葉又抽枝，自從一見桃花後，直至如今更不疑。」靈祐覽偈，詰其所悟，與之符契。祐曰：「從緣悟達，永無退失，善自護持。」及返閩川，玄徒臻集（《景德傳燈錄》卷十一）。又據《三山志》卷三十四〈寺觀類二〉云：「僧志勤，參潙山，觀桃花而悟，咸通初開懷安靈雲山，僖宗乾符元年開羅源仙苑，五年（878）在福州建東靈應院（《宋元地方志叢書》第十二冊，頁7996）。而《吳郡志》卷三十三〈明月院〉條下則說：「唐光化中，僧志勤結廬誦經於舊廢址，後因而屋之，至數十百楹。天祐四年初，刺史曹珪以明月名其院，勤老且死，其徒嗣之。」

　　洪諲，（浙江）吳興吳氏子，年十九，從徑山二世無上大師鑒宗出家，初謁雲巖，機緣未契，後參潙山（771～853）得法。會昌廢教，易服隱居長沙羅晏家。唐大中初（847），始返故鄉，居西峰院，時無上大師住徑山，召之，往就。咸通七年（866）嗣無上法位，為徑山第三世，以光化四年（901）九月二十八日圓寂。師得武肅王外護，賜號法濟，檀施優厚，故徑山於時興大非他宗可比。傳法弟子有廬山栖賢寺寂、臨川義直、杭州功臣院令達、洪州米嶺。〔註8〕

　　文喜，嘉禾（浙江嘉興縣）宋氏子，七歲出家，唐開成二年（837），具戒，初學四分律，屬會昌澄汰，變素服。大中初年（847），重懺度，於鹽官齊豐寺講說，後參大慈山性空禪師。咸通三年（862），詣洪州觀音院參仰山，言下有悟，遂留仰山常住。咸通七年（866）歸浙右，住杭州千頃山。光啟三年（888），錢鏐為杭牧，請住龍泉廨署。大順元年（890），賜紫衣，乾寧四年（897）賜號無著，以光化二年（899）十月二十七日圓寂，壽八十，僧臘六十。天復二年（902）八月，杭州許再思兵變，發塔見肉身不壞，髮爪俱長，武肅王奇之，遣裨將邵志祭之，後重加封瘞。〔註9〕

〔註8〕《宋高僧傳》卷十二〈餘杭徑山院釋洪諲傳〉，頁303～305。
〔註9〕同前書，同卷〈唐杭州龍泉院文喜傳〉，頁315～316。

全付，江蘇崑山人，幼隨父商於豫章（江西省南昌縣），聞禪寂之說，有厭世之志。旋詣江夏（湖北省武昌縣）清平大師處出家，後謁仰山南塔光涌（850～938），頓了直下之心。後主（江西）廬陵鵠湖山，因同里僧云父母之鄉胡可棄，遂還吳越。文穆王命師升階，賜衣衾、缽器，遣將闢雲峰山清化院居之。忠獻王亦遣使賜以紫袈裟，署號純一禪師，所居院之殿宇、堂室，人競崇建，雲水之侶輻湊，以晉開運四年（947）七月圓寂，壽六十六，法臘四十五，弟子應清等十餘人奉師遺訓，不墜其道。〔註10〕

　　溈仰宗興起雖在禪門五宗之先，然四世後法系不明，茲列表如下：

表十四：溈仰宗傳承表

法　名	州　名	世　代	主要住山寺剎	師　承	引　　據
靈　祐	潭　州	懷讓下三世	溈　山	懷　讓	《景德傳燈錄》卷九
文　立	杭　州	懷讓下四世		靈　祐	《景德傳燈錄》卷十一
洪　諲	杭　州	懷讓下四世	徑　山	靈　祐	《宋高僧傳》卷十二《景德傳燈錄》卷十一
文　約	蘇　州	懷讓下四世		靈　祐	《景德傳燈錄》卷十一
光　相	越　州	懷讓下四世		靈　祐	《景德傳燈錄》卷十一
靈　空	溫　州	懷讓下四世		靈　祐	《景德傳燈錄》卷十一
志　勤	福　州	懷讓下四世	靈雲山東靈應院	靈　祐	《三山志》卷三十三《景德傳燈錄》卷十一
雙　峰	福　州	懷讓下四世		靈　祐	《景德傳燈錄》卷十一
志　和	福　州	懷讓下四世		靈　祐	《景德傳燈錄》卷十一
文　喜	杭　州	懷讓下五世	千頃山龍泉寺	慧　寂	《宋高僧傳》卷十二《景德傳燈錄》卷十二
令　達	杭　州	懷讓下五世	功臣院	洪　諲	《宋高僧傳》卷十二
遂　昌	處　州	懷讓下五世		慧　寂	《景德傳燈錄》卷十二
全　付	越　州	懷讓下六世	清化院	光　涌	《宋高僧傳》卷十三《景德傳燈錄》卷十二
應　清	越　州	懷讓下七世	清化院	全　付	《宋高僧傳》卷十三

說明：1. 本表依世代順序而作。
　　　2. 空白處不詳，待考。

二、曹洞宗

　　曹洞宗之起源，是依此宗開創者良价（807～869）及其弟子本寂（840～

〔註10〕同前書，卷十三〈晉會稽清化院全付傳〉，頁331～332。

901）先後在江西高縣之洞山、吉水縣之曹山發揚一家之宗風而說（一說曹洞之曹，是指洞山上承曹溪）〔註11〕。良价，會稽人，幼從師，因念《般若心經》以無根塵義問其師，師駭異曰：「吾非汝師。」即指往婺州五洩山，禮馬祖道一會下靈默禪師，披剃（《景德傳燈錄》卷十五）。

　　曹洞宗之家風綿密，不胡亂洩露機鋒，言行相應，大闡佛音，廣弘經論宗旨，雖權開「五位」（功勳五位，正偏五位）、「三滲漏」（見滲漏、情滲漏、語滲漏）、「三路」（玄路、鳥道、展手）等法，能接「三根」之機宜。此宗又忌多說，以所謂「不言實行」為主，勵學者「行」、「解」相應，不行臨濟（？～867）、德山（728～865）之棒喝。〔註12〕

　　此宗在吳越弘化之禪師，有道幽、咸啟、乾峰、□義（以上皆良价門下）、幼璋（白水本仁禪師門下）、本空及□真（兩人皆雲居道膺門下）、廣利容（曹山本寂門下），然僅幼璋、本空之事跡可尋，道幽、咸啟、乾峰、真禪師、廣利容僅存機語。

　　幼璋，唐相國夏侯孜之姪，大中初（847），年方七歲，出家於廣陵（江蘇省江都縣）慧照寺。年十七具戒，二十五歲時遊諸禪會，參白水得法，後得二逸士密言，入天台山於靜安鄉創福堂院，眾又請住隱龍院。中和四年（884），浙東飢疫，師於溫、台、明三郡收瘞遺骸數千，時謂悲增大士。乾寧中（894～898）雪峰義存遊天台，遺師樞櫚拂子。天祐三年（906），因武肅王之致請，領徒住功臣堂，署志德大師，師請每年在天台山建金光明道場，武肅王又為立瑞龍院。晉天成二年（927）四月，乞墳塔，武肅王命陸仁璋於西關選地，建塔創院，賜名額，令僧守護，修塔畢，師入府庭辭武肅王，囑以護法恤民事，剋期順寂，壽八十七，僧臘七十。〔註13〕

　　本空，嗣雲居道膺，年十三機智過人，參究有得，後走謁夾山，深器之，問答間眾皆仰嘆。初住天台國清寺，後主杭州佛日，終焉，世稱佛日和尚。〔註14〕

　　曹洞宗在吳越弘化，僅兩代法系即不明，此或與法眼宗得王室護持而大興有關，茲列曹洞宗傳承如下：

〔註11〕黃懺華〈曹洞宗〉，《中國佛教總論》，頁349。
〔註12〕參見孫峰智燦著、印海譯，《中印禪宗史》，頁179～181。
〔註13〕《景德傳燈錄》卷二十〈杭州瑞龍院幼璋禪師傳〉，頁209～210。
〔註14〕同前書，同卷〈杭州佛日和尚傳〉，頁196～197。

表十五：曹洞宗傳承表

法　名	州　名	世　代	主要住山寺刹	師　承	引　　據
咸　啓	明　州	青原下五世	初住蘇州寶華山 後住天童山	良　价	《景德傳燈錄》卷十七
義	明　州	青原下五世	天童山	良　价	《景德傳燈錄》卷十七
道　幽	台　州	青原下五世	幽棲道場	良　价	《景德傳燈錄》卷十七
乾　峰	越　州	青原下五世		良　价	《景德傳燈錄》卷十七
幼　璋	杭　州	青原下六世	瑞龍院	本　仁	《景德傳燈錄》卷二十
本　空	杭　州	青原下六世	佛日寺	道　膺	《景德傳燈錄》卷二十
眞	蘇　州	青原下六世	永光院	道　膺	《景德傳燈錄》卷二十
容	處　州	青原下七世	廣利院	本　寂	《景德傳燈錄》卷二十

說明：空白處不詳，待考。

三、臨濟宗

　　其源出自馬祖道一，馬祖會下有高僧百丈與黃蘗兩大禪師，百丈得馬祖大機，黃蘗得馬祖大用，後義玄參黃蘗，甚爲契會，得全體作用。黃蘗希運的門風，孤峻而直下，會下雖有海眾千人，神足難得，待義玄出世，宗風得以振興。

　　此宗之開創者義玄（？～867），在鎭州（河北省正定縣）臨濟禪院弘化，後世稱其師資傳承爲臨濟宗〔註15〕。六祖以下傳法，用「機鋒轉語」，觸發僧徒悟力。神會用「杖」打，即名「棒」，馬祖教百丈兼用「打」、「喝」。百丈教黃蘗「喝」得三日聾，黃蘗以之教義玄，其下門徒均沿用此法。此宗禪要，有「四喝」、「四料簡」、「四照用」、「四賓主」、「三玄」、「三要」等接化手段，表面看似辛辣，然內含婆心，它在五家宗派中能流遠最久，不無原因。〔註16〕

　　黃蘗希運門下在吳越地區弘化的，有睦州陳尊宿、杭州千頃山楚南、福州烏石山靈觀、杭州羅漢院宗徹、蘇州憲禪師，以及陳尊宿會下睦州刺史陳操與嚴陵釣臺和尙（《景德傳燈錄》卷十二）。

　　此宗在錢鏐有國時，僅見善權徹、智原與延沼（896～973）三人。徹禪

〔註15〕《宋高僧》卷十二〈唐眞定府臨濟院義玄傳〉，頁296。
〔註16〕參見黃懺華〈臨濟宗〉，《中國佛敎總論》，頁343～348。另見孤峰智璨著、印海譯，《中印禪宗史》〈臨濟宗風〉，頁172～173。

師弘化於浙西，事跡不可考，僅知爲義玄之法嗣，無機語〔註17〕。延沼，餘杭劉氏子，初學儒典，應進士試不第，遂依杭州開元寺智恭大師出家受具，學天台止觀。後謁越州鏡清順德大師，未臻堂奧，尋詣襄州（湖北省襄陽縣）華嚴院，參南院慧顒得法，依止六年，受道俗請住汝州（河南省臨汝縣）風穴，又主廣慧寺，居二十二年眾常百餘，以宋開寶六年（963）八月十五日圓寂，壽七十八，僧臘五十九〔註18〕。風穴延沼雖弘化異邦，但其參究有得，南院曾曰：「三十年住持，今日被黃面浙子上門羅織。」〔註19〕由此亦足見兩浙禪法之盛，且僧侶機智過人。延沼門下有首山省常（926～993），後世其法孫大展宗風。

四、雲門宗

此宗之開創者文偃（864～949），在韶州雲門山（廣東乳源縣北）光泰禪院，闡揚禪法，後世稱其門下爲雲門宗。雲門宗在五代時勃興，雖在韶州弘化，然其創始者與所持之宗風，皆來自浙江。

文偃，（浙江）嘉興吳氏子，幼年入空王寺就志澄律師落髮。初參睦州（浙江省建德縣）觀音院陳尊宿（黃蘗希運之法嗣），住刺史陳操（陳尊宿之法嗣）家三年，深入玄微，後遵睦州指示，隨從雪峰義存多年，而益資玄要。又歷訪「善知識」，後於韶州靈樹寺如敏禪師之法席居首座。如敏將遷化，遺書南漢王請其接任住持，師不忘本，以雪峰爲師，後移住光泰院，以漢乾祐二年（949）四月十日圓寂，門下得法者六十一人。〔註20〕

雲門宗承睦州之家風，主張不涉方便，直示諸法源底，宗風險峻而簡潔高古，於一語一句中含藏著無限玄旨，故此宗非「上上根」者無法窺知堂奧。〔註21〕

宋初，雲門宗極其隆盛，在江浙弘化而爲時人所重者有（杭州）雪寶（寺）重顯（980～1052）、（越州）天衣（寺）義懷（989～1060，浙江樂清縣人）及（杭州）佛日（山）契嵩（1007～1072）。〔註22〕

〔註17〕《景德傳燈錄》卷十二〈標目〉，頁20。
〔註18〕《佛祖歷代通載》卷二十六〈汝州風穴延沼禪師傳〉，頁1下～2。
〔註19〕《景德傳燈錄》卷十三〈汝州風穴延沼禪師傳〉，頁53。
〔註20〕《佛祖歷代通載》卷二十五〈雲門文偃禪師傳〉，頁166下～167上。
〔註21〕黃懺華〈雲門宗〉，《中國佛教總論》，頁361。
〔註22〕《佛祖歷代通載》卷二十七〈雪寶顯禪師傳〉，頁9下～10上；同卷〈天衣義懷禪師傳〉，頁2上。同書，卷二十八〈明教契嵩禪師傳〉，頁12。

五、法眼宗

法眼宗為禪宗五家中最後創立之宗派，此宗開創者文益（885～958）圓寂後，南唐國主謚大法眼禪師，後世因稱此宗為法眼宗。

文益，（浙江）餘杭魯氏子，七歲依新定智通院全偉禪師落髮。後依明州育王寺希覺學律，兼究儒典，善撰文章，敏於應對，希覺目為門中之游夏。初投長慶慧稜（854～932）法會，久之不契。偶遊方，於漳州（福建省龍溪縣）遇羅漢桂琛（867～928），與語即悟，遂嗣其法。初於撫州（江西省臨川縣）崇壽院開法，皈依日眾，得南唐主仰重，迎往報恩禪院，署號淨慧禪師。後於清涼寺大弘宗要，門庭鼎盛，當代獨步，隨眾常不下五百人，以周顯德五年（958）七月五日圓寂，壽七十四，僧臘五十四。法嗣六十三人，以天台德韶為上首。〔註23〕

文益法嗣弘化吳越，有德韶、慧明、道潛、清聳、紹岩、敬遵、紹明、法瓌與道鴻，以德韶法系最為繁盛。

德韶（891～972）浙江龍泉陳氏子，十五歲出家，十七歲受業於處州（浙江省麗水縣西）龍歸寺，十八歲於信州（江西省上饒縣）開元寺受戒。唐同光中（923～926），遊諸方，歷參當世五十四員「善知識」，均未契緣。末謁大法眼，言下領旨，遂嗣其法。清泰二年（935），入天台山建道場，後憩智者道場，恍若舊居，師復與智者同姓，時謂為後身。師大興玄沙禪法，皈依日眾，初止白沙，台州刺史錢弘俶延請問道。漢乾祐元年（948），錢弘俶有國，遣使迎請，尊為國師。師應義寂請求，疏忠懿王遣使赴高麗蒐集智者遺書，台教遂得振興。後返天台山，於般若寺說法十二會，以宋開寶五年（972）六月二十八日圓寂於蓮華峰，壽八十二，僧臘六十五。〔註24〕

德韶出弟子傳法百許人，以延壽、明彥、志逢、永安、本先等最為傑出，延壽則為上首。延壽主張禪淨雙修，和會諸宗，影響了法眼宗禪法的發展。

延壽，（浙江）餘杭王氏子，年二十八為華亭（江蘇省松江縣）鎮將，用官錢買魚蝦放生，事發當棄市，文穆王使人視之，曰：「色變則斬，不變則舍之。」因不動心，遂貸其命，投杭州龍冊寺令參禪師出家。後住天台山天柱峰，習定九旬，及謁德韶國師，盡受玄旨，又往國清寺勤修淨業。初住明州雪竇山說法，宋建隆元年（960）應忠懿王之請，住靈隱寺，為第一代主，翌

〔註23〕《景德傳燈錄》卷二十四〈昇州清涼院文益禪師傳〉，頁73～76。
〔註24〕同前書，卷二十五〈天台山德韶國師禪人傳〉，頁95～102。

年，遷永明寺。師常隨眾二千餘人，著《宗鏡錄》一○○卷、《心賦注》四卷及《唯心訣》一卷等書，闡發唯心之旨，高麗王覽其言教，遣使齎書敘弟子禮，並遣僧侶二十六人來受道法，以開寶八年（975）十二月二十六日圓寂，壽七十二，僧臘四十二〔註25〕。又據陳瓘〈智覺禪師真贊〉云：「吳越錢氏崇信佛法，智覺禪師，妙以覺應身，為其師範。錢氏之好生或殺，師有助焉。聖宗之興也，錢氏重民輕士，捨別歸總用師之勸誨也。嗚呼總想無虧，別願自漢，錢氏之尊主庇民，餘波自潤，不吝之福流及其後。師之方便總別偏圓，無不具矣。初吳越天台智者教，有錄而多闕，師謂錢氏曰：『日本國有之。』錢氏用師之言，貽書致金，求寫其經本，今其教盛行江左發信之士得而習證，師之力也。所著《宗鏡錄》一○○卷，禪經律論與世間文字，圓融和會，集佛大成。考師之行事，然後讀師之書，則師所建立，可不言而喻矣」（《乾道四明圖經》卷十一～二十七，《宋元地方志叢書》第八冊，頁5059）。

　　宋初，去眼文益禪師一派，於吳越大興玄旨，而僅六、七傳法統即絕，然在高麗國因慧炬（文益之法嗣）等人之弘化，呈現昌隆氣象。此宗人物多由他教中轉來，念佛或兼修《法華》念佛或兼修《法華》、《華嚴》、《首楞嚴》、《圓覺》等經文，或依諸經文發省者甚多，因此可說法眼宗依禪、教一致之思想，從各宗吸收不少人物，致使一時隆盛；另方面，雖然法眼宗以隨人根器，平易施設，乃至句下投機，攝化學人，垂教可謂巧妙，而其接引學人不僅在禪的教學法上，且吳越版籍入宋，不如往昔得王室大力護持，因大力提倡禪教，禪淨合一之故，禪法不精純，會下罕見宗匠而使法脈至宋代中業斷絕，法運被雲門、臨濟二宗取代。茲列法眼宗傳承，如下：

表十六：法眼宗傳承表

法　名	州　名	世　代	主要住山寺剎	師　承	引　　據
文　益	昇　州	青原下七世	清涼院	桂　琛	《宋高僧傳》卷十二《景德傳燈錄》卷二十四
法　瓛	杭　州	青原下八世	奉先寺	文　益	《景德傳燈錄》卷二十六
清　聳	杭　州	青原下八世	靈隱寺	文　益	《景德傳燈錄》卷二十五
紹　岩	杭　州	青原下八世	寶塔寺	文　益	《景德傳燈錄》卷二十五
道　潛	杭　州	青原下八世	永明寺	文　益	《景德傳燈錄》卷二十五
道　鴻	杭　州	青原下八世	永明寺	文　益	《景德傳燈錄》卷二十六

〔註25〕《佛祖統紀》卷二十六〈延壽法師傳〉，頁143下～144上。

慧 明	杭 州	青原下八世	報恩寺	文 益	《景德傳燈錄》卷二十五
紹 明	蘇 州	青原下八世	薦福寺	文 益	《景德傳燈錄》卷二十六
敬 遵	台 州	青原下八世	般若寺	文 益	《景德傳燈錄》卷二十五
德 韶	台 州	青原下八世	天台山	文 益	《宋高僧傳》卷十二 《景德傳燈錄》卷二十五
永 安	杭 州	青原下九世	報恩寺	德 韶	《景德傳燈錄》卷二十六
行 明	杭 州	青原下九世	開化寺	德 韶	《景德傳燈錄》卷二十六
志 逢	杭 州	青原下九世	五雲山	德 韶	《景德傳燈錄》卷二十六
延 壽	杭 州	青原下九世	永明寺	德 韶	《景德傳燈錄》卷二十六
希 辯	杭 州	青原下九世	普門寺	德 韶	《景德傳燈錄》卷二十六
法 端	杭 州	青原下九世	報恩寺	德 韶	《景德傳燈錄》卷二十六
洪 壽	杭 州	青原下九世	興教寺	德 韶	《天聖廣燈錄》卷二十七
奉 諲	杭 州	青原下九世	西 山	德 韶	《天聖廣燈錄》卷二十七
處 先	杭 州	青原下九世	靈隱寺	德 韶	《景德傳燈錄》卷二十六
紹 光	杭 州	青原下九世	靈隱寺	德 韶	《景德傳燈錄》卷二十六
紹 安	杭 州	青原下九世	報恩寺	德 韶	《景德傳燈錄》卷二十六
紹 鑾	杭 州	青原下九世	龍華寺	德 韶	《景德傳燈錄》卷二十六
清 昱	杭 州	青原下九世	奉先寺	德 韶	《景德傳燈錄》卷二十六
遇 安	杭 州	青原下九世	光慶寺	德 韶	《景德傳燈錄》卷二十六
慶 祥	杭 州	青原下九世	觀音院	德 韶	《景德傳燈錄》卷二十六
慶 蕭	杭 州	青原下九世	功臣院	德 韶	《天聖廣燈錄》卷二十七 《景德傳燈錄》卷二十六
曉 榮	杭 州	青原下九世	龍冊寺	德 韶	《景德傳燈錄》卷二十六
德 謙	杭 州	青原下九世	報恩寺	德 韶	《景德傳燈錄》卷二十六
慧 居	杭 州	青原下九世	龍華寺	德 韶	《景德傳燈錄》卷二十六
清 表	蘇 州	青原下九世	瑞光寺	德 韶	《景德傳燈錄》卷二十六
道 原	蘇 州	青原下九世	永安院	德 韶	《天聖廣燈錄》卷二十七
朋 彥	蘇 州	青原下九世	長壽院	德 韶	《景德傳燈錄》卷二十六
友 蟾	台 州	青原下九世	般若寺	德 韶	《景德傳燈錄》卷二十六
省 義	台 州	青原下九世	善建寺	德 韶	《景德傳燈錄》卷二十六
智 勤	台 州	青原下九世	普聞寺	德 韶	《景德傳燈錄》卷二十六
自 廣	越 州	青原下九世	大 禹	德 韶	《景德傳燈錄》卷二十六
行 新	越 州	青原下九世	碧泉寺	德 韶	《景德傳燈錄》卷二十六
五 峰	越 州	青原下九世	諸 暨	德 韶	《景德傳燈錄》卷二十六
重 曜	越 州	青原下九世	雲門寺	德 韶	《景德傳燈錄》卷二十六
敬 璡	越 州	青原下九世	稱心寺	德 韶	《景德傳燈錄》卷二十六
道 孜	越 州	青原下九世	何山院	德 韶	《景德傳燈錄》卷二十六
義 圓	越 州	青原下九世	開善寺	德 韶	《景德傳燈錄》卷二十六

道　圓	越　州	青原下九世	清泰院	德　韶	《景德傳燈錄》卷二十六
安	越　州	青原下九世	觀音院	德　韶	《景德傳燈錄》卷二十六
朗	越　州	青原下九世	觀音院	德　韶	《景德傳燈錄》卷二十六
榮	越　州	青原下九世	大　禹	德　韶	《景德傳燈錄》卷二十六
默	越　州	青原下九世	象　田	德　韶	《景德傳燈錄》卷二十六
瓊	越　州	青原下九世	地藏院	德　韶	《景德傳燈錄》卷二十六
本　先	溫　州	青原下九世	瑞鹿寺	德　韶	《景德傳燈錄》卷二十六
可　弘	溫　州	青原下九世	大寧院	德　韶	《景德傳燈錄》卷二十六
遇　安	溫　州	青原下九世	光慶寺	德　韶	《景德傳燈錄》卷二十六
願　齊	溫　州	青原下九世	雁蕩山	德　韶	《景德傳燈錄》卷二十六
全　肯	婺　州	青原下九世	智者寺	德　韶	《景德傳燈錄》卷二十六
遇　臻	婺　州	青原下九世	齊雲山	德　韶	《景德傳燈錄》卷二十六
澤	婺　州	青原下九世	仁壽院	德　韶	《景德傳燈錄》卷二十六
守　威	福　州	青原下九世	廣平院	德　韶	《景德傳燈錄》卷二十六
師　述	福　州	青原下九世	嚴　峰	德　韶	《景德傳燈錄》卷二十六
義　隆	福　州	青原下九世	玉泉寺	德　韶	《景德傳燈錄》卷二十六
子　蒙	杭　州	青原下十世	富　陽	延　壽	《景德傳燈錄》卷二十六
希　圓	杭　州	青原下十世	瑞龍院	清　聳	《景德傳燈錄》卷二十六
道　慈	杭　州	青原下十世	功臣院	清　聳	《景德傳燈錄》卷二十六
道　瑞	杭　州	青原下十世	光考院	清　聳	《景德傳燈錄》卷二十六
遇　寧	杭　州	青原下十世	保清民	清　聳	《景德傳燈錄》卷二十六
德　文	杭　州	青原下十世	國泰院	清　聳	《景德傳燈錄》卷二十六
壞　省	杭　州	青原下十世	千光王寺	道　潛	《景德傳燈錄》卷二十六
津	杭　州	青原下十世	朝明院	延　壽	《景德傳燈錄》卷二十六
法　齊	蘇　州	青原下十世	長壽院	明　彥	《景德傳燈錄》卷二十六
願　昭	秀　州	青原下十世	羅漢院	清　聳	《景德傳燈錄》卷二十六
隆　一	台　州	青原下十世	般若寺	友　蟾	《景德傳燈錄》卷二十六
慶　祥	明　州	青原下十世	崇福院	道　潛	《景德傳燈錄》卷二十六
胡　智	越　州	青原下十世	上林寺	希　辯	《景德傳燈錄》卷二十六
如　畫	溫　州	青原下十世	瑞鹿寺	本　先	《景德傳燈錄》卷二十六
紹　忠	婺　州	青原下十世	智者寺	全　肯	《景德傳燈錄》卷二十六
師　智	處　州	青原下十世	報恩寺	清　聳	《景德傳燈錄》卷二十六
可　先	衢　州	青原下十世	瀫寧寺	清　聳	《景德傳燈錄》卷二十六
志　澄	衢　州	青原下十世	鎮境寺	道　潛	《景德傳燈錄》卷二十六
道　誠	福　州	青原下十世	保明院	慧　明	《景德傳燈錄》卷二十六
辯　隆	福　州	青原下十世	支提山	清　聳	《景德傳燈錄》卷二十六

說明：空白處不詳，待考。

六、律　宗

　　律宗傳至晚唐五代，東塔、相部兩宗相繼衰微，祇有道宣南山宗在吳越流傳較盛，法系因而綿延不絕。晚唐之時，相部律宗在會稽弘化者，尚有跡可尋者如允文，而南山宗有丹甫（省躬法孫）與之相爭輝（《宋高僧傳》卷十六〈唐越州開元寺丹甫傳〉，頁 419～420）。允文門下有懷義、懷肅、思寂，贊寧曾登會稽禮允文眞相，見法孫可翔，若節進修（《宋高僧傳》卷十六〈唐會稽開元寺允文傳〉，頁 422～424）。繼承道宣法系之安州周秀，以次遞傳蘇州道恒、揚州省躬、西明慧正、法寶玄暢（797～855），玄暢之法嗣以惠柔、慧則（835～908）、元表等最傑出。慧則、元表因避北地離亂南下，傳南山律于吳越。

　　慧則，（江蘇）崑山麋氏子，唐大中七年（853）就京兆西明寺出家，大中十四年（860）樓法寶大師法席覆講，敕補備員大德。成通七年（866）於祖院代師玄暢說法，十五年（874），敕署臨壇正唄。廣明元年（881）黃巢犯闕，南下避難。中和二年（882）至淮南，高駢召於法雲寺開講，講罷還吳，遊天台國清寺挂錫。乾寧元年（894），至明州育王寺，出《集要記》十二卷，武肅王命於越州臨壇，以梁開二年（908）八月八日圓寂，壽七十四，法臘五十四；窆於鄮山之岡，八戒弟子刺史黃晟營塔，入室弟子以錢塘希覺（922～）最露鋒穎。〔註26〕

　　希覺，字順之，晉陵（江蘇省武進縣）商氏子，嘗傭書於給事中羅隱家，年二十五，於溫州開元寺剃度，往天台山師事西明慧則。以慧則所出《集要記》，解南山鈔，不稱所懷，遂著記，廣之爲《增暉錄》二十卷，浙之東西仍盛行斯錄。梁開平二年（908）慧則卒，始講訓於永嘉（浙江省永嘉縣），爲溫州刺史錢鏵所禮重，尋爲愚僧所誣訴，釋而不問，徙於杭州大錢寺。文穆王造千佛寺，召爲寺主，署文光大師，四方學者駢鶩〔註27〕。門下以贊寧爲上首。

　　贊寧（918～1001），俗姓高，其先渤海人，隋末移住浙一吳興郡德清縣，梁貞明四年（918）誕生於金鵝別墅。唐天成中（926～930）在杭州祥符寺出家，清泰初（934）入天台山受其足戒，習《四分律》，通南山律〔註28〕。清

〔註26〕《宋高僧傳》卷十六〈梁京兆西明寺慧則傳〉，頁 424～425。
〔註27〕同前書，同卷〈漢錢塘千佛寺希覺傳〉，頁 430～431。
〔註28〕《十國春秋》卷八十九〈贊寧傳〉，頁 8 下。

泰二年（935），遊石梁，與新羅僧道育同宿平田寺堂內〔註29〕。晉天福中（936
～947），為都僧正，禮希覺為師〔註30〕，又得文格于光文大師彙征，受詩訣
于進士龔霖，由是大為流輩所推。時錢塘名僧有四虎，契凝通名數為論虎，
從義文章俊健為文虎，晤恩通台教幽微為義虎〔註31〕，贊寧多毘尼著述為律
虎。贊寧聲望日隆，深得錢氏公族與浙中士大夫之仰重，遂署監壇，又為兩
浙僧統，賜號明義宗文〔註32〕。宋太平興國三年（979），忠懿王奉版圖歸宋，
令其奉釋迦舍利塔入見於滋福殿，太宗素聞其名，一日七宣，賜號通慧大師〔註
33〕。後詔修《大宋高僧傳》三十卷及撰《三教聖賢事跡》一〇〇卷，初補左
街講經首座，知西京教門事，真宗咸平初（998）加右街僧錄，以咸平四年（1001）
圓寂於杭州祥符寺〔註34〕。贊寧博學多識，學士王禹偁，徐鉉每有疑難，則
就質門，深服之乃事以師禮〔註35〕。所著《僧史略》三卷，凡法門事始因革，
莫不畢錄，臺閣之士欲通練內、外典故者，皆於此觀之。〔註36〕

　　律師元表原在長西明寺，參與法寶大師講席，唐廣明中（880～881）至
越州大善寺講《南山律鈔》，諸郡學人莫不趨集，著有《行事鈔義記》五卷，
門人以越州清福為上首〔註37〕。元表以次傳守言、無外、法榮、處恒、擇悟、
允堪（1005～1061）、擇其、元照（1048～1116）〔註38〕。律宗至允堪、元照
兩師出，南山律學大盛，兩師皆為杭州人。

　　元表之弟子守言，唐末居台州，臨壇講授，無外、景霄均從之遊。景霄，
台州徐氏子，初依元表，又師事守言，後納請往婺州金華東白山獎訓初學，
著《簡正記》二十卷。武肅王召至臨安，主竹林寺。晉天成二年（927），命
赴北塔寺臨壇，次命住南真身寶塔寺，終焉。〔註39〕

〔註29〕《宋高僧傳》卷二十三〈晉天台山平田寺道育傳〉，頁633。
〔註30〕同前書，卷十六〈漢錢塘千佛寺希覺傳〉，頁430～431。
〔註31〕《佛祖統紀》卷十〈晤恩法師傳〉，頁83下。
〔註32〕《十國春秋》卷八十九〈贊寧傳〉，頁8下～9上。另見《佛祖歷代通載》卷
　　　　二十六〈沙門贊寧〉，頁3下。
〔註33〕《佛祖統紀》卷四十三〈太平興國三年〉，頁106下。
〔註34〕喻昧菴，《新續高僧傳》卷六十〈宋京師左街天壽寺沙門釋贊寧傳〉，頁1。
〔註35〕《佛祖統紀》卷四十三〈太平興國三年〉，頁106下。
〔註36〕同前書，卷四十四〈咸平四年〉，頁100下。
〔註37〕《宋高僧傳》卷十六〈梁京兆西明寺元表傳〉，頁425。
〔註38〕黃懺華〈律宗〉，《中國佛教總論》，頁299。另見牧田諦亮著、如真譯〈贊寧
　　　　與其時代〉，《新覺生雜誌》第九卷第十期，民國60年10月，頁13。
〔註39〕《宋高僧傳》卷十六〈後唐杭州真寶塔寺景霄傳〉，頁428。

　　四分律學之傳承，另有揚州省躬以次傳京師亘文、越州丹甫。丹甫，不知何許人，居越州開元寺，會稽成律範淵府，乃其唱導之功。咸通末（860～870）出門生智章傳講，至贊寧撰《宋高僧傳》時（983～988），法嗣猶存，然名不見經傳。〔註40〕

　　又有常達，俗姓顧，遊學江淮勝寺，專講《南山律鈔》，以唐咸通十五年（874）圓寂於吳郡（江蘇省吳縣）破山寺，門人有會清、傳朗，錢氏有國時傳承不明〔註41〕。然其後蘇州有釋彥偁，常熟龔氏子，勤求師範，唯善是從，末扣擊繼宗記主，得其戶牖。後居邑之破山興福寺，同好鳩聚邁導，號為毗尼窟宅，為武肅王所知重，以梁貞明六年（920）六月終於山房，壽九十九。又有壽闍黎，傳南山律極成，不看他面，受四遠崇重，其食唯正命，不畜盈長，戶不施關，曾臨壇度弟子，但法嗣不明。〔註42〕晤恩於唐同光二年（924），在破山興福寺剃度，學毗尼；後依皓端、志因學台教，成天台宗山外派祖師。〔註43〕

　　其他傳《南山律鈔》者，有婺州金華雙林寺智新，行瑫曾師事之〔註44〕。皓端曾前往明州阿育王寺，依希覺學南山律，旋有通明，義門無壅〔註45〕。晤恩於唐長興中（930～933），登（江蘇）崑山慧聚寺，學南山律，晉天福初（936），從秀州皓端聽習綸論，義門無礙，時輩難抗敵〔註46〕。彥求於梁貞明中（915～921），造景霄律席，見毗尼秘邃，方將傳講，後為永堅固法，舍之習禪〔註47〕。義寂於晉天福二年（937），祝髮具戒，詣會稽學《南山律鈔》，既通律義，乃造天台依清竦研習止觀〔註48〕。此外精究律學者有文喜、瓌省、虛受、從禮、彙征、遂徵等禪師，南山律學影響力之深廣，由研習者皆各宗俊彥可知。

七、天台宗

　　天台宗強調禪智雙弘，有禪有觀，還有懺法，因而受到各宗派人士的仰

〔註40〕同前書，同卷〈唐越州開元寺丹甫傳〉，頁419～420。
〔註41〕同前書，同卷〈唐吳郡破山寺常達傳〉，頁418～419。
〔註42〕同前書，同卷〈梁蘇州破山興福寺彥偁傳〉，頁425～426。
〔註43〕同前書，卷七〈宋杭州慈光院晤恩傳〉，頁178。
〔註44〕同前書，卷二十五〈周會稽邵大善寺行瑫傳〉，頁689～69。
〔註45〕同前書，卷七〈宋秀州靈光寺皓端傳〉，頁74。
〔註46〕同註43。
〔註47〕同前書，卷二十八〈杭州龍華寺釋彥求傳〉，頁748。
〔註48〕《佛祖統紀》卷八〈十五祖淨光尊者義寂傳〉，頁71上。

重，乃至於參學或護持。如禪師從禮建金光明道場；皓端學名數，於台教與南山律宗并弘；法眼宗德紹、延壽師徒，助天台教復興。由學禪、學律而轉向天台智禪觀者，亦不乏其人，如法相系下的玄杲、鴻啓（《宋高僧傳》卷十六〈唐吳郡嘉禾靈光寺法相傳〉，頁 421）。

天台宗因智者大師（538～597）住天台山得名，蓋智者大師破斥南北，禪、義均弘，其教行乃南北佛法之結晶，因而樹立此一特殊教派〔註49〕。智者晚年在天台山傳法，已為僧眾立制法，定懺儀，儼然一代教主，禪門中人亦以智者為天台教主〔註50〕。天台宗既成一大教派，自認為是佛教正統，而有傳法定祖之說，推龍樹為高祖，且直承佛陀，事見志磐所著《佛祖統紀》一書，是書有為天台之教者，皆名列其中。

據天台師資傳承，荊溪依次傳道邃、廣修、物外、元琇。元琇在唐末，值僖昭之世，天下方亂，學徒忽聚忽散，惟清竦，常操傳其學。常操主持明州國寧寺，依次傳義從、德儔，德儔傳慧贇、修雅〔註51〕。清竦則繼主國清寺，值錢鏐建國，師領眾安處，每臨座高論，屬人之志曰：「王臣外護，得免兵革之憂，終日居安，可不進道，以答國恩。」門人世業者有義寂（居天台螺溪）、志因（居錢塘慈光寺）、覺彌（居錢塘龍興寺）。〔註52〕

天台宗經會昌滅法及五代離亂，教典多遭湮滅，僅在觀行方正有物外、元琇、清竦、義寂（829～897）等師弟相承。義寂曾多方網羅佚典，僅於金華古藏中找到《淨名》一疏，乃求德韶國師發慈悲心援助。德韶為其疏忠懿王，遣使齎書赴日本、高麗求教典，高麗國令諦觀奉來教籍（《佛祖統紀》卷十，頁 373）。教籍既取回，忠懿王為建螺溪道場，給額定慧，並賜師號淨光法師，義寂亦請諡天台諸祖。〔註53〕僅智者被周世宗諡為法空寶覺尊者、灌頂為總持尊者、智威為玄達尊者、慧威為全真尊者、玄朗為明覺尊者、湛然為圓通尊者（《佛祖統紀》卷六、卷七〈諸師本傳〉）。道邃以下諸師，為山家派學人私諡（《佛祖統紀》卷八〈興道下八祖紀第四〉，頁 70 上）。

淨光大師傳法弟子百餘人，外國十人，知名者有宗昱（主天台定慧寺）、澄彧、寶翔（上兩師居錢塘廣教寺）、行靖、行明（上兩師居錢塘后壁寺，《佛

〔註49〕湯用彤，《隋唐佛教史稿》，頁 172。
〔註50〕參見《景德傳燈錄》卷二十七〈天台智者禪師傳〉，頁 156。
〔註51〕《佛祖統紀》卷八〈十三祖妙說尊者元琇傳〉，頁 70 下。
〔註52〕同前書，同卷〈十四祖高論尊者清竦傳〉，頁 71 上。
〔註53〕同前書，同卷〈十五祖淨光尊者義寂傳〉，頁 71。

祖統紀》卷十，頁 572，兩師曾參德韶）、瑞光（居天台勝光寺）、願齊（居溫州普照寺）、諦觀（居天台定慧寺）及義通。〔註54〕

　　義通，高麗國人，初至天台山安國雲居院參德韶國師，後謁螺溪，聞一心三觀之旨，學成欲歸故鄉，爲明州刺史錢惟治所留。宋開寶元年（968），漕使顧承徽舍宅爲建傳教院於明州。宋太平興國六年（982）十二月，弟子延德詣京師乞寺額，七年四月賜額爲寶雲〔註55〕。傳法弟子有知禮（966～1028，居明州延慶寺）、遵式（964～1032，居杭州天竺寺）、異聞（居明州延慶寺）、有基（居杭州太平興國寺）、體源（居明州廣慧寺）、清曉（居錢塘承天寺）、善信（居錢塘）。〔註56〕

　　宋初，天台宗雖振興，人材輩出，然爭法統與師說之風氣極盛。自智者以來，以鑪拂傳授爲信，淨光大師付授宗昱，契能得教旨於宗昱，爲第十四代嫡傳，主天台常寧寺，晚年欲授扶宗繼忠（？～1082，居西湖法明寺），繼忠得法於廣智尚賢（～1028，繼知禮主延慶寺），不敢受辭之，契能法師乃藏祖師鑪拂於天台道場〔註57〕。此外，皓端（890～961）曾依玄燭學一心三觀，玄燭在五代武肅王之世時（907～932）爲彼宗第十祖，然志磐之《佛祖統紀》，爲爭法統，不理此事〔註58〕。此或志磐爲廣智之十世法孫，爲天台道統而忽略其他傳承之功；而述文者且大言不慚地說：「在道不在鑪拂也。夫鑪拂，祖師之信，器傳之久，不能無弊，或以情得，或以力取，於道何預焉。（契）能師欲傳之扶宗，而辭不受，固也；藏之祖師行道之場，宜也。向使扶宗妄受，復妄傳，適足以起後人之紛諍，於道何在焉。」〔註59〕純然是山家人一派的說詞，貶抑他家之心行甚爲濃厚。

　　志因於開運初（944），居錢塘慈光寺，出弟子晤恩（912～986）繼踵開法，時人稱爲義虎。晤恩有弟子可榮（居蘇州）、懷贄、義清（居錢塘）、源清（居錢塘奉先寺）、洪敏（居錢塘靈光寺）、可嚴（居錢塘慈光寺）、文備（居錢塘慈光寺）。源清傳法弟子有智圓（居西湖孤山）、慶昭（居錢塘梵天寺）、慶彎（居錢塘崇福寺）、德聰（居越州開元寺）。可嚴有弟子蘊常，居錢塘廣

〔註54〕同前書，卷十〈淨光旁出世家〉，頁 81 上。
〔註55〕同前書：卷八〈十六祖寶雲尊者義通傳〉，頁 71 下。
〔註56〕同前書，卷十〈寶雲旁出世家〉，頁 81 上。
〔註57〕同前書，同卷〈契能法師傳〉，頁 85 下。
〔註58〕《宋高僧傳》卷七〈宋秀州靈光寺皓端傳〉，頁 174。
〔註59〕同註57。

慧寺。慶昭有弟子咸潤（居越州永福寺）、智仁（越州報恩寺）、繼齊（居溫州）。智圓有弟子惟雅，住持孤山。咸潤有弟子善明，居越州永福寺。〔註60〕

　　天台宗內部因爭論智者所撰《金光明玄義》廣本之眞僞，分裂成山家、山外兩派。先是，晤恩著《金光明玄義發揮記》，解釋《金光明玄義》略本，主「眞心觀」；知禮起而難之，認爲「廣本」是智者之眞作，而主「妄心觀」，於是兩派展開爲期七年之爭論。知禮弟子梵臻、本如（982～1051）、尚賢等人本師說，自號山家。晤恩、源清、慶昭、智圓之學，被貶爲山外〔註61〕。雖然山外派受打擊而衰微，但持平而論，此派論說新穎，且得法華旨意，晤恩當錢氏有國時且被尊爲義虎，聲望甚隆；且晤恩其人持戒甚嚴，過午不食，衣鉢不離，又不喜雜交遊，更不好言俗事；每與人言佛法，皆示以一乘圓教之旨。又，宋代佛教的一大特色，是各宗普遍提倡儒釋調和，及至於三教合一，其首倡者是孤山智圓。可見，山外派行人與山家派的知禮、遵式在行履上大爲不同，但卻弘化一方而爲世人所仰重。然而吳越版籍歸宋後，知禮爲眞宗所重，命修懺法，解郡之大旱，因得王臣護持，道法大熾，學者如林。眞宗天禧三年（1019），宰相王欽若出鎭錢塘，遵式遣使邀智圓同迎之，智圓笑謂使者曰：「錢塘境上，且駐卻一僧。」〔註62〕由此可知，山家大興而山外衰落，非盡如黃懺華先生在〈天台宗〉一文中云：「山外派的主張，有他宗立說的影響，故被山家斥爲不純，其勢力不久即漸衰歇。」〔註63〕與智圓相交遊的遵式，於乾興元年在天竺替皇室行懺法，並請得天台教入典，此後一宗之勢力即以四明、天竺等地爲重心，而發展開來。山家派雖遭受前後山外派的爭論，然因遵式門下廣智尚賢、神照本如、南屏梵臻三家的繼承師說，終使山家之學代表天台一宗，而盛行於南宋之世。

　　山家、山外之爭論，使得天台宗的教學爲世人所知曉，然持平而論，兩家思想大同小異，僅在觀行上是否要強調眞心的問題而已。此外在懺法上也約略有別。但天台宗人卻難背離佛教眞心思想的潮流，山家、山外之爭而趨向妄心觀的山家派的勝利，也難抵擋禪與華嚴、禪與淨土的合流，致使天台教派漸趨衰落。然天台宗對俗世的教化，採妄心觀與修懺法，影響後世佛教極爲深遠。

〔註60〕《佛祖統紀》卷十〈高論旁出世家〉，頁80下～81上。
〔註61〕同前書，同卷〈慶昭法師傳〉，頁83下；卷八〈十七祖法智尊者知禮傳〉，頁73。
〔註62〕《佛祖歷代通載》卷二十七〈杭州孤山智圓法師傳〉，頁5下。
〔註63〕黃懺華〈天台宗〉，《中國佛教總論》，頁285。

八、賢首宗

賢首宗爲賢首大師法藏所創，所依經典爲《華嚴經》，故又稱華嚴宗，又因此宗發揮法界緣起之旨趣，或稱爲法界宗。此宗之傳承，一般作杜順、智儼、法藏、澄觀、宗密依次相承。至宗密合華嚴於禪，且有會宗之意〔註64〕。宗密（780～841）圓寂後，即有會昌法難，至於晚唐五代，已少宗嗣，經過徹微、海印，法燈數傳，到宋初長水子璿（965～1038）、晉江淨源（1001～1088）、新羅義天師弟相傳，此宗方得振興。

子璿，秀州（浙江省嘉興縣）人，初從天台之洪敏法師學《楞嚴》，後謁琅邪山（山東省諸城縣東南百四十里）慧覺禪師，豁然有省，慧覺教其返故居弘揚賢首宗風，乃返秀州長水專究《華嚴》，設講席眾幾一千，用賢首宗旨述《楞嚴經疏》十卷，以弘傳宗密之學爲主〔註65〕。弟子淨源曾受《華嚴》於五台承遷和橫海明覃，後還南聽子璿講《楞嚴》、《圓覺》、《起信》，時四方宿學推其爲義龍。高麗僧統義天入未問道，並攜來甚多《華嚴》疏鈔，義天返國後，又遣使送來《華嚴》三譯本，淨源因此被時人稱許爲中興教主。〔註66〕

吳越因境內研習《華嚴》風氣盛，宋初乃能出子璿重振賢首宗風。五代時，秀州有華嚴院，爲吳越都水使者錢綽所造，武肅王以誦《華嚴》僧居住〔註67〕。漢乾祐中（948～950），師瞽禪師結宇於台州慈溪白龍院，日誦《華嚴經》〔註68〕。宋乾德五年（967），閩僧惠研重理《華嚴李論》，立名爲《華嚴經合論》刊行，爲時人所重〔註69〕。杭州報恩寺永安（911～974），以《華嚴李論》旨趣宏奧，因將合經成一百二十卷，募人雕印發行〔註70〕。道潛參大法眼文益，與論《華嚴經》，頓了大事，周顯德初（959）忠懿王迎入西府，爲建慧日永明寺〔註71〕。清聳閱《華嚴經》感悟，承文益印可，開寶四年（971）忠懿王閱《華嚴經》，因詢天冠菩薩佳處，大會高僧無有知者，清聳習聞其處，遂遣使至閩支提山，得《華嚴經》八十二本，隨奏請捐金建寺，鑄天冠銅客

〔註64〕 參見《宋高僧傳》卷六〈唐圭峰草堂寺宗密傳〉，頁136～141。
〔註65〕 《佛祖統紀》卷二十九〈子璿法師傳〉，頁11。
〔註66〕 同前書，同卷〈淨源法師傳〉，頁11下。
〔註67〕 《至元嘉禾志》卷十〈明心院〉，頁11上。另見《雲間志》卷中〈明心院〉，頁9下。
〔註68〕 《寶慶四明志》卷十七〈白龍院〉，頁19下。
〔註69〕 《宋高僧傳》卷二十二〈李通玄傳〉，頁614。
〔註70〕 同前書，卷二十八〈宋杭州報恩寺永安傳〉，頁756。
〔註71〕 《景德傳燈錄》卷二十五〈杭州永明寺道潛禪師傳〉，頁107。

〔註72〕。同年，吳越將凌超於杭州五雲山創華嚴道場，恭請志逢禪師來主持〔註73〕。雷峰塔在杭州錢湖門外之南屏山麓，建於開寶八年（975），係忠懿王爲其妃黃氏而建，奉藏宮監禮佛之「佛螺髻髮」，又鎮石刻《華嚴》諸經，圍繞八面〔註74〕。此外，杭州城外有華嚴院，晉天福中（936～947）建〔註75〕。台州天台縣有華嚴道場，宋乾德三年（965）建〔註76〕。明州鄞縣有華嚴院，晉開運元年（944）建〔註77〕。越州新昌縣有二所華嚴院，一爲晉天福六年（941），另一爲末乾德六年（966）建〔註78〕。福州亦有一所華嚴院，乃開寶四年（971），忠懿王修支提山廢寺，給額大華嚴，捨金帛命所司建立，仍鑄天冠菩薩梵容，至開寶九年（976）十一月功成，命靈隱寺副寺主辦隆爲寺主。〔註79〕而華嚴與禪之融涉，在法眼宗學人身上得見，尤其是永明延壽的禪思想（賴建成〈華嚴與禪的交涉——兼論如來禪與祖師禪〉，民國93年8月，《法光雜誌》第一七九期專題，第二～三版）。

九、眞言宗

眞言宗以修持秘密眞言爲主，重儀軌及師資傳承，依大日如來而立教，漢人慣稱爲密教，其自身則謂之金剛乘佛教。密教自玄宗至唐末極盛，日本沙門來學者多，然經會昌法難、唐末五代離亂以及後周世宗之排佛，罕出大師。正純密教雖衰竭，但被「純密」所攝取之某一尊佛，或某一經典，分化獨立，持續於南方各地，廣被信仰。〔註80〕而禪師們的公案語錄中，亦可見密教的影子。

中唐時，江浙地帶已見密教活動。大曆二年（767），杭州徑山法欽門下崇惠禪師持密咒，與通士史華鬥道法，得代宗賜紫方袍一副〔註81〕。德宗貞

〔註72〕《十國春秋》卷八十九〈僧清聳傳〉，頁12。

〔註73〕同前書，同卷〈僧志逢傳〉，頁14。

〔註74〕際祥主雲敕建《淨慈寺志》卷十三〈雷峰塔〉（《中國佛寺史志彙刊》第一輯第十七冊），頁15～16。

〔註75〕《咸淳臨安志》卷七十七〈法寶院〉，頁14。

〔註76〕《嘉定赤城志》卷二十八〈大覺院〉，頁23。

〔註77〕《延祐四明志》卷十七〈廣嚴院〉，頁6。

〔註78〕《嘉泰會稽志》卷八〈普門院〉，頁32上；同卷〈方廣院〉，頁32下。

〔註79〕梁克家《三水志》卷三十七〈支提政和萬壽寺〉（《宋元地方志叢書》第十二冊），頁8056。

〔註80〕梅尾祥雲著、印海譯，《密教史》，頁78～79。

〔註81〕明太宗御製，《神僧傳》卷八〈崇惠傳〉（《佛教大藏經》第七十五冊，頁1463），頁135上。

元中（785～805），杭州靈隱寺寶達特密咒爲恒務，曾誦咒止濤神之患，還爲百姓殖利，時人稱許不已〔註82〕。順宗永貞元年（805）四月，最澄及義眞至越州龍興寺，從順曉學習密教，並受秘密灌頂。〔註83〕

憲宗大中七年（853），元慧禪師重建秀州法空王寺，立志持三白（白飯、白水、白鹽）事，諷誦五部曼拏羅，於臂上燃香柱，以乾寧三年九月二十八日圓寂於尊勝院，有弟子端肅〔註84〕。大中初年（847），越州諸暨保壽院神智持大悲心咒，治人無算，人謂爲大悲和尚，以光啓三年（887）十二月寂於東白山〔註85〕。越州全清禪師持密藏禁咒法，能劾鬼神，曾治人邪疾，寂於僖宗乾符、中和年間（874～881）。〔註86〕

錢氏有國，境內多見梵僧往來，時印度正值密教無上瑜伽部盛行〔註87〕。吳越諸王護持密教甚力，錢鏐時除了興建金光明道場之外，於寺院前多設八角形的石柱經幢，上鐫陀羅尼咒，令人傳誦，以消罪孽〔註88〕。武肅王常設

〔註82〕　《宋高僧傳》卷二十一〈唐杭州靈隱寺寶達傳〉，頁582。
〔註83〕　塚本善隆，《望月佛教大辭典》第六卷（日本：世界聖典刊行協會印行，民國55年2月五版），頁182下。
〔註84〕　《宋高僧傳》卷二十三〈唐吳郡嘉興法空王寺元慧傳〉，頁627～628。
〔註85〕　同前書，卷二十五〈唐越州諸暨保壽院神智傳〉，頁683～680。
〔註86〕　同前書，卷三十〈會稽釋全清傳〉，頁795～796。
〔註87〕　《宋高僧傳》卷七〈漢杭州龍興寺宗季傳〉，頁172云：「遇一異人作胡語，問西域未來之經論。」卷十三〈梁台州瑞巖院師彥傳〉，頁326云：「嘗有三僧胡形清峭，目睛�7若流電焉，差肩立足致禮，彥問曰：『子從何來。』曰：『天竺來。』」另見《景德傳燈錄》卷二十五〈天台山德韶國師〉，頁95云：「年十五，有梵僧勉令出家。」又見《吳越備史》卷二〈文穆王傳〉，頁1云：「先是有胡僧持一玉羊，大可數寸，光彩異常，以獻武肅王，且曰：『得此當生貴子。』王因以丁未生焉。」天台山方外志卷四，頁11云，有西土長臂尊者重建泗州禪院。
〔註88〕　有關吳越之石經幢，參見《十國春秋》卷七十八〈武肅王世家下〉，頁9下（大錢寺石幢）；同卷，頁12上（福慶庵石幢）。
　　《兩浙金石志》卷四〈後晉高明寺經幢〉，頁9上；同卷〈後晉虎跑寺經幢〉，頁19上；同卷〈吳越海會寺經幢〉，頁29下；同卷〈吳越天竺經幢〉，頁37下；卷五〈宋梵天寺經幢〉，頁2上；同卷〈宋雲林寺經幢〉，頁3上。
　　《武林金石記》卷四〈龍興寺石幢〉，頁5下；同卷〈虎跑寺經幢〉，頁8上；同卷〈觀音寺石幢〉，頁8下。
　　《吳興金石記》卷五〈唐大悲咒加句尊勝咒〉，頁22上；同卷〈永安寺經幢〉，頁23上。
　　《越中金石記》卷一〈化度禪院經幢〉，頁71上。《咸淳臨安志》卷七十八〈杭州超化院塔幢〉，頁8下；同卷〈杭州南塔寺釋迦眞身舍利塔幢〉，頁10上；卷九十二〈石屋崇化寺尊勝幢〉，頁1上；同卷〈明慶寺日傘蓋陀羅尼幢〉，

冥齋，召蘇州破山興福寺彥行「持明法」（即受持眞言）〔註89〕。受武肅王禮重之從禮（住天台山福田寺）、可周（住杭州龍興寺）能祀鬼神，文喜（住杭州龍泉寺）、洪諲（住杭州徑山）、鴻楚（住溫州大雲寺）、鴻莒（住溫州小松山）多異行。文穆王時，師事囒日囉三藏之志通禪師，先後在杭州眞身塔寺、台州智者道場及越州法華山弘化，其或曾攜帶瑜伽教法入吳越傳譯。〔註90〕

　　關於密教活動，方志中亦有記載，《雲閒志》卷中云：「（秀州靜安寺）有毗盧遮那佛，吳越王瑜迦道場中像，佛五臟皆書錢氏妃嬪名氏。」〔註91〕《咸淳臨安志》卷七十七〈勝相院〉亦云：

> 寺負錢塘龍山，唐開成四年（839），曰龍興千佛寺。後有西竺僧曰轉智，冰炎一楮袍，人呼紙衣道者，走南海諸國至日本，適吳越忠懿王用五金鑄千萬塔，以五百遣使頒日本，使者還智附舶歸，風鳴海淘，舟且傾，智誦如意輪咒，俄見如意珠王相，十首八臂，高十丈，風息遂濟。智謀揭高梁可容十丈勝相，以荅佛施。時千佛寺乃僧光主之，有閣高八丈，光請於忠懿，以閣爲殿，立五丈之像者二，合爲十丈。〔註92〕

由上文可知，密教在吳越活動頻仍，除宮廷信仰外，錢氏諸王立石經幢於寺前，每當民眾進寺院行香，必先趨諸王立之石幢，一來民眾可依陀羅尼咒之「殊勝力」，資冥福消災厄，二來王室之聲威普及湖山勝水之際，其施設可謂絕妙。

　　吳越國自錢鏐立國以來，歷代錢王莫不以「奉佛順天，保境安民」爲根本信條。錢王之中以錢弘俶奉佛最爲虔敬，他個人甚至受菩薩成，建寺立像之外，對佛教之發展、貢獻更爲卓著，搜集天台典籍，仿阿育王廣造寶篋印《陀羅尼經》經卷，並依該經所示，以金剛鑄造八百四千佛塔。至於忠懿王造金塗塔之源由，據塔記云，其於周顯德初（854），追殺黃巾賊，致使汶水不流，後罹熱病，因一僧之開示，乃造八萬四千金塗塔，納寶篋《陀羅尼經》布各地供養，以消殺生之報，據出土文物研判，製作之年限起於周顯德二年（955）至宋乾德三年（965）。材料則銅、鐵並用，亦有捨入磚塔供養如

　　　　頁1上；同卷〈九里松觀音尊勝幢〉，頁1下；同卷〈水月寺幢〉，頁2上；同卷〈招賢寺幢〉，頁2上；同卷〈小昭度、金牛、瑪瑙等九幢〉，頁2上；同卷〈天竺日觀菴經幢〉，頁2上。
〔註89〕《宋高僧傳》卷十六〈梁蘇州破山興福寺彥偁傳〉，頁426。
〔註90〕同前書，卷二十三〈晉鳳翔府法門寺志通傳〉，頁635～636。
〔註91〕《雲閒志》卷中〈靜安寺〉，頁3下。
〔註92〕《咸淳臨安志》卷七十七〈勝相院〉，頁2下。

雷峰塔。〔註93〕

　　唐武宗滅佛，以及晚唐五代天下離亂，佛寺、佛經遭到毀滅，影響最深的還是密教在中國的發展。由於吳越錢王仰重高僧與異行僧，吳越境內，僧侶受持密咒之風氣極盛。天台宗人大量吸收密教儀軌，設金光明道場，行懺法，並有祈雨之舉。禪門受持者更多，除前文所述禪僧外，天台山般若寺師蘊等僧侶，爲人治疾，則作懺悔文，通經及密咒各幾百藏〔註94〕。光文大德賜紫沙門彙征，曾撰〈天竺寺尊勝陀羅尼石幢記〉，詳述立石幢之源由及功德〔註95〕。此外，或云天台、華嚴及禪宗爭論第幾祖之傳承，是受到密教之影響。〔註96〕

十、淨土信仰

　　中唐時代，江浙地帶淨土信仰已頗風行，據《宋高僧》所載有台州湧泉寺懷玉〔註97〕、吳郡包山神皓〔註98〕、吳郡東虎兵寺齊翰〔註99〕、蘇州開元寺辯秀〔註100〕、蘇州支硎山道遵〔註101〕、睦州桐廬之省躬〔註102〕及睦州烏龍山淨土道場少康〔註103〕諸師之弘傳。

　　唐末，越州應天山寺希圓（？～895）恒勸人急修上生之業，且六時禮懺，未嘗少缺，願見彌勒，以乾寧二年（895）四月屹然寂於法座，時眾聞異香、天樂，或絕或連，七日後已。〔註104〕

　　錢氏有國時，溫州大雲寺鴻楚（858～932）撰《上生經鈔》，郡邑人謂爲僧寶中之異寶〔註105〕。越州大善寺虛受（～925）曾講《上生經疏》〔註106〕。杭

〔註93〕 參見《兩浙金石志》卷四〈吳越金塗塔二種〉鐵塔附，頁34。另見潘美月〈五代的印刷〉，《故宮文物月刊》第一卷第十期，民國73年1月，頁71～72。又見許奏雲〈雷峰塔考〉，《世界佛教居士林林刊》第十七期，民國16年4月，頁1～6。

〔註94〕 《宋高僧傳》卷二十三〈宋天台山般若寺師蘊傳〉，頁640～641。

〔註95〕 《兩浙金石志》卷四〈吳越天竺寺經幢二〉，頁37上～37。

〔註96〕 金岡季友著、許洋主譯〈密教思想的形成〉，《佛教思想》第二冊，頁93。

〔註97〕 《宋高僧傳》卷二十四，頁662。

〔註98〕 同前書，同卷，頁397～398。

〔註99〕 同前書，同卷，頁384。

〔註100〕 同前書，同卷，頁389。

〔註101〕 同前書，卷二十七，頁724。

〔註102〕 同前書，卷十五，頁396。

〔註103〕 同前書，卷二十五，頁673～675。

〔註104〕 同前書，卷，頁153。

〔註105〕 同前書，卷二十五，頁686。

〔註106〕 同前書，卷七，頁160。

州龍興寺宗季（～948）撰《暉理鈔》解《上生經》、《彌勒成佛經疏鈔》，至宋初其門下仍講導不泯〔註107〕。唐天成二年（927），有高僧建烏息寺於杭州於潛縣滴翠峰下，梵行精進，通蓮煙有功，行止有鳥相隨，僧入滅，鳥亦隨化〔註108〕。晉天福四年（939）。志通由北地來吳越，旋往天台山智者道場掛錫，因覽《西方淨土靈瑞傳》，變行迴心願生彼土，生常不背西坐，曾投招手岩下願速了此生，獲救，乃往越州法華山默修淨業，以天福七年（942）見靈相遷化。〔註109〕

禪門中人弘化淨土，仍以法眼宗為著。德韶（891～972）曾於漢乾祐三年（950），勸人重修少康塔，後人多指德韶為後善導〔註110〕。延壽（904～975）曾於國清寺修法華懺，偶夢感，遂上智者禪院作二鬮，一是一心參禪，一是誦經萬善莊嚴淨土，拈七次皆屬萬善之鬮，乃往婺州金華天柱峰通經三載。周慶順二年（952）住明州雪竇山（浙江奉化縣西），宋建隆元年（960）忠懿王請住靈隱寺，次年遷住永明寺。居永明寺十五年，接化徒眾，日以行百八件佛事為常課，學者參問，指心為宗，以悟為則，日暮往別峰行道念佛，隨從常數百人。忠懿王仰重其德，為建西方香嚴殿以成其志，以開寶八年（975）二月寂於永明寺。弟子一千七百人，常與眾授菩薩戒，教施鬼神食，晝放生命，皆悉回向莊嚴淨土，時人號稱慈氏下生〔註111〕。延壽見當時禪宗徒眾唯執「理」（指諸法本體，不生不滅之無為法）迷「事」（指世間現象，有生有滅之有為法），而一般講教家則執「事」迷「理」，兩者皆墮於偏見，為說明「理」、「事」無礙，「空」、「有」相成之義趣，乃撰《萬善同歸集》，又作參禪念佛〈四料簡〉偈，切信禪、淨雙修之要義。〔註112〕

宋初，專弘淨土者尚有省常（959～1020），錢塘人，淳化中（990～994）住昭慶寺，慕廬山白蓮社之風，在西湖邊結蓮社，後改名淨行社，信眾有一百二十三人，多朝中公卿士夫，以王文正公旦為社首〔註113〕。又有紹岩，誓誦《法華》萬部，求生安養，宋建隆二年（961）願滿，誓同藥王焚身以供養，為忠懿王所慰留，遷住杭州寶塔寺淨土院，以開寶四年（971）寂。〔註114〕

〔註107〕同前書，同卷，頁172。
〔註108〕《咸淳臨安志》卷八十四〈廣慈院〉，頁7下。
〔註109〕《宋高僧傳》卷二十三，頁635～636。
〔註110〕《佛祖統紀》卷二十六〈少康法師傳〉，頁143下。
〔註111〕同前書，同卷〈延壽法師傳〉，頁143～144上。
〔註112〕參見望月信亨著、印海譯，《中國淨土教理史》，頁227～232。
〔註113〕《佛祖統紀》卷二十六〈省常法師傳〉，頁144上。
〔註114〕《宋高僧傳》卷二十三〈宋杭州真身寶塔寺紹岩傳〉，頁641～642。

　　宋代，以江浙爲中心，結社念佛非常盛行。禪宗、天台宗、律宗、華嚴宗等學者多兼弘淨土。雲門宗有義懷（981～1052）、宗本（1006～1087）、善本（1035～1109）〔註115〕。曹洞宗有清了（1097～1152）。律宗有元照（1048～1116），住西湖崇福寺，挾南山律而修淨業〔註116〕。華嚴宗有子璿及惟鑑（1012～1090），惟鑑住湖州八聖寺，結社修淨業，三十年奮進不懈〔註117〕。天台法系中幾乎均是求生西方者，五代末有義通、晤恩；宋初有知禮、遵式、有基（～1013）、本如（982～1051）、慧才（998～1083）、處謙（1011～1075）、有嚴（1021～1101）、靈照（1036～1090）、可久、思義（？～1088）、玄淨（1011～1091）。〔註118〕

　　佛教至宋初，禪廣爲知識份子所玩習，隨著禪、淨雙修及蓮社念佛之普及，公卿士夫參與者日多，淨土教已廣爲社會人士所歸信。

第二節　寺院與社會活動

　　自佛教東來，迄至隋唐，整個社會之人群活動，莫不深受佛教影響，佛教要弘傳久遠，除教徒與經籍外，寺院所扮演之角色尤爲重要。

　　寺院常透過節慶、廟會之活動，宣揚輪迴、因果報應以及「悲田」、「福田」之觀念，勸化人民布施行善〔註119〕。因此，善男信女群以田產、山林、錢帛捨入寺院，以今生之福業求來生之果報。而君主之干涉宗教，基於佛教之教化力，君主亦多以崇奉佛教，達成其保境安民之政策。因戰爭殺戮情事的緣故，吳越地區多見行懺法施食等活動，亦見水陸院之設立。此外，爲了提供僧俗沐浴除垢，並且袪病以療傷疾，又有浴室院之建立，至宋代寺院頗多附設有浴室。

　　寺院因王臣、大族之布施，座擁龐大產業與人口。寺院除作法事外，亦

〔註115〕《佛祖統紀》卷二十七〈往生高僧傳〉，頁 156 下。

〔註116〕同註115。

〔註117〕參見望月信亨著、印海譯，《中國淨土教理史》〈律及華嚴二宗之淨土鑽仰〉，頁 261～263。

〔註118〕《佛祖統紀》卷二十七〈往生高僧傳〉，頁 155～156 上。

〔註119〕《像法決疑經》（《卍字續藏》第一五〇冊），頁 363 上云：「我於處處經中說布施者，欲令出家、在家人修慈悲心，布施貧窮孤老，乃至餓狗。我諸弟子不解我意，專施敬田，不施悲田。敬田者，即是佛、法、僧寶；悲田者，貧窮孤老，乃至於蟻子；此二種田，悲田最盛。」

從事工商業活動，並本慈悲宗旨參與社會之濟化工作。茲就所知，概述吳越
之寺院，寺院經濟與社會濟化活動。

一、寺院之分佈

　　吳越國由於錢鏐的母親水丘氏是虔誠的佛教徒，加上諸王累世奉佛，高
僧大德弘化、檀越布施，境內寺院林立，梵音繚繞。據《兩浙金石志》卷七
〈宋淨土院釋迦殿記〉云：

> 方錢氏之貴也，奉佛尤篤。其塗蔇棟宇，極丹漆之華；雕飾龍像，
> 窮土木之珍。〔註120〕

浙右之杭州，為錢氏放里，崇建梵宇，此它邑為尤多，凡一山之勝，一水之
麗，必建立浮屠，故百里之境而佛刹幾百數。錢塘佛事，更是甲於浙右，其
間以徑山與竹林寺為盛。《咸淳臨安志》卷八十三〈海會寺〉云：

> 五代貞明之初（915），錢吳越王又新之，王縣人也，少嘗往來里中，
> 困甚。已而跨有全吳，名貴地大，私自省所從來，豈非有陰相我者
> 邪，且竹林最得山水住處，因大治之，益廣前制。當是時，吳中浮
> 屠雖百千數，無是倫者。〔註121〕

杭州在周顯德二年（955）時，境內寺院敕額者凡四百八十所〔註122〕。經檢視
《咸淳臨安志》卷七十六至卷八十五所載，自唐光啟三年（887）迄宋太平興
國三年（978）共九十二年間，修造寺院凡三百九十九所，其中杭州城內二十
三、城外二百零五、餘杭縣十九、臨安縣六十、於潛縣二十三、富陽縣二十
一、新城縣二十五、鹽官縣十一、昌化縣九所。又據談鑰《嘉泰吳興志》卷
十三，五代時隸屬杭州之武康縣，有寺十一所；另據文盛武康縣志卷四，五
代時有寺龍山與大安。《咸淳臨安志》中說：「九廂四壁，諸縣境內，一王所
建，已盈八十八所，合十四州悉數數之，不能舉目矣。」僅杭州城內外，歷
代吳越國王時興建、擴建的寺院就達到二百多所，著名的靈隱、淨慈寺、西
湖十景中的南屏晚鐘和雷峰夕照，那時就已存在。

　　唐時，蘇州（江蘇省吳縣）之繁華為浙右第一〔註123〕。然經會昌滅佛及
唐末離亂，破壞情形嚴重，其再度繁榮仍在錢氏有國後，其佛事之盛況，《吳

〔註120〕《兩浙金石志》卷七，頁2下。
〔註121〕《咸淳臨安志》卷八十三〈海會寺〉，頁14。
〔註122〕《十國春秋》卷八十一〈忠懿王世家下〉，頁8下。
〔註123〕范成大《吳郡志》卷五十（《宋元地方志叢書》第四冊），頁13上。

郡圖經續紀》卷中云：

> 自佛教被于中土，旁及東南，吳赤烏中已立寺於吳矣。其後梁武帝
> 事佛，吳中名山勝境多立精舍，因于陳、隋，寢盛于唐，武宗一旦
> 毀云，已而宣宗稍復之。唐季盜起吳門之內，寺宇多遭焚剽。錢氏
> 帥吳，崇嚮尤至，於是修舊圖新，百堵皆作，竭其力以趨之，唯恐
> 不及。郡之內外勝剎相望，故其流風餘俗，久而不衰，民莫不嘉蠲
> 財以施僧，華屋邃廡齋饌豐潔，四方莫能及也，寺院凡百三十九，
> 已列圖經。〔註124〕

《吳郡圖經》載，錢氏時興修一百三十九所寺院，續紀又增補三十五所，且
云：「至於湖山郊野之間，所不知者為闕如也，又有寺名見傳記，而今莫知其
處者。」〔註125〕

湖州（浙江省吳興縣）之寺院，據談鑰《吳興志》卷十三所載，錢氏時
所建凡七十七所，其中州城八、烏程縣十一、歸安縣十一、長樂縣十、武康
縣十一、德清縣四、安吉縣二十二所。同書亦云：

> 安吉縣有寺二十七，其二十四係舊圖經所載，除樂平、崑山前代所
> 置外，餘二十四皆錢氏所為，以安吉一方而所置寺繁盛如此，民何
> 以堪哉。〔註126〕

湖州之武康縣，據《十國春秋》卷七十八所載，於梁開平四年（910）隸屬
杭州。

睦州（浙江省建德縣）之寺院，據陳公亮《嚴州圖經》所載，凡八十五
所，其中二十八所確定是錢氏時所建，茲列表以明其盛衰。

表十七：睦州寺觀統計表

興建年代 / 寺觀類別	會昌前	會昌時	中　和 至唐末	錢氏時	不　明	吳　越 入宋後	合　計
僧　院	11	1	11	28	12	16	79
宮　觀	1	0	0	0	1	1	3
尼　院	0	0	1	0	3	2	6
合　計	12	1	12	28	16	19	88

〔註124〕《吳郡圖經續紀》卷中〈寺院〉，頁7下～8上。
〔註125〕同註124。
〔註126〕《吳興志》卷十三，頁49。

　　二十八所寺院中，州城有二、宣政鄉四、白鳩鄉一、新亭鄉三、龍山鄉一；望縣二、仁壽鄉三、太平鄉二、清平鄉一、進賢鄉二、安樂鄉二、長樂鄉二、之山鄉二、青溪鄉一所〔註127〕。鄭瑤等撰之景定嚴州續志，又補充六所，其中長樂鄉一、安定鄉三、質素鄉一、分子鄉一〔註128〕。《浙江通志》中又找到三所，其中桐廬縣一（淨土院）、壽昌縣一（聖跡院）、分水縣一（國榮禪院）〔註129〕。合計錢氏時建寺，凡三十七所。

　　秀州始置於晉天福五年（940）三月，有嘉興、海鹽、華亭、崇德四縣〔註130〕。《至元嘉禾志》中，甚多寺院乃未真宗大中祥符中（1008～1016）改額，難確定錢氏時興修多少寺院，標明為錢氏時建僅見二十六所〔註131〕。然由雲間志所載，可窺知秀州佛事之盛況，其云：「浙右喜奉佛，而華亭為甚，一邑之閒為佛祠凡四十六，緇徒又能張大其事，亦可謂盛矣。」〔註132〕

　　浙東之佛事，亦極繁盛，僅台州（浙江省臨海縣）而言，廣不過五百里，而為僧廬道宇者，四百有奇〔註133〕。宋代，台州有寺院三百九十五所，茲依《嘉定赤城志》卷二十七至二十九，列表如下：

表十八：宋代台州寺院統計表

寺院類別＼地名	台州城	臨海縣	黃巖縣	天台縣	仙居縣	寧海縣	合　計
禪　院	5	26	33	15	16	12	107
教　院	5	31	20	12	3	14	85
十方律院	1	2	2	2	0	0	7
甲乙律院	10	55	34	43	23	19	184
尼　院	2	3	2	0	4	1	12
合　計	23	117	91	72	46	46	395

　　當中，會昌前所建者凡八十七，會昌後建者六十六，錢氏時建一百三十

〔註127〕《嚴州圖經》（《宋元地方志叢書》第十冊），卷一至卷三。
〔註128〕《景定嚴州續志》（《宋元地方志叢書》第十冊），卷六至卷七。
〔註129〕《浙江通志》卷二三三，頁25～30。
〔註130〕《十國春秋》卷七十九，頁13上。
〔註131〕《至元嘉禾志》卷十至卷十一。
〔註132〕《雲間志》卷中〈寺觀〉，頁2下。
〔註133〕《嘉定赤城志》卷二十七〈寺觀門一〉，頁1上。

一所，吳越歸宋後建一百十一所〔註134〕。茲依《嘉定赤城志》，列錢氏時寺院興修統計表，以窺諸宗在台州宏化情形。

表十九：吳越在台州建寺統計表

地名 寺院類別	台州城	臨海縣	黃巖縣	天台縣	仙居縣	寧海縣	合　計
禪　院	3	11	10	10	3	3	40
教　院	2	9	6	5	1	3	26
十方律院	1	0	0	1	0	0	2
甲乙律院	5	19	6	18	6	8	62
尼　院	0	1	0	0	0	0	1
合　計	11	40	22	34	10	14	131

由上表可知，台州在錢氏時以律院居多，禪院次之，教院又次之，入宋亦然。禪院之建立，遲至百丈懷海創立禪居始有。於此之前的禪樂者，唯藉律院以居，建至吳越錢鏐將江南教院改爲禪寺，至宋禪刹始盛，規模宏大富麗。當時禪寺尚無等第高下，唯推在京巨刹爲首。因極權統治的緣故，禪教寺院演化出五山十刹之體制（宋濂〈住持淨慈禪寺孤峰德公塔銘〉，四部叢刊《翰苑別集》卷十）。

明州（浙江省鄞縣）之寺院，據《寶慶四明志》所載，有寺三百零五所〔註135〕。茲列表如下：

表二十：宋代明州寺院統計表

地名 寺院類別	州　城	鄞　縣	奉化縣	慈溪縣	定海縣	昌國縣	象山縣	合　計
禪　院	3	22	23	6	7	10	9	80
教　院	4	24	23	11	6	6	3	77
十方律院	6	8	4	6	6	1	0	30
甲乙律院	6	36	23	16	13	6	4	104
廢　院	6	0	0	1	0	0	0	7
尼　院	5	0	1	1	0	0	0	7
合　計	30	90	74	41	31	23	16	305

〔註134〕同前書，卷二十七～二十九。
〔註135〕《寶慶四明志》卷十一、十三、十五、十七、十九、二十及二十一。

三百零五所寺院中，會昌前建者有三十，會昌至唐末建者有九十六，錢氏時建者爲一百二十四，吳越入宋才建二十五所，不明興建年代者三十。由方志可知，錢氏有國時，寺院在二百五十所以上。茲列錢氏時建寺情形如下：

表二十一：吳越在明州建寺統計表

寺院類別 ＼ 地名	州　城	鄞　縣	奉化縣	慈溪縣	定海縣	昌國縣	象山縣	合　計
禪　院	1	4	7	0	2	6	6	26
教　院	3	12	7	5	2	5	3	37
十方律院	1	4	0	0	2	0	0	7
甲乙律院	3	19	11	5	5	4	3	50
廢　院	4	0	0	0	0	0	0	4
尼　院	12	39	25	10	11	15	12	124

關於錢氏時明州建寺情形，另可參考《大德昌國州圖志》卷七、《延祐四明志》卷十五至十八、《至正四明續志》卷十。佛事之盛況，可由阿育王禪寺窺知，《浙江通志》卷二百三十引〈宋濂育王寺碑記〉云：

> 梁貞明二年（916），錢武肅王迎塔作禮，改浮屠爲七層，第三層置七寶龕以貯（佛舍利）塔。周顯德五年（958）寺災，文穆王（當是忠懿王）又請致武林龍華寺，新其藻飾，中龕雜用百寶範黃金爲座，懸珠纓以莊嚴之。……惟阿育王山顯著特異，自晉逮今，歷一千九十七年，國王大臣以及泯隸靡不皈依瞻仰，浙東西未有如斯之盛者，是宜詳記，使後人扶植於悠久也。〔註136〕

越州（浙江省紹興縣）之寺院，據《嘉泰會稽志》所載，凡三百四十八所〔註137〕。茲列表如下：

表二十二：越州寺院統計表

年代 ＼ 地名	府城	會稽縣	山陰縣	嵊縣	諸暨縣	上虞縣	餘縣	蕭山縣	新昌縣	合計
會昌前	3	5	3	2	7	1	1	0	4	28
會昌後	5	4	7	9	23	15	11	9	5	98

〔註136〕《浙江通志》卷二三〇〈阿育王禪寺〉，頁8～9。
〔註137〕《嘉泰會稽志》卷七至卷八。

錢氏時	15	30	36	25	36	18	19	23	12	214
吳越入宋時	3	3	4	0	0	0	2	1	0	13
不　明	1	2	0	0	0	0	2	0	0	5
合　計	27	44	50	37	66	34	35	33	21	348

《嘉泰會稽志》卷七又云：「五代以來，寺院特盛，江南、吳越、閩、楚建寺度僧不可勝計，今以會稽一郡考之，凡梁開平（907）以後，稱造某寺，賜某額，皆錢氏割據時為之，非眞中國之命也，故其多如此，及地入輿圖，乃有敕賜額。」〔註138〕佛事之盛況，可由府東南二里之開元寺得知，《嘉泰會稽志》卷七云：

> 唐長興元年（930），吳越武肅王建，奏以開元復為大善寺，而以此為開元寺。蓋處一州之中，四旁遠近適均，重閣廣殿，修廊傑閣，大鐘重數千斤，聲聞浙江之濱，佛大士應眞之象，皆雄特工緻，冠絕它剎。歲正月幾望為燈市，傍數十郡及海外商估皆集玉帛、珠犀、名香、珍藥、組繡、髹藤之器，山積雲委，眩耀人目，法書、名畫、鐘鼎彝器、玩好奇物亦閒出焉，士大夫以為可配成都藥市。〔註139〕

溫州（浙江省永嘉縣）因資料缺乏，寺院之多寡不詳，據《浙江通志》卷二三四所載，有寶陀寺（周廣順中建）、福聖寺（宋開寶三年建）、西巖寺（晉天福間建）、三峰寺（晉天福間建）、護國寺、淨明寺（宋乾德間建）等六所〔註140〕；又據《樂清縣志》卷五，有報恩尼院（天福七年建）、靈山院（晉天福二年建）、天柱院（宋太平興國三年建）、淨名菴（宋太平興國二年建）等四所；另據張孚敬《溫州府志》卷五，有開元寺、資福寺、江心寺（宋開寶中建）及福聖寺（宋開寶三年建）等四所。

婺州（浙江省金華縣）之寺院，據《浙江通志》卷二三二所載，有永福寺、靈石寺、妙法院（晉天福間建）、石關寺靈洞院（唐長興間建）、昭明寺（周顯德初建）、五雲寺、保寧寺（唐長興間建）、光義寺（晉天福間建）、清泉寺（唐同光二年建）、東臺寺（宋開寶元年建）、無礙寺（周顯德五年建）、雙溪寺（宋開寶間建）、慈相教院（宋乾德元年建）及保安寺（晉天福八年

〔註138〕同前書，卷七〈宮觀寺院〉，頁1。

〔註139〕同前書，卷七〈開元寺〉，頁9。

〔註140〕《浙江通志》卷二三四，頁1〜10。

建）〔註141〕。又據《浦江縣志》卷八，有寶林寺（晉開運二年建）。

處州（浙江省麗水縣西）之寺院，據《浙江通志》卷二三四所載，有佛日寺（宋乾德三年建）、梵嚴寺（唐天成五年建）、天壽寺（晉開運間建）、妙相寺（宋建隆元年建）、九松寺（晉開運間建）、香嚴院（同顯德五年建）、多寶院（宋乾德二年建）、翠峰院（貫休建）、崇仁寺、資聖寺（晉天福間建）、集福寺（晉天福間建）、覺林寺（宋太平興國二年建）。佛事之盛況，由集福寺之規模可知。《浙江通志》卷二三四引〈鄭奎光重修集福寺記〉云：

> 龍邑（龍泉縣）西去二里，桃源天台山洞奧絕選佛之地，此居最焉。
>
> 晉天福間（936～947），建集福寺於山下，雄宮偉殿，諸刹叢林不能與之爭勝。長老言，鐘樓（高七丈）出自公輸子手，昂霄插漢，縹焉若飛。鐘可容百石，造時士女競投釵釧，痕尚宛然，霜月飄鐘與見聲俱冷，卓錫之侶因而雲來，自晉迄明有興無圮。〔註142〕

衢州（浙江省衢縣）之寺院，據《浙江通志》所載，有涌泉寺（晉天福間建）、故城寺（宋乾德二年建）、明教寺（宋太平興國元年建）、光嚴寺（周廣順間建）、地藏上寺（晉開運二年建）、地藏下院（漢乾祐年間建）、太平寺（唐天成間建）、瀫水寺（晉天福間建）、保安寺（江景房建）、寶成寺、太平寺（宋乾德元年建）、太康院（周顯德元年建）、雲門院（宋開寶中建）、龍華院（晉天福四年建）、瓈源寺（晉天福七年建）。〔註143〕

福州（福建省閩侯縣）於天福十二年（947）歸屬於吳越，依《三山志》所載此後又建寺二百二十一所，合前代所建，凡有寺七百八十一所。崇佛之盛，《三山志》卷三十三有云：

> 自晉太康始寺，紹因於州北，既而終晉，僅益二寺。越二百載，齊之寺一，梁之寺十七，陳之寺十三，隨之寺三。唐自高祖至於文宗二百二十二年，止三十九，至宣宗乃四十一，懿宗一百二，僖宗五十六，昭宗十八，殫窮土木，憲寫宮省，極天下之侈矣。而王氏入閩更加營繕，又增為寺二百六十七，費耗過之。自屬吳越首尾纔三十二年，建寺亦二百二十一，雖歸（宋）朝化，頹風弊習浸入骨髓，富民翁嫗傾施貲產，以立院寺者無限，慶曆中（1041～1048）通至

〔註141〕同前書，卷二三二，頁21～37。
〔註142〕同前書，卷二三四〈集福寺〉，頁21下。
〔註143〕同前書，卷二三三，頁3～16。

一千六百二十五所。〔註144〕

由於吳越國君臣的崇佛至極，對福州寺院的興造起了很大的促進。據王榮國〈吳越國割據時期的福州佛教〉一文中說：「吳越國統治期間，福州各地興造的寺院數字是：閩縣二十所，懷安縣二十所，侯官縣二十一所，長樂縣十九所，福安縣二十三所，寧德縣九所，連江縣十七所，古田縣五十一所，羅源縣十三所，閩清縣八所，福安縣十五所，永福縣七所，福寧本州二十三所，福州轄區內總計二百五十六所。」（另見《福建佛教史》，頁 157）比《三山志》統計的二百二十一所，多出三十五所。閩中的王氏割據近四十年中，在福建興造寺院四百六十一所，其中福州二百一十五所，而吳越統治福州前後三十二年，卻興造了二百五十六所，平均每年八所。可見佛事之旺盛。至於佛教宗派，以禪宗為主，青原系佔優勢，在吳越統治時期繼續傳法者，以雪峰義存一門最盛；而南岳下溈仰宗於順廣時傳入福州，閩國時，福州的雙峰山、明月山以及東禪院，仍有名僧雙峰古、道崇、慧茂在傳法（《景德傳燈錄》卷十二）。至吳越統治時期，肯定尚有溈仰宗法徒，只是名氣不大未能載於燈錄，曹洞宗於晚唐傳入福州、泉州，但在閩國時傳布不明（《福建佛教史》，頁 288～245）。而華嚴宗在福州也有餘緒，五代後唐長興二年（931）福州烏石山有華嚴院，僧神致為該院住持（《閩中金石略・神致烏石山題名》），其狀況理應能延續到吳越治理福州之時。總之，吳越國統治福州三十二年，有寺二百多所，至於僧侶人數，據《三山志》卷三十三〈寺觀類〉一僧寺條下云：「州僧中長二千九十四人，皆錢氏時度為之。」（《宋元地方志叢書》第十二冊，頁 7975）吳越統治時期的福州佛教，由於受到比之前閩國五代崇佛熱忱更高的錢弘俶君臣，大力的護持，而獲得持續的發展；禪宗在此地依然興盛，道場林立，名僧雲集，寺院興建更多；而福州佛教的繁興，也為宋代福建禪宗寺院的極盛奠定了良好的基礎。

綜觀吳越國時期，佛教寺院之總數，杭州三百九十九、蘇州一百七十四、湖州七十七、睦州二十八、秀州二十六、台州一百三十一、明州一百二十四、越州二百一十四、溫州六、婺州十四、處州十二、衢州十五、福州二百二十一，凡一四四一所。計算吳越國境內寺院之總數，則杭州四百八十、蘇州一百七十四、湖州七十七、睦州六十九、秀州二十六、台州二百八十四、明州二百五十、越州三百三十、溫州六、婺州十四、處州十二、衢州十五、福州七百八十一，凡二千五百一十八所。

〔註144〕《三水志》卷三十三〈寺觀類一〉，頁 7972～7973。

吳越尼寺甚少，杭州僅見金地寺、資賢寺、慈孝院〔註145〕。溫州則有報恩尼寺；台州臨海縣有寶積尼院，越州有大慶尼寺、永寧尼寺、觀音尼院、執慈寺、崇尼教寺〔註146〕。秀州有妙善寺及寶壽院〔註147〕。明州有白檀寺、福明院、新居禪院及淨尼禪院〔註148〕。福州有景星尼院〔註149〕、淨業尼院〔註150〕、法林尼寺〔註151〕、栖隱尼院〔註152〕、報恩尼寺〔註153〕、興善尼院〔註154〕、崇慶尼院〔註155〕、興福尼院〔註156〕、禪寂尼院〔註157〕、棲林尼院〔註158〕、永壽尼院〔註159〕、文殊尼院〔註160〕、地山尼院〔註161〕、寶安尼院〔註162〕、東林尼院、集雲尼院、曹山尼院〔註163〕。此外，有奉國寺〔註164〕與麗春院〔註165〕。由《宋元地方志》得知，五代時尼寺尚少，到宋代尼寺才增多。這現象可能與淨土信仰有關，而宮觀改為佛寺者，多為僧院。

比丘尼之活動，亦不多見。晚唐時有尼劉鐵磨，參訪南嶽下三世衢州子湖利蹤禪師（約801～881）〔註166〕；而尼實際參問南嶽下四世婺州金華山俱胝和尚，兩人皆不輸丈夫氣概〔註167〕。另有恩從〔註168〕之弘化。福州僅見守

〔註145〕《咸淳臨安志》卷八十二，頁1～5。
〔註146〕《嘉定赤城志》卷二十七〈寶積院〉，頁25。另見《嘉泰會稽志》卷七〈大慶尼寺〉，頁41。
〔註147〕《至元嘉禾志》卷十一〈廣福尼寺〉，頁10下。
〔註148〕《延祐四明志》卷十六〈尼寺〉，頁22。
〔註149〕《三水志》卷三十三〈懷安景星尼院〉，頁7976。
〔註150〕同前書，同卷，頁7979。
〔註151〕同前書，同卷，頁7983。
〔註152〕同前書，同卷，頁7988。
〔註153〕同前書，同卷，頁7989。
〔註154〕同前書，卷三十三，頁7996。
〔註155〕同前書，同卷，頁7998。
〔註156〕同前書，卷三十四，頁8006。
〔註157〕同前書，卷三十五，頁8014下。
〔註158〕同前書，同卷，頁8023下。
〔註159〕同前書，同卷，頁8025上。
〔註160〕同註159。
〔註161〕同前書，卷三十九，頁8055下。
〔註162〕同前書，同卷，頁8056。
〔註163〕同註162。
〔註164〕《十國春秋》卷八十三，頁4上。另見《吳越備史》卷一，頁56下。
〔註165〕《吳越備史》卷三，頁9。院有尼契雲法師，與吳越國夫人許氏相知。
〔註166〕《景德傳燈錄》卷十〈衢州子湖巖利蹤禪師〉，頁183。
〔註167〕《景德傳燈錄》卷十一〈婺州金華山俱胝和尚傳〉，頁17。

緣、行證兩尼之創寺。〔註169〕睦州有孝明尼院，開山尼爲善通。

居湖山勝水之寺院，多見清泉一泓，乃有以泉爲寺名〔註170〕。寺院亦設有浴室，如越州上虞縣十善院〔註171〕，爲清淨故，有以浴院爲寺名者〔註172〕。寺院多產茶業，如台州仙居縣茶山院，因此又有以茶名寺者〔註173〕。寺院飲茶風氣盛，多以茶爲話頭〔註174〕。錢氏諸王亦常施茶給寺院。〔註175〕

〔註168〕《兩浙金石志》卷四〈後晉石屋洞造象題名〉，頁 23 下。

〔註169〕《三山志》卷三十五，頁 8025 上。

〔註170〕《十國春秋》卷七十九，頁 14 上云：「天福六年（941）六月，建甘露寺于南山，有泉一泓，若甘露可啜，故名」以泉爲寺名，《宋元地方志》中屢見，如睦州淳安縣龍泉寺，《浙江通志》卷二三三，頁 21。睦州建德縣玉泉寺，《浙江通志》卷二三三，頁 19 上。台州臨海縣甘泉寺，《嘉定赤城志》卷二十九，頁 8 上。越州上虞縣福泉院，《會稽志》卷八，頁 28 上。衢州西安縣涌泉寺，《浙江通志》卷二三三，頁 3 上。杭州城外清心院，《咸淳臨安志》卷八十，頁 23 下；城內涌泉菴，《咸淳臨安志》卷七十七，頁 14 下；城內靈泉院，《咸淳臨安志》卷七十七，頁 11 上；城內甘露院，《咸淳臨安志》卷七十七，頁 8。

〔註171〕《嘉泰會稽志》卷八〈正覺院〉，頁 16 上。另見《宋高僧傳》卷二十三〈晉天台山平田寺道育傳〉，頁 633。

〔註172〕越州新昌縣無礙浴院，《嘉泰會稽志》卷八〈福聖院〉條，頁 30 上。越州山陰縣浴室院，《嘉泰會稽志》卷七〈崇福院〉條，頁 39 下。台州臨海縣無垢浴院，《嘉定赤城志》卷二十七〈永福院〉條，頁 19 下。

〔註173〕《嘉定赤城志》卷二十九〈寶嚴院〉，頁 9；同書，卷二十八〈景福院〉，頁 23 云：「俗呼茶院，蓋德韶施茗處。」《至元嘉禾志》卷十一〈廣惠禪院〉，頁 9 上云：「宋開寶己巳（969），錢武肅王號施茶院。」

〔註174〕《景德傳燈錄》卷十二〈陳尊宿傳〉，頁 27；卷十六〈台州涌泉景欣禪師傳〉，頁 120；卷十七〈明州天童山咸啓禪師傳〉，頁 142，卷十八〈杭州龍冊寺順德冊寺順德大師道怤傳〉，頁 168；同卷〈杭州西興化度悟眞大師師郁傳〉，頁 170；卷二十〈杭州佛日和尚〉，頁 197；卷二十一〈天台山雲峰光緒至德大師〉，頁 8；同卷〈杭州龍華寺彥求實相得一大師傳〉，頁 11；同卷〈杭州天竺山子儀心印水月大師〉，頁 20，卷二十三〈溫州溫嶺瑞峰院神禪師傳〉，頁 53；卷二十六〈杭州龍華寺慧居禪師傳〉，頁 140；同卷〈溫州瑞鹿寺本先禪師傳〉，頁 142～143。另見《宋高僧傳》卷二十二〈宋天台山智者禪院行滿傳〉，頁 609；卷二十三〈晉天台山平田寺道育傳〉，頁 633；卷三十〈晉宣州自新傳〉，頁 809。

〔註175〕《十國春秋》卷七十八，頁 5 云：「（武肅）王幸海鹽金粟寺，令寺僧設眾，施茶。」《宋高僧傳》卷二十八〈晉五臺山眞容院光嗣傳〉，頁 746 云：「癸酉歲（913），至兩浙謁武肅王，錢氏厚禮遲之，施文殊聖眾、供物、香茶，并缽盂一萬副。」《嘉泰會稽志》卷七〈雍熙院〉，頁 24 云：「報雲山淨名菴長老重曜，今（忠懿王）差人齎到白乳茶三十斤。」

二、寺院經濟

　　唐代寺院多擁有莊園，其來源主要有四：一、爲皇帝敕賜；二、爲信徒、僧眾所施捨；三、爲購置及典押；四、爲僧尼之給田制〔註176〕。寺院之莊園，雖不乏良田美地，但大半屬於荒廢山林或未經開闢之野地，因此君子們都樂於讓寺院善加運作。吳越國亦然，但寺院田園有納稅情事發生，據《吳越備史》卷三所云，晉天福六年（941）九月，忠獻王嗣位，命田園有隸道宮、佛寺比入賦稅者，悉免〔註177〕。忠懿王即位之翌年（949），募民能墾荒田者，勿取其稅〔註178〕。由此情況推之，當時寺院所墾植之地必多，因佛教正得王室護持。

　　吳越寺院之產業多寡，無法得到確切之統計，但由《宋元地方志》窺之，經濟情況不差。時寺院來源約有三類：一、是王臣所建；二、是民眾捨金帛、田園以立；三、是僧侶慘澹經營。除王室所建之官寺外，其餘寺院之建立，必由郡守上報，請錢王頒發寺額，乃能動工。因此，封院無匱乏之虞。據《春秋》卷八十三所云，莊穆夫人常遊奉國寺，武肅王命載帛縑以備散施；同書亦云：「忠懿王妃孫氏嘗以一物施龍興寺，形若木箸，寺僧未之珍，以萬二千緡賣給波斯商。」（《十國春秋》卷八十三〈忠懿王妃孫氏〉，頁6上）又據《十國春秋》卷八十五所云：

> 張瓌事武肅王，累官至司空，出鎮華亭，普照寺僧某不識物情，以蔬食進焉，瓌領之，密啓王，于寺後鑿三河，訛爲運道，而寺用不寧。〔註179〕

武肅王時，台州瑞巖院師彥之寺倉常滿〔註180〕。杭州龍華寺彥求，受施必歸「常住」，日供累千僧食，未嘗告匱，前後計飯鉅萬人〔註181〕。越州大善寺行瑫供四方僧，曾無匱乏〔註182〕。全付居越州清化院，雲水之侶輻湊，睠睠不欲捨旃〔註183〕。道潛居錢塘慧日永明寺，忠懿王別給日俸〔註184〕。忠懿王除

〔註176〕黃梅枝，《唐代寺院經濟的研究》，頁50。
〔註177〕《吳越備史》卷三〈忠獻王〉，頁1下。
〔註178〕《十國春秋》卷八十一〈忠懿王世家上〉，頁5上。
〔註179〕同前書，卷八十五〈張瓌傳〉，頁10。
〔註180〕《宋高僧傳》卷十三，頁327。
〔註181〕同前書，卷二十九，頁748。
〔註182〕同前書，卷二十五，頁69。
〔註183〕同前書，卷十三，頁332。
〔註184〕同前書，同卷，頁337。

為顧齊於錢塘造普照道場外，又以平陽一鄉之賦贍之〔註185〕。由此可知，官寺之經濟極為優渥。

至於檀越之布施，可以長耳和尚行修為例。其於唐天成二年（927）入浙，傾城瞻望，檀施紛紛，遂為構室於西關高峰，後鬱成大院〔註186〕。大族之施捨更多，明州慈溪縣有峰山道院，乃富豪費日章捐園田山林凡六百畝所建〔註187〕。相關事例，於《宋元地方志》中記載甚詳且多，茲不贅述。

吳越諸州刺史，亦負監督寺院興修之責。睦州青溪鄉永泰寺有寶大二年（925）鄉岩將方鄹等乞重修狀，後判依執押字；另有寶大三年（926）睦州請僧住持帖，後繫司空判軍州事郭押〔註188〕。杭州鹽官縣長安鎮有正覺寺，屋宇墮廢，寶正六年（932）十月邑民盛瑫、吳酒具狀陳乞欲就舊址重建藍宇，時文穆王為太史令公，判府事，從其請，翌年乃立寺院〔註189〕。錢王得郡守上報寺院活動，除布施優渥外，亦下書囑咐僧侶當梵行精進，為國祈福。據《嘉泰會稽志》卷七〈雍熙院〉云：

> 院有吳越忠懿王在國時所貽書石刻。其一曰：「報雲門山淨名菴長老重暉，今差人齎到白乳茶三十斤、稜瓷香爐一隻、衙香五斤、金花合盛重五十兩，仍支見錢一百千文，足陌可親入懺保安，遣此示諭，不具押字付。」其一曰：「報越國雲門山淨名菴長老，昨據節度使錢儀申請所，為官中入懺保安事，具悉。師心鏡絕塵衣珠無類，修釋氏務三之訓，得淨名不二之宗。洎掛錫寶坊，棲真玉笥，節素欲於景行，遠有來聞，國家因磬於精誠，遂可其請，況奇峰正聳，炎景斯煩，非坐非行，頗勞精進，傾心引領，尤媿忠勤，今再賜到乳茶三十斤、乳香三十斤至，可領也。夏熱想得平安好，故茲告諭，想宜知之，不具押字，付長老重暉。」〔註190〕

由上文可知，政教之關係密不可分。僧侶祇要梵行精進，無庸慮及經濟之匱乏，然佛教活動亦在僧官、郡守、丞相、國王層層監督下進行。

〔註185〕《十國春秋》卷八十九，頁 15 上。

〔註186〕《宋高僧傳》卷三十，頁 810。

〔註187〕徐時棟，《宋元四明六志校勘記》卷一〈定林寺〉（《宋元地方志叢書》第九冊，頁 24 下）。

〔註188〕《嚴州圖經》卷三〈龍華寺〉，頁 14 下。

〔註189〕《浙江通志》卷二二七〈覺王寺〉，頁 6。

〔註190〕《嘉泰會稽志》卷七〈雍熙院〉，頁 23 下～24。

三、社會濟化活動

　　大乘佛教一向強調戒、定、慧三學不忘，福、慧雙修。因此，道場蔚起，聚僧說法，勸誘愚蒙，轉化人心向善〔註191〕。此外，佛教爲救濟未受政治眷顧之孤獨、窮患者，而從事各種社會事業，其中包括尊重生命之放生、凶年飢饉之賑給衣食，埋無主屍骨，以及義井、義船、義橋、植樹、免費旅邸等施設。〔註192〕

　　吳越崇佛之盛，非他國可比，寺院經濟無匱乏，社會濟化工作必當蓬勃，然史料卻極少，茲就所得，略加敘述。

　　唐末，江浙地帶歷經黃巢、裘甫、以及方鎮爲亂，人民流離失所。中和四年（884），浙東飢疫，幼璋禪師於溫、台、明三郡收瘞遺骸數千，時人謂爲悲增大士。天祐三年（606），武肅王請住錢塘功臣堂說法，幼璋禪師請求每一年於天台山建全光明道場，諸郡黑白大會，寂前曾囑武肅王護恤民事〔註193〕。唐天成二年（928），溫州水潦之後又逢大旱，民薦饑饉，強盜入鴻莒禪師室，師待之若賓客，躬作粥飯飼之，盜者拜受而去〔註194〕。恤民救災事僅見此二條，但據《十國春秋》所載，吳越國曾多次患水、旱及火災，情況甚嚴重，但卻不見記載僧侶救災情事。

　　僧侶以感通化人之事跡，則不少。明州奉化縣有契此，示人吉凶必現表兆，亢陽即曳高齒木屐，市橋上豎膝而眠，水潦則係濕草屨，人以此驗知，以天復中（901～904）寂，鄉里共埋之〔註195〕。台州湖光院有師簡，喜爲人遷山相冢，吉凶如其言，居無定所，多遊族姓家〔註196〕。明州乾符寺王羅漢，出言若風狂，後亦多驗，有盜者將欲搴其所曝衣，低頭佯睡；有物，人就之乞，終無吝色〔註197〕。晉天福年間（936～947），法諲居衢州璩源寺，值歲旱，眾叩於師，師爲之禱，雨遂大作〔註198〕。德韶國師尤精術數，以利人爲上，至宋初江浙間仍謂爲大和尚〔註199〕。祈雨事跡，天台宗人尤多，忠懿王曾於

〔註191〕《浙江通志》卷二三四〈資聖寺〉，頁20下。
〔註192〕野上俊靜著、鄭欽仁譯，《中國佛教通史》，頁66。
〔註193〕《景德傳燈錄》卷二十，頁209～210。
〔註194〕《宋高僧傳》卷二十五〈後唐溫州小松山鴻莒傳〉，頁667。
〔註195〕同前書，卷二十一〈唐明州奉化縣契此傳〉，頁590。
〔註196〕同前書，卷二十二〈周杭州湖光院師簡傳〉，頁606。
〔註197〕同前書，同卷〈宋明州乾符寺王羅漢傳〉，頁607。
〔註198〕《浙江通志》卷二三三〈璩源寺〉條引胡誠〈重建璩源寺記〉，頁12上。
〔註199〕《宋高僧傳》卷十三〈宋天台山德韶傳〉，頁339。

宋建隆二年（961）五月，遣使取龍湫于天台山，以祈雨。〔註200〕

僧侶亦重「福田」，興福事跡層出不窮。越州大善寺行瑫募道俗，置看經院於寺之西北隅，且供四方僧，曾無匱乏〔註201〕。杭州報恩寺永安雕印《華嚴李論》施行，每有檀施罕聞儲蓄，迴施二田〔註202〕。杭州龍華寺彥求好營眾事，務必身先，唯以利人為急，受施必歸常住〔註203〕。錢塘永明寺延壽多勵信徒造塔像，自無貯蓄，常與眾援菩薩戒，教施鬼神食，晝放生命，皆悉回向莊嚴淨土，時人號為慈氏下生。天台宗人亦常為人授菩薩戒，如淨光大師義寂為官宦施戒，亦有放生之舉〔註204〕。錢塘千佛寺希覺未終之前，捨衣物作現前僧得施，復普飯一城僧〔註205〕。延壽與贊寧曾造塔于江干，鎮江湖，以利船舶往來。〔註206〕

亦有僧侶造橋、鋪路及開山渠以溉民田。宋建隆二年（961），師悟法師於明州奉化縣造廣濟橋於大江之側〔註207〕。建隆二年（961），遇賢法師居蘇州長州明覺禪院，創佛屋，修路衢，無慮用錢數百萬，雖稱丐於人，而人不知其所從得者〔註208〕。蘇州白鶴寺知義禪師開寺中靈泉，引山渠溉民田百塍。〔註209〕

寺院多設有接待室，以供進香旅客及雲水僧住。明州昌國縣有普門院，高麗人入貢候風於此〔註210〕。越州蕭山縣化度院，為兩浙往來之都會，風濤阻者常休憩於此〔註211〕。越州新昌縣天姥寺，為德韶於周廣順元年（951）建，有接臺館，官使往來宿此〔註212〕。另有陳尊宿，居睦州龍興寺，晦迹藏用，製草屨密置道上，有陳蒲鞋之號。〔註213〕

〔註200〕《十國春秋》卷八十一〈忠懿王世家上〉，頁13下～14上。
〔註201〕同前書，卷二十五，頁690。
〔註202〕同前書，卷二十八，頁758。
〔註203〕同前書，同卷，頁748。
〔註204〕同前書，卷七，頁181。
〔註205〕同前書「卷十六，頁431。
〔註206〕《十國春秋》卷八十九〈僧贊寧傳〉，頁9上。
〔註207〕《寶慶四明志》卷十六〈廣濟院〉，頁21上。
〔註208〕《吳郡圖經續紀》卷中，頁12下～13上。
〔註209〕《吳郡志》卷三十三〈澄照寺〉，頁8。
〔註210〕《寶慶四明志》卷二十〈普明院〉，頁25上。
〔註211〕《嘉泰會稽志》卷八〈廣福院〉，頁30。
〔註212〕見《浙江通志》卷二三一〈天姥寺〉，頁29下。
〔註213〕《景德傳燈錄》卷十三〈陳尊宿傳〉，頁25。

　　寺院不僅是修道的場所，亦爲士女祈禱消災之地。越州蕭山縣竹林寺自晉天福中（936～947）創建以來，凡瞻禮如來與念誦藥師者，蓋七百有餘載〔註214〕。或有人求天台山般若寺治疾，師蘊等僧侶爲作懺悔文，誦經及密咒各論幾百藏爲度〔註215〕。蘇州明覺禪院有異行僧遇賢，世稱酒仙，告人禍福必驗，與符治疾者必痊。〔註216〕而吳越地區，已有尼眾參禪有得者，尼寺的建立，亦增長了女眾對佛教的信仰。

〔註214〕《浙江通志》卷二三一〈惠濟寺〉，頁 19 下。
〔註215〕《宋高僧傳》卷二十三〈宋天台山般若寺師蘊傳〉，頁 640～641。
〔註216〕《吳郡圖經續紀》卷中，頁 12 下～13 上。

第四章　吳越佛教對文化之貢獻

　　從唐末至宋初，佛教各宗派在吳越國內蓬勃發展，人材輩出，且多「內外學」兼修而博學多聞者，因此有以「外學」濟化世間，有因「內學」精奧為時人所仰重，佛事已與人群之生活息息相關，且互為影響。由於人群之情感得以奔放，社會文明隨之增長，佛教對社會貢獻既多且深，除前文已述之佛教思想與公益事業外，茲就印刷、占卜、文學藝術與佛教文物之傳佈等方面，加以論述。

第一節　雕板印刷之普及

　　隋唐時代，佛教盛行，佛像、佛經之需求量大，雖仍有不少佛教徒因敬佛虔誠，願親手恭抄佛書，但手抄費工費時，滿足不了需求，乃採用雕板印刷。

　　當時，浙江剡溪之藤紙已甚馳名，中晚唐後，江浙和福建又以嫩竹造紙〔註1〕。因造紙技術增進，經籍傳佈也較往昔方便，會昌廢佛後，佛教能逐漸振興，部份得力於印刷術之普及。

　　唐末，新羅國僧侶普耀禪師曾至吳越，載大藏經歸國〔註2〕。唐天成三年（928），高麗國默和尚亦入中國，也載大藏經以歸〔註3〕。默和尚取回國之藏經，是否來自吳越，不得而知，但極可能取道於吳越。吳越印經事業的蓬勃

〔註1〕《中國科學文明史》（臺灣：木鐸出版社印行，民國72年9月初版），頁363
　　　　～364。
〔註2〕《三國遺事》卷三〈塔像第四〉，頁112。
〔註3〕同註2。

發展，使得外國僧侶遠來請經供養。吳越寺院亦多設看經院，寺院亦有以看經院或傳經院爲名者，如杭州有天竺看經院（晉天福四年建）、傳經院、報國看經院（在鳳篁嶺，漢乾祐二年建）〔註4〕；越州會稽縣南三十里有看經院，周顯得二年（955）建〔註5〕；蕭山縣東北資國看經院，晉天福五年（940）建〔註6〕；湖州城西北有報國看經院〔註7〕；烏程縣東北有兩所看經院，一建於唐同光中（923～926），一建於宋乾德五年（967）〔註8〕。僧侶多擁有經書如鴻楚，且往古寺披覽藏經如道潛。越州大善寺行瑫披覽大藏教外，募道俗置看經道場於寺之西北隅，構樓閣堂宇，蔚成別院，述《大藏經音疏》五百許卷，行於江浙左右僧坊〔註9〕。僧侶著作流傳如此之廣，非印刷普及，不能致之。

忠懿王時期，杭州報恩寺永安募人雕印《華嚴李論》，施行於世；閩僧惠研亦重理《華嚴李論》刊行。忠懿王亦嘗造金字《法華經》二十部，散施名山，天台山國清寺所藏是其一〔註10〕。全曉法師舍於明州大梅山，忠懿王仰其德，賜帑金建寺，及賜經卷一藏，院成乃名金文〔註11〕。關於忠懿王造《大藏經》之事跡，據《咸淳臨安志》卷七十八〈梵天寺〉云：

> 吳越忠懿王建《大藏經》五千四十八卷，碧紙銀書，每至佛號，則
> 以金書牙籤銀軸，制甚莊嚴。〔註12〕

忠懿王對佛教如此之崇敬，但非有精良之印刷技術不爲功。周顯德二年（955）起，又造八萬四千小金塗塔，中納寶篋印《陀羅尼經》印刷卷子，頒布境內，十多年方竣。處州麗水碧湖宋塔亦發現刻本佛經，共七卷，刊刻時間起自五代，止于南宋，相延二百年〔註13〕。宋太宗時（976～997），蘇州承天寺永安禪院有藏經鏤本，乃德韶國師門下餘杭道原禪師詣闕借版印造。〔註14〕

〔註4〕《咸淳臨安志》卷七十八〈龍井延恩衍慶院〉，頁18；卷八十〈上天竺靈感覩音院〉，頁14；同卷〈不空院〉，頁24。
〔註5〕《嘉泰會稽志》卷七〈顯聖院〉，頁25。
〔註6〕同前書，卷八〈惠濟院〉，頁24。
〔註7〕《吳興志》卷十三〈惠日教院〉，頁24。
〔註8〕同前書，同卷〈圓明院〉，頁26；同卷〈金文院〉，頁28。
〔註9〕《宋高僧傳》卷二十五〈周會稽郡大善寺行瑫傳〉，頁689～690。
〔註10〕《佛祖統紀》卷十〈吳越忠懿王錢弘俶傳〉，頁85下。
〔註11〕同前書，卷十三〈法師全曉〉，頁95下。
〔註12〕《咸淳臨安志》卷七十六，頁10上。
〔註13〕浙江省博物館〈三十年來浙江文物考古工作〉，《文物考古工作三十年》（文物出版社印行，民國68年），頁225。
〔註14〕《吳群圖經續紀》卷中〈永安禪院〉，頁9上。

由上文可知，佛事與印刷業關係密切，佛教藉印刷之力，使經籍得以流傳久遠；因經書講究體制，印刷技術得以增進，而佛教寺院亦擁有印經坊，募勸道、俗印經，廣結善緣，並立功德。

第二節　占卜術之運用

佛陀有言：「星相占卜、算命打卦、預測吉凶好惡運道，皆在禁止之列。」但密教聖書中又說：「此種少數得天獨厚，令使用人因此受苦的能力，可以使用。此種精神能力，不可用於牟取己利，不可用於世間野心，不可用於證明此等能力。惟有如此，無此天賦者始可獲得到保護。」〔註15〕佛陀以爲，外道婆羅門爲了生活資糧，而持行咒術，是邪命自活，他是不允許的。但後來僧團中人爲了治病、爲了降伏外道，而不是爲了討生活，而是爲了保護自己而修習咒術，那麼佛陀並不加以排斥，反而認爲有必要，也有所功能（全佛編輯部《佛教的眞言咒語》，北京：中國社會科學院出版，民國82年1月，頁16～17）。

自佛教傳入中國，僧侶以定力發智慧，感通人之事跡，屢見不鮮。當錢氏有國，境內異僧特多，武肅王之世，僧昭通術數，爲國師；洪諲有先見之明，徑山因而獲得王室護持；自新善相人骨法，得武肅王與文穆王之仰重；契此以表相示人吉凶，江浙間多圖其畫供養。文穆王之世，希覺長於易道，著《會釋記》二十卷，解易至上下繫及末文甚備，常爲人敷演此經，付授於都僧正贊寧〔註16〕。忠懿王之世，師簡善相術，喜爲人遷山相冢，吉凶如其吾，有寺僧寫其貌供養；王羅漢出言若風狂，後多靈驗，寂後忠懿王私署密修神化尊者。德韶國師術數尤精，深得錢氏諸公仰重，生平以利人爲尚；贊寧博學多識，亦精於術數，曾撰《物類相感志》一書，敍述觀測天象之技術〔註17〕。相關例子，不勝枚舉，事見僧傳及方志，通術數者且多禪門中人，或多受密教及易經之影響。

由於佛教視僧徒治「外學」，不如佛法之「殊勝」，對僧徒務外學，亦嘗深爲非斥，致使甚多以術數匡世之僧侶，被視爲神奇人物；歷代僧傳且多出

〔註15〕參見羅桑倫巴著、徐進夫譯，《第三眼》（臺灣：天華出版社印行，民國74年6月），頁138。

〔註16〕《宋高僧傳》卷十六，頁430～431。

〔註17〕參見劉昭民，《中華氣象學史》（臺灣：商務印書館印行，民國69年9月），頁76。

自僧侶之手，因以佛法爲重，對異行僧之事跡不願詳加敍述，不然即是不了解術數爲何物，致使眞象湮滅，殊爲可惜。

　　民國 47 年冬與 54 年夏，在文穆王及其妃吳漢月（卒於周廣順二年）墓中，各發現一幅石刻天文圖，專家認爲可能均本于唐開元年間之星圖繪製而成〔註 18〕。唐自玄宗朝起，司天台長官多出於中天竺瞿曇氏〔註 19〕；又僧一行曾至天台山國清寺，學習算術〔註 20〕。天台山在唐代且爲研習天文歷算之道場，吳越出土之星圖極可能與佛教異行僧與學問僧有關。

第三節　文學與藝術之創作

一、詩　文

　　吳越僧侶有學包內外，好吟誦之習尙，故多擅長詩文。武肅王之世，越州大善寺虛受博通內、外學，有文集數卷〔註 21〕。元表亦居大善寺，從慧則律師學毗尼，兼習外學，書史方術無不該，諸郡學人無不趨集就教，每揮塵柄，聽者忘倦，著義記五卷〔註 22〕。四明山無作能畫善書，以是拾遺孫郃、進士楊弇慕爲林下之遊，有詩舒意呈武肅王〔註 23〕。貫休與處默同削染於婺州和安寺，兩人鄰院而居，每隔籬論詩互吟，尋偶對，僧有見之皆驚異，受具之後，詩名聳動於時，曾獻武肅王詩五章，每章八句〔註 24〕。處默能詩多奇句，羅隱見其「到江吳地盡隔岸，越山多」之聯，詫曰：「此吾句也，乃爲師所得。」〔註 25〕彙征大師，溫州人，善詩文，出樂安（浙江仙居縣）孫郃

〔註 18〕劉昭民，《中華天文學發展史》（臺灣：商務印書館印行，民國 74 年 1 月），頁 193～200。另見〈三十年來浙江文物考古工作〉，前引書，頁 224～225。

〔註 19〕當時司天台長官有瞿曇謙、瞿曇羅、瞿曇悉達及瞿曇譔等人，參見李子嚴，《中算史論叢》四下（臺灣：商務印書館印行，民國 66 年 2 月），頁 411～416。另見不空譯《文殊師利菩薩及諸仙所說吉凶時日善惡宿曜經》卷上（《大正藏》卷一二九九「密教部」第四冊，臺灣：新文豐出版社印行，民國 63 年 9 月），頁 391 下云：「凡欲知五星所在分者，據天竺曆數推知，何曆具知也。今有迦葉氏、瞿曇氏、拘摩羅等三家天竺曆，並掌在太史閣，然今之多用瞿曇氏曆與大術相參供奉耳。」

〔註 20〕《宋高僧傳》卷五〈唐中嶽嵩陽寺一行傳〉，頁 98～99。

〔註 21〕《宋高僧傳》卷七，頁 159～161。

〔註 22〕同前書，卷十六，頁 425。

〔註 23〕同前書，卷二十八，頁 801～802。

〔註 24〕同前書，卷三十〈梁成都府東禪院貫休傳〉，頁 802～804。

〔註 25〕《十國春秋》卷八十九〈彙征傳〉，頁 15 下。

之門，永安事以師禮；唐天成二年（927）入杭州；清泰二年（935）撰〈天
竺寺尊勝陀羅尼石幢記〉，忠懿王時命爲僧正，賜號光文大師，漢乾祐三年
（950）九月奉命撰重修〈法空大師塔亭碑記〉，宋建隆二年（961）撰〈全
付禪師之塔銘〉〔註26〕。明州國寧寺豐光好自標遇，多作古調詩，苦辟寡味，
每得句輒有得色，有文集爲知音所貴，有朝賢贈歌詩。〔註27〕

　　文穆王時，贊寧律師聲望日隆，錢氏公族與之切磋文義，浙中士夫以詩
什唱和，又得文格于光大師彙征，受詩訣于進士，學南山律于希覺，由是爲
流輩所稱許，因多毘尼著作，時人謂爲律虎；後隨忠懿王朝宋，太宗重其能
文，命兼翰林史館編修，纂《高僧傳》三十卷、《內典集》一五〇卷、《外學
集》四十九卷，又著《通論》駁董仲舒、難王充、斥顏師古、證蔡邕非《史
通》等說，及《筍譜》、《物類相感志》諸書，王禹偁雖排佛，但深嘆服之〔註
28〕。希覺居錢塘千佛寺，外學偏多，長於易道，晚年卸任僧職，以吟誦爲樂，
抄書籍異本，曾無告倦，擬《江東讒書》五卷、《雜詩賦》十五卷，注林鼎《金
陵懷古百韻詩雜體》四十章。〔註29〕

　　忠懿王時，契盈居杭州龍興寺，以能詩聞名，嘗共忠懿王遊碧波亭，王
曰：「吳越去京師三千里，舟楫可通，誰知一水之利如此。」盈答曰：「三千
里外一條水，十二時中兩度潮。」時人稱爲駢切〔註30〕。延壽居錢塘永明寺，
集大乘經論六十部、兩土聖賢三百家之言，證成唯心之旨，爲書百卷，名曰

〔註26〕《宋高僧傳》中不見彙征大師之傳記，然其爲吳越國重要人物，曾有光文大
　　　　德、僧王、光文大師之署號，並得賜紫衣。永安、贊寧皆曾事以師禮，何以
　　　　贊寧不爲其立傳，令人置疑。《宋高僧傳》卷二十八，頁758云：「宋杭州報
　　　　恩寺永安傳」云：「彙征性高岸而寡合，而安事之也，曲從若環。」或許這正
　　　　是贊寧之心聲。彙征大師之事跡，另請參見《宋高僧傳》卷十三〈後唐杭州
　　　　龍冊寺道付傳〉，頁321云：「故僧主彙征撰塔銘。」同卷〈晉會稽清化院全
　　　　付傳〉，頁332云：「僧王彙征爲塔銘，建隆二年立。」同卷〈錢塘慧日永明
　　　　寺釋道潛傳〉，頁337云：「光文大師彙征迥然肯重，自爲檀越，請於山齋。」
　　　　《景德傳燈錄》卷二十六〈杭州報恩光光教寺第五世住永安禪師傳〉，頁134
　　　　云：「吳越忠懿王命彙征爲僧正，……彙征師聞於忠懿王，初命（永安）住越
　　　　州清泰院。」《兩浙金石志》卷四〈尊勝陀羅右幢記〉，頁37下～390。《台州
　　　　金石甄文闕訪目》卷一〈重修法空大師塔亭碑〉，頁20上。《十國春秋》卷八
　　　　十九〈僧贊寧傳〉，頁8下；同卷〈僧彙征傳〉，頁15下。
〔註27〕《宋高僧傳》卷三十，頁807～808。
〔註28〕《十國春秋》卷八十九〈僧贊寧傳〉，頁8下～10。
〔註29〕《宋高僧傳》卷十六，頁430～431。
〔註30〕《十國春秋》卷八十九〈僧契盈傳〉，頁12下～13上。

《宗鏡錄》，其亦雅好詩道。〔註31〕

此外，禪門中人多傲嘯山林，參話頭風氣盛，因此留下甚多語錄、機緣語、偈頌，如遇臻禪師有歌偈三百餘首，皆觸事而作〔註32〕；本先禪師有《竹林集》十卷、詩篇、歌辭共千餘首〔註33〕。其他各宗派能文者亦多，尤其是習南山律與名數之學者，多具辯才，如皓端、晤恩、彥求、契凝與贊寧。

二、書法與繪畫

中國社會素重書法，繪畫則與書法並稱，佛教亦重視此道。唐懿宗時（860～874），湖州開元寺有上都臨壇十望大德、內供奉高閑，善草隸，好將雪川白紵書真草之蹤，與人為學法，嘗闕前書，杭州徑山院鑒宗曾師之，漸得鳳毛〔註34〕。明州國寧寺有釋宗亮，繕寫經藏，躬求正本，選紙墨，鳩聚親施，曾撰嶽林寺碑，深得孫郃、羅隱等文士之仰效〔註35〕。齊光亦居明州國寧寺，長於草隸，且工畫，得陸希聲授于五指撥鐙訣，其書體遒建，轉腕迴筆非常所知，昭宗曾召對御榻前書，賜紫方袍，出筆法弟子從瓊、溫州僧正智琮〔註36〕。四明山無作善草隸，筆跡遒健，人多摹寫成法〔註37〕。貫休善小筆，得六法，長於水墨，間為佛像，唯杭州許明寺十六羅漢最著，世傳其每畫一尊必祈夢，得應真貌方成之，然獨不得其一，乃即身是佛引鑑自繪，畫像多作古野貌，不類人間所傳〔註38〕。師簡居天台戲龍院，善書，求者多以鵝酒易之，又長於勒書大子題牌，寺觀門額書成，相之，吉凶如其言〔註39〕。傳古，四明人，宋建隆初（960）名振京師，嘗於明州國寧寺畫龍於壁，觀者奇之，徽宗作畫譜，定畫龍高下，以傳古第一，弟子德饒，無染、岳闍黎傳

〔註31〕《宋高僧傳》卷二十八，頁759。

〔註32〕《景德傳燈錄》卷二十六，頁140。

〔註33〕同前書，同卷，頁144。

〔註34〕《宋高僧傳》卷十二〈杭州徑山院釋鑒宗傳〉，頁298；卷三十〈湖州開元寺釋高閑傳〉，頁794～795。

〔註35〕同前書，卷二十七，頁735～736。

〔註36〕同前書，卷三十，頁808。

〔註37〕同前書，卷三十，頁802。

〔註38〕《咸淳臨安志》卷八十四〈大雄院〉，頁17。湯厚載《古今書鑑》〈貫休傳〉，美術叢書第二十二冊，頁27。《宣和畫譜》卷三〈貫休傳〉（臺灣：世界書局印行，民國51年11月），頁115～116。

〔註39〕《宋高僧傳》卷二十二〈周杭州湖光院師簡傳〉，頁606。《嘉定赤城志》卷三十五〈師簡傳〉，頁4上。

其藝〔註 40〕。另有蘊能，居餘杭，工雜畫，善畫佛像（釋蓮儒《書禪》，《古今書鑑》，頁 30 下）。

　　吳越寺院多設經幢，請名家作記，高僧亦撰先賢大德之碑銘，並有書碑者，如通元大德遂徽刻篆書於西關淨化禪院碑上。〔註 41〕

　　當時以佛教作畫者有陸晃、孫夢卿兩人。陸晃，嘉朱人，善畫人物，多畫道釋、星辰、神仙等〔註 42〕。孫夢卿有松石問禪圖，描繪錢塘人家，一松清潤、一僧甚閒雅、一士人作問答〔註 43〕。異行僧如契此、師簡等人，常示人禍福，人多圖其像供養，且有為高僧畫像，如洪諲寂於唐光化四年（901），雪溪戚長史寫貌，武肅王為真讚〔註 44〕。而佛像每為畫工取采之對象，如天台山福田寺有五百羅漢殿，永嘉全億長史畫半千形像。〔註 45〕

三、石刻與建築

　　吳越錢氏保境安民，君臣信佛，崇飾梵宇，刻經造象，不吝檀施，因此五代群雄石刻之富首推。然歷經戰火與年久湮滅，所剩無幾。有關吳越石刻之資料，散見前人文集、金石志、地方志與史書中。楊殿珣先生曾集合各家著錄，編成《石刻題跋索引》一書，條列石刻出處甚詳，可供研究者查檢。茲就所知，條列吳越佛教石刻如下：

表二十三：吳越佛教石刻表

名　　　　稱	造　者	年　　代	引　　據
唐大悲咒加句尊勝咒石佚		唐天復四年（904）	《吳興金石記》卷五
杭州大錢寺寶幢		梁乾化元年（911）	《十國春秋》卷七十八
石屋崇化寺尊勝幢		梁乾化元年（911）	《咸淳臨安志》卷九十二
明慶寺白傘蓋陀羅尼幢		梁乾花二年（912）	《咸淳臨安志》卷九十二
龍興寺石幢（陀羅尼幢）	處　道	梁乾化五年（915）	《武林金石記》卷四
錢塘縣福慶庵陀羅尼經幢	方　銖	梁貞明二年（916）	《十國春秋》卷七十八

〔註 40〕《宣和畫譜》卷九〈傳古傳〉，頁 339～241，郭若虛《圖畫見聞誌》卷二〈傳古傳〉，《宋人畫學論者》（臺灣：世界書局印行，民國 51 年 11 月），頁 950。另見《釋蓮儒畫禪》〈貫休傳〉，《美術叢書》第二十二冊，頁 72。
〔註 41〕《兩浙金石志》卷四〈後晉西關淨化禪院碑〉，頁 24 下～26 上。
〔註 42〕《宣和畫譜》卷三〈陸晃傳〉，頁 111。
〔註 43〕《古今畫鑑》〈孫夢卿傳〉，《美術叢書》第二十二冊，頁 28。
〔註 44〕《宋高僧傳》卷十二，頁 304。
〔註 45〕同前書，卷二十七，頁 729。

永安寺經幢		梁貞明四年（918）	《吳興金石記》卷五
杭州塔亭院碑記	錢惟演	唐同光二年（924）	《咸淳臨安志》卷八十三
吳越海會寺經幢（二陀羅尼幢）	錢鏐建 錢鏵記	唐同光二年（924）	《兩浙金石志》卷四
九里松觀音尊勝幢		唐同光三年（925）	《咸淳臨安志》卷九十二
觀音寺石幢（加句尊勝咒）	胡氏女	唐同光四年（926）	《武林金石記》卷四
水月寺幢		唐同光四年（926）	《咸淳臨安志》卷九十二
招賢寺幢		唐天成元年（927）	《咸淳臨安志》卷九十二
辛卯造幢記		唐長興二年（931）	《八瓊室金石補正》卷八十一
貢院前橋柱題記		唐長興元年（931）	《咸淳臨安志》卷九十二
天竺日觀庵經幢		唐長興三年（932）	《咸淳臨安志》卷九十二
化度禪院經幢（尼羅尼幢）	錢元瓘	唐長興四年（933）	《兩浙金石志》卷四
報慈院鐵塔		唐長興四年（933）	《咸淳臨安志》卷七十八
安平寺石幢		唐清泰元年（934）	《咸淳臨安志》卷八十一
吳越僧統慧因普光大師塔銘并序		唐應順元年（934）	《兩浙金石志》卷四
天竺寺經幢（二陀羅尼幢）	錢元瓘 建彙征記	唐清泰二年（935）	《兩浙金石志》卷四
杭州龍冊寺順德大師塔銘	彙　征	晉天福二年（937）	《宋高僧傳》卷十三
高明寺經幢（陀羅尼幢）	孫紹榮	晉天福二年（937）	《兩浙金石志》卷四
後晉冷求等開路記		晉天福四年（939）	《兩浙金石志》卷四
武跑寺經幢（陀羅尼幢）		晉天福六年（941）	《武林金石志》卷四
後晉虎跑寺經幢（陀羅尼幢）		晉天福八年（943）	《兩浙金石志》卷四
顧亭林法雲寺感夢伽藍記		晉開運二年（945）	《江蘇金石志》卷七
後晉石屋洞造象題名		晉開運二年起 （945）	《兩浙金石志》卷四
吳越胡進思造傳大士像塔記		晉天福十年（945）	《寶刻叢編》卷十四
後晉西關淨化禪院碑記	沖瑗遂徵	晉開運三年（946）	《兩浙金石志》卷四
後漢大慈山建幢殘刻	志　光	漢乾祐二年（949）	《兩浙金石志》卷四
重修法空大師塔亭碑記	彙　征	漢乾祐三年（950）	《台州金石甎文闕訪目》卷一
後漢朱知家鐫觀音像贊		漢乾祐三年（950）	《兩浙金石志》卷四
睦州烏龍淨土道場少康禪師塔	德　韶	漢乾祐三年（950）	《宋高僧傳》卷二十五
後周騰紹宗造像題名		周廣順元年（951）	《兩浙金石志》卷四
安吳寺鐵塔一、石塔二		周廣順二年（952）	《咸淳臨安志》卷七十八
永安寺石幢		周廣順二年（952）	《咸淳臨安志》卷八十
西蓮寺寶幢二		周顯德元年（954）	《咸淳臨安志》卷八十一
吳越金塗塔二種鐵塔附	錢弘俶	周顯德二年（955）	《兩浙金石志》卷四
後周石佛岩造像題字		周顯德二年（955）	《吳興金石記》卷五

後周舍利塔銘	夏承原	周顯德五年（958）	《兩浙金石志》卷四
吳越崇化寺西塔基記		周顯德五年（958）	《兩浙金石志》卷四
高陽許氏造陀羅尼經幢		周顯德五年（958）	《江蘇金石志》卷七
超化院塔幢		周顯德六年（959）	《咸淳臨安志》卷七十八
宋天台般若新寺甎塔記		周顯德七年（960）	《兩浙金石志》卷五
吳越造彌陀佛像記		周顯德七年（960）	《雲林寺續志》卷七
會稽清化院純一禪師全付塔銘	彙　征	宋建隆二年（961）	《宋高僧傳》卷十三
保福寺石觀音像記		宋建隆三年（962）	《福建金石志》卷六
宋梵天寺經幢（二陀羅尼幢）		宋乾德三年（965）	《兩浙金石志》卷五
上元丁卯季靈穆寺塔記		宋乾德五年（967）	《台州甎錄》卷五
上元戊辰歲建造涌泉寺塔甎記		宋開寶元年（968）	《台州甎錄》卷五
宋雲林寺經幢（二陀羅尼幢）		宋開寶二年（969）	《兩浙金石志》卷五
靈隱寺經幢（左幢新建佛國寶幢願文）	錢弘俶	宋開寶二年（969）	《武林金石記》卷四
天台山德韶國師塔碑	贊　寧	宋開寶五年（972）	《宋高僧傳》卷十三
雷峰塔石刻華嚴經	錢弘俶	宋開寶九年（755）	《咸淳臨安志》卷八十二
大華嚴寺疏		宋開寶九年（975）	《福建金石志》卷六
甘棠院記		宋開寶九年（975）	《福建金石志》卷六
宋道場山千聖殿碑記	錢　信	宋太平興國三年（978）	《吳興志》卷十八
小昭慶、金牛、瑪瑙寺等九幢			《咸淳臨安志》卷九十二
大安禪寺佛殿記石佚			《吳興金石記》卷六
台州臨海縣山宮寺經幢二			《嘉定赤城志》卷二十七
法華寺回文緩帶連環詩碑石佚	錢惟治		《吳興金石記》卷六
杭州寶藏院錢氏諸王祠及碑			《咸淳臨安志》卷七十七
杭州真身寶塔寺紹岩禪師碑	孫承祐		《宋高僧傳》卷二十二
徑山國一大師碑記	王　顏		《宋高僧傳》卷九
吳延爽造石羅漢記			《兩浙金石志》卷四
吳延爽造塔記			《兩浙金石志》卷四
吳越煙霞洞石塔題名			《兩浙金石志》卷四
吳越殘經石刻			《兩浙金石志》卷四
傳教寺碑	錢弘俶		《台州金石甎文闕訪目》卷一
福聖院記	錢弘俶		《台州金石甎文闕訪目》卷一
越州大乘永興禪院石刻二	錢弘俶		《嘉泰會稽志》卷七
越州會稽縣千佛塔院磚塔			《嘉泰會稽志》卷七
越州會稽縣永欣寺後僧會禪師碑	虛　受		《宋高僧傳》卷十八

說明：1. 本表依年代順序而作。
　　　2. 空白處不詳，待考。

　　立經幢之風，盛於唐朝中期至五代遼金之頃，這是由於念誦陀羅尼從唐時就非常盛行之故。吳越立經幢風氣也很熾盛，其緣起光文大師彙征言之甚詳，《兩浙金石記》卷四〈天竺寺尊勝陀羅尼石幢記〉云：

> 夫立幢之垂範，乃造塔之濫觴。刊梓刻檀嬗其易朽，鏤金鐫碧慮以難藏，不若挺叱羊射武之貞姿，編貫玉聯珠之梵字，可大可久，如山如河。尊勝陀羅尼者，花藏眞心，竹乾祕語，濟善住七生之苦，道闡欲天，感文殊一現之恩……。〔註46〕

教文規定，非「果位」無立浮圖，且造塔建幢皆需得錢王允准〔註47〕。善男信女爲祈冥福，則多捨淨財，鐫造佛像、羅漢像捨入寺院供養，不論布施多寡，咸題記以著功德。石屋洞自天福中（936～947）開山建院，刊堅珉爲瞿曇、羅漢像凡七百餘尊，多五代時委巷小民所爲，間有官吏〔註48〕。飛來峰山洞內外，鐫列佛像大小無慮千數，大抵皆五代時所爲，每像旁皆有題字〔註49〕。由於岩崖龕像多得不可勝數，飛來峰與靈隱寺成爲宋代文士尋幽思古之勝地。

　　至於佛寺之配置，多沿襲唐代，僅內涵更充實，斗拱門窗俱全，當時流行羅漢殿，供五百羅漢雕像〔註50〕。佛寺又多設看經院、觀音院、浴室與庫院，或設置大鐘。〔註51〕

　　塔多採磚、木混合結構，亦有鐵塔，盛行八角多層，如杭州南屏山麓雷峰塔、海寧鎮海塔、西湖煙霞洞千官塔皆八角七層，西湖西岸寶石山頂保俶塔、錢塘江邊六和塔、靈隱寺前石塔則爲八角九層。〔註52〕

〔註46〕《兩浙金石志》卷四〈吳越天竺寺經幢〉，頁 37 下。

〔註47〕同前書，卷四〈後晉虎跑寺經幢〉，頁 19 上。

〔註48〕同前書，卷四〈後晉石屋洞造像題名〉，頁 24 上。

〔註49〕同前書，卷四〈後周滕紹宗造像題名〉，頁 27 上。

〔註50〕參見《宋高僧傳》卷二十七〈唐天台山福田寺普岸傳〉，頁 729。另見《咸淳臨安志》卷八十〈下竺靈山教寺〉，頁 4。

〔註51〕關於佛寺設鐘事，參見《嘉定赤城志》卷二十七〈妙勝院〉，頁 7 下：卷二十八〈悟空院〉，頁 5 下。《嘉泰會稽志》卷八〈智度院〉，頁 27 上。《吳郡志》卷三十六〈應天禪院〉，頁 5 上；卷三十一〈能仁禪寺〉，頁 9 下。《武林金石甄文闕訪目》卷一〈寧國院鐘款〉、〈慧明寺銅鐘款〉、〈妙勝院鐘款〉，頁 2。《宋高僧傳》卷十二〈唐天台山紫凝山慧恭傳〉，頁 314；卷十三〈晉會稽清化院全付傳〉，頁 332。

〔註52〕葉大松，《中國建築史》下冊，頁 532～547（中國電機技術出版社印行，民國66年11月）。另見《淨慈寺志》卷十三〈雷峰塔〉，頁 15 上。《咸淳臨安志》卷八十二〈六和塔〉，頁 10 上。《兩浙金石志》卷四，頁 50 下。

　　佛像材質有石造、金鋼造、鐵造、木雕之別。民國45年，金華萬佛塔文物出土，中有佛像六十四（銅像五十九、石像一、鐵像四），並有經幢、銅鏡及忠懿王所造十五寶塔。〔註53〕

　　吳越之雕塑，極為精緻。明州國寧寺有維摩問疾相，東廡有梵天、帝釋、四天門王行道變相，天神、天男、天女歌樂，形相皆協律，為吳越畫中之寶〔註54〕。明州岳林寺佛塔亭，梁貞明間（915～921）建大殿五楹，結龕為窣堵波，亭中塑布袋和尚，十八兒童環繞之，四圍石座有彌勒法身〔註55〕。吳越建築極盡雕塑之能事，另可由靈隱寺、阿育王寺、竹林寺、雷峰塔窺知，而佛事之盛，亦增進漆工之技藝，及塑高僧法身像特多。

　　吳越境內，佛寺、經幢、石塔林立、良工必多，然考之史料，僅得喻皓、孔仁謙、王百藝及以嚴氏（《五代名畫補遺》卷七，頁217）。晉天福四年（939），道翊結廬山中，夜有光，就視得奇木，天竺寺僧募良工孔仁謙作大悲像，千手錯出不能盡布，夕夢沙門語曰：「何不分形於寶戢之上。」如其言，像乃成〔註56〕。宋建隆間（960～963）明州節度使錢億建鐵塔，徙奉化岳林寺深沙神於國寧寺西廊，神像乃工人王百藝為之，極雕刻之巧，嘗現光明，鼠雀不敢近，建炎間（1127～1130）等燬，而神之室巍然獨存〔註57〕。杭州梵天寺，建於宋乾德中（963～968），其後忠懿王於此建七級木塔，方成三級，忠懿王登之，塔動不止，匠師以瓦布之，而動如初，匠師賂喻皓妻，以問其因，皓笑曰：「此易耳，但逐層布板，訖便實釘之，則不動矣。」匠師如其言，塔遂定，國人服其精練〔註58〕；太宗朝，喻浩於汴京內城開寶寺建木塔八角十一層，高三十六丈，費八年之久，乃於端拱二年完工（989），塔下作天宮，供奉忠懿王所獻佛舍利，太宗賜名福勝塔院，詔直學士院朱昂撰塔銘〔註59〕。吳越興寺風氣盛，因此在宋代良工輩出，如杭州新城縣西普向院（舊名迴源

〔註53〕 松原三郎，《金銅及石窟造像以外的石佛論考》〈五代造像考〉（東京：吉川弘文館刊行，民國55年），頁203～204。
〔註54〕 《延祐四明志》卷十六〈五臺開元寺〉，頁17上。
〔註55〕 《明州岳林寺志》卷一〈佛塔亭〉，頁31。
〔註56〕 《咸淳臨安志》卷八十〈上天竺靈感觀音寺〉，頁14。《大昭慶寺志》卷三，頁2上。
〔註57〕 《延祐四明志》卷十六〈天寧寺〉，頁13上。
〔註58〕 沈括，《夢溪筆談》卷十六〈技藝〉（臺灣：鼎文書局印行，民國66年9月初版），頁2下～21上。
〔註59〕 《佛祖統紀》卷四十三〈端拱二年〉，頁108下～109上。

院，建於梁貞明四年），有僧月言，少喜技巧，得刻雕三昧，後爲僧，於元祐
二年（1087）三月始造木塔於院之西偏，四年十月功成，塔之始終，悉出其
手〔註60〕。嚴氏乃蘊能妹，善雕五百羅漢像，宋眞宗命爲伎巧夫人。

第四節　與日、韓佛教文化之交流

一、與日本佛教文化之交流

自唐末迄宋，中日兩國並無正式邦交，然而商船與僧侶始終往來頻繁
〔註61〕。中日間之商船，則大都來自吳越，與日本交易者，亦多屬吳越人。
浙東之明州（浙江省鄞縣），自唐代以來，已爲對日交通要港，商船自明州出
發，渡海至九州肥前松浦郡値嘉島，以入博多灣。當時海航均賴季風，夏去
日本，秋多歸航。〔註62〕

五代期間，既以吳越與日本交通最頻繁，吳越於會昌法難後又保護佛教
最力，西湖一帶成爲佛教中心，日僧逐多嚮往之，當時天台山且成爲日僧來
華瞻仰之第一名山。日僧來華，據木宮泰彥《日華交流史》，僅有二次記錄，
共日僧七人來巡禮聖蹟，茲列表如下：

表二十四：吳越時日僧來華表

人名	中國	西紀	日曆	便船	在留年代	雜　　　　纂	引　　　據
寬建	後唐天成二年	927	延長五年	中國商船	？	興福寺僧，爲巡禮五台山，攜帶菅原道眞、紀長谷雄、橘廣相、都良香等詩集，小野道風行書草來華，使流布於中國，後於建州浴室悶死。	《扶桑略記》、《日本記略》等
超會	後唐天成二年	927	延長五年	中國商船	？	爲寬建之從層，同渡海。永觀元年入宋之奝然在洛陽與超會邂逅，並聞寬建、寬輔、澄海等一行消息。這時超會年已八十五歲高齡，雖有談話興趣，但日本語全已忘卻。	《奝然在唐記》、《參天台》、《五台山記》

〔註60〕《咸淳臨安志》卷八十五〈普向院〉，頁8下。
〔註61〕李則芬，《中日關係史》（臺灣：中華書局印行，民國71年10月），頁108。
〔註62〕釋東初，《中日佛教交通史》，頁133。另見藤家禮之助《中日交流二千年》（日本：東海大學出版會，民國70年1月），頁149～152。

寬輔	後唐天成二年	927	延長五年	中國商船	？	為寬建之從僧，同渡海，他於中國夕瑜伽大教，賜夕順大師號，寬輔亦到洛陽傳授真言密教，授法灌頂弟子達三十餘人。	《奝然在唐記》、《參天台》、《五台山記》
澄覺資化大師	後唐天成二年	927	？	？	？	為寬建之從僧，同渡海，於後唐明宗長興中入京，詣五台山，遍歷諸方聖跡，遊鳳翔、長安、洛陽等地，講唯識論，彌勒上生經，賜紫衣，授資化大師號，遠去兩浙，曾否歸國不詳。	《奝然在唐記》
長安	後唐天成二年	927	？	？	？	為寬建之從僧，同渡海，曾否歸國不明。	《奝然在唐記》
寬延	後晉天福四年	939	？	？	？	入宋僧成尋於延久二年請得入宋官符，天慶之寬延蒙天朝恩許，得禮唐家之聖跡，或以寬延與寬建其字形相似，不知者誤為寬建。	《朝野群載》
日延	後晉天福四年	939	？	？	？	延歷寺僧，當歸朝時，吳越王夕傚傲阿育王故事，頒諸國齎寶篋印塔。	《寶篋印經記》、《古版往生西方淨土瑞應冊傳讖語》

　　武肅王曾試圖伸張王權於海外，當其在唐同光三年（925）得莊宗賜黃金玉冊後，旋有封爵之事，據《十國春秋》卷七十八云：

　　是月（八月），王起玉冊、金券、詔書三樓於衣錦軍，遣使冊新羅、

　　渤海王，海中諸國皆拜封其君長。〔註63〕

武肅王對日本或有冊封，但日本對吳越始終保持觀望態度，並未遣使通聘。當武肅王之喪，百濟有使來弔，日本則無。同光三年十月，日本且遣使入遼，蓋遼勢力遠勝吳越，日本畏其強盛之故。〔註64〕

　　儘管日本對吳越採取觀望態度，錢王始終不忘與日本締交，當時商人蔣承勳及蔣袞即啣此使命。忠懿王時，曾一再遣使齎書赴日本，日本祇以左右大臣私人關係答覆。宋建隆元年（960），忠懿王遣使赴海外求取天台教籍，時日本佛教界已擁有體系完密之教籍，吳越往日本求取，係必然現象，但助吳越振興天台教者，卻是高麗國，而不見日本採取回饋措施。雖然贊寧《宋高僧傳》卷七〈宋天台山螺溪傳教院義寂傳〉中云：「囑人泛舟於日本國，購

〔註63〕《十國春秋》卷七十八〈武肅王世家〉，頁21上。
〔註64〕《遼史》卷三〈太祖本紀下〉，頁21云：「天贊四年十月庚辰，日本國來貢。」

獲僅足。」〔註65〕從日本取回甚麼典籍，中日兩國史籍皆不見記錄。吳越向高麗求取台教事，在道原禪師《景德傳燈錄》卷二十五〈天台山德韶國師傳〉及志磐法師《佛祖統記》卷十〈諦觀法師傳〉中，則言之甚詳，何人送來及取回何種教典亦清楚。因此，人或疑上述那條記事為後人所篡改。〔註66〕或許是吳越國王為顏面的緣故，要求贊寧添上此種記錄。日本國對吳越國之態度，可由子麟往求教籍，無功而返，亦得以窺知其間之微妙處（《佛祖統紀》卷二十二〈法師子麟〉，頁121下；另見同書卷四十二〈清泰二年〉條，頁101下）。唯有高麗國對吳越國較為禮敬，但態度上也是有所保留。

　　周顯得二年（955），忠懿王始造八萬四千寶塔，曾遣使頒給日本五百。日本延曆寺僧日延來華巡禮名山，歸國亦攜一座回日本，迄今日人奉為至寶。吳越入宋後，日本依然採閉關主義，唯有得朝廷敕准之僧侶，乃能入華，往來路線與唐末五代航路相同。〔註67〕

二、與韓國佛教文化之交流

　　在新莽建國（9～25）前，朝鮮半島為高句麗、百濟、新羅三國所割據。至唐高宗時（650～683），百濟（西元前18～660）、高句麗（西元前37～668）相繼滅亡，此後朝鮮半島在新羅國統紀下有二百六十八年（668～935）之久，其時代略與李唐相始終，中國文化之傳佈，亦以新羅國感化最深。

　　中國佛教東傳朝鮮，始於西元四世紀間，而朝廷正式奉佛，高句麗始於東晉孝武帝康寧三年（375），百濟始於孝武帝太元九年（384），新羅始於梁大通二年（528）〔註68〕。隋唐時代，佛教各宗派次第形成，高句麗與新羅學僧在諸宗中表現亦傑出。唐中葉後，中國佛教以禪宗最盛，次則天台，新羅留學僧亦循此風尚。當時，中國與日、韓海航港口在明州，因此唐末迄宋初，海東人入華參學，必先浮舟至吳越，然後往江西、湖南、福建等地名山參訪。明州歸吳越所有，在唐昭宗乾寧三年（896）八月，錢鏐為鎮海、鎮東二軍節度使，時刺史為黃晟〔註69〕。茲列朝鮮僧徒在錢氏有國時參學之簡表如下：

〔註65〕《高僧佛三集》卷第七，頁181。釋東初，中日佛教交通史，頁354～357。
〔註66〕同前書，頁358。
〔註67〕同前書，頁365～366。
〔註68〕高觀如《中朝佛教關係》，《中國佛教總論》，頁209。
〔註69〕《十國春秋》卷七十七〈武肅王世家上〉，頁21上。

表二十五：吳越時朝鮮僧徒來華表

法　名	師　　　承	年代及事略	引　　據
慧　清	懷讓五世仰山光漏（850～938）	新羅人，住郢州芭蕉山，終焉	《景德傳燈錄》卷十二
靈　昭	行思五世雪峰義存（822～908）	高麗人，住晉天福中寂於杭州龍華寺	《宋高僧傳》卷十三《景德傳燈錄》卷十八
玄　訥	行思五世雪峰義存（822～908）	高麗人，住泉州福清寺二十年	《景德傳燈錄》卷十九
大無爲	行思五世雪峰義存（822～908）	新羅人	《景德傳燈錄》卷十九
大　嶺	行思五世谷山藏	新羅人	《景德傳燈錄》卷十七
泊　巖	行思五世谷山藏	新羅人	《景德傳燈錄》卷十七
瑞　巖	行思五世谷山藏	新羅人	《景德傳燈錄》卷十七
龜　山	行思六世長慶慧稜（854～932）	新羅人	《景德傳燈錄》卷二十一
慧　雲	行思六世白兆志圓（～951）	新羅人	《景德傳燈錄》卷二十三
令　光	行思七世天龍重機（～932）	高麗人，東歸住雪嶽	《景德傳燈錄》卷二十四
慧　炬	行思八世清涼文益（885～958）	高麗人，東歸住道峰山，爲國師	《景德傳燈錄》卷二十五
靈　鑑	行思八世清涼文益（885～958）	高麗人	《景德傳燈錄》卷二十六
慧　洪	行思十世普門希辯（921～997）	高麗人	《景德傳燈錄》卷二十六
義　通	天台十五祖螺溪義寂（919～987）	高麗人，漢周之際遊天台，住明州傳教院	《佛祖統紀》卷八
諦　觀	天台十五祖螺溪義寂（919～987）	高麗人，宋建隆二年持天台論疏至螺溪，終焉	《佛祖統紀》卷十、卷二十三
永　乾	行思五世雲居道膺（～902）	高麗人，爲越州昭覺院開山祖	《嘉泰會稽志》卷八〈正覺院〉
慶　猷	行思五世雲居道膺（～902）	新羅人，天祐中歸國，住踊岩山爲王師	《景德傳燈錄》卷二十《唐文拾遺》卷七十
雲　住	行思五世雲居道膺（～902）	新羅人	《景德傳燈錄》卷二十
慧	行思五世雲居道膺（～902）	新羅人	《景德傳燈錄》卷二十
迴　微	行思五世雲居道膺（～902）	高麗人，由吳越入晉	《唐文拾遺》卷七十
麗　巖	行思五世雲居道膺（～902）	高麗人，昭宗世西泛，梁開平三年東歸，住彌智山	《唐文拾遺》卷七十
利　嚴	行思五世雲居道膺（～902）	高麗人，乾寧三年入浙，梁乾化元年東歸，住海州須彌山	《唐文拾遺》卷七十

明　照	行思五世疎山匡仁（～870）	新羅人，住洪州百丈山，爲第十世	《景德傳燈錄》卷二十
超	行思五世疎山匡仁（～870）	海東人，住洪州大雄山	《景德傳燈錄》卷二十
清　院	行思五世九峰道虔（891～923）	新羅人	《景德傳燈錄》卷十七
元　暈	行思五世九峰道虔（891～923）	高麗人，天祐三年西泛，同光二年從明州歸國，住開天山淨土寺	《唐文拾遺》卷六十九
臥　龍	行思五世雲蓋山志元	新羅人	《景德傳燈錄》卷十七
忠　湛	行思五世雲蓋山志元	高麗人，昭宗世西泛，梁乾化三年東還，住原州靈鳳山	《全唐文》卷一○○○
洪　慶		新羅人，唐天成三年西泛，載大藏經歸國	《三國遺事》卷三
普　耀		新羅人，唐末由吳越載大藏經歸國	《三國遺事》卷三
道　育		新羅人，唐景福元年西泛，住天台平田寺，晉天福三年寂	《宋高僧傳》卷二十三

說明：空白處不明，待考。

　　由上表可知，吳越與朝鮮之往來頻仍。唐昭宗乾寧二年（895）四月，越州應天山寺希圓禪師圓寂，荼毗收舍利七百餘粒，咸被明州人齎往新羅國供養〔註70〕。唐清泰二年（935），明州沙門子麟往高麗、百濟、日本求取教籍，高麗遣使李仁日送其歸國，文穆王仰其德，贖徐蘊卿地建院，以安其眾，晉天福七年（942）忠獻王給額保安〔註71〕。周顯德中（954～960），高麗遣使入浙中，求慧琳（736～820）《經音義》，時中國無此本〔註72〕。高麗重視佛教文物，由上文一些紀事可以窺知。

　　唐清泰二年（935），新羅國濫于佛事而衰亡，王氏高麗代之而興，極重

〔註70〕《宋高僧傳》卷七，頁153～154。
〔註71〕《寶慶四明志》卷十一〈東壽昌院〉，頁12上。《佛祖統紀》卷二十三，頁121下云：「五代清泰二年（935），往高麗、百濟、日本諸國援智者教，高麗遣使李仁目送師西還，吳越王鏐於郡城建院以安其眾。」百濟於唐高宗世已亡國，錢鏐卒於長興三年（932），《佛祖統紀》所載顯然有誤。
〔註72〕《宋高僧傳》卷五〈唐京師西門寺慧琳傳〉，頁120。另見同書卷二十五〈周會稽郡大善寺行瑫傳〉

視佛法，高麗僧徒來中國參學，歸國後深受仰重，得賜紫衣，開山立宗，弘化一方。五代時，雪峰義存、雲居道膺、長慶慧稜、鼓山神晏、清涼文益、雲門文偃與永明延壽道法大盛，學者雲集，高麗僧侶慕法者，皆遠涉而來。佛祖統記記載，高麗國曾遣三十六僧徒，依永明延壽受學，親承印記歸國，各化一方，然法號卻不可考。清涼文益名望更大，當時諸方叢林咸仰風化，然高麗來學者，僅見慧炬與靈鑒，顯然有所疏漏處。義寂在求德韶國師取台教時說：「智者之教，年祀浸遠，慮多散落，今新羅國其本甚備，自非和尚慈力，其孰能致之乎。」〔註 73〕時高麗國僧人既依天台德紹、永明延壽參學，或多有機會接觸天台宗人，想必多有僧徒來天台螺溪參學，或者是聲聞螺溪之名。

　　宋建隆二年（961），高麗國遣諦觀持天台論疏至螺溪，親聞義寂講授觀法，心悅誠服，遂禮為師，天台宗則因教典取回，而得以振興〔註 74〕。義通於漢周之際入吳越，初參德韶國師有省，後從義寂聞一心三觀之旨，深服之，受業甚久，聲名遠播，一日別同學，欲由明州泛舟東歸，為郡守錢惟治（宋開寶八年至太平興國三年為郡守）延請問道，遂留明州傳教院弘化，在浙東幾二十年，受業者不可勝數，以四明知禮與慈雲遵式最傑出〔註 75〕。宋真宗時，知禮居明州延慶寺，學徒日聚，天台宗因爭法統起內鬨，晤恩（志因門下）與宗昱（義寂門下，得祖師鑪拂）法系受排擊而聲名不彰。四明知禮法系隆盛，因正統故，義通被推為天台十六祖，第十七祖則屬四明知禮。

　　法眼宗則因延壽圓寂，繼法則少，甚至連延壽之名作《宗鏡錄》都被叢林所淡忘，何以落到如此境地，耐人尋味〔註 76〕。法眼宗在中國驟盛疾衰，曇花一現，而在高麗則因慧炬等人之弘化，顯得昌盛。

〔註 73〕《景德傳燈錄》卷二十五〈天台山德韶國師傳〉，頁 96。

〔註 74〕《佛祖統紀》卷十〈諦觀法師傳〉，頁 85 上。

〔註 75〕同前書，卷八〈十六祖寶雲尊者義通傳〉，頁 71 下。另見《延祐四明志》卷二〈錢惟治〉，頁 4 上。

〔註 76〕際祥《淨慈寺志》卷二〈寂音尊者惠洪宗鏡堂記略〉，頁 23 云：「錢氏有國日，（延壽）嘗居杭之永明寺，其道大振于吳越，此書初出，其傳甚遠，異國君長讀之，皆望風稱弟子，學者航海而至，受法而去者，不可勝數，禪師既寂，書厄于講徒，叢林多不知其名。」另見《佛祖歷代通載》卷二十六，頁 3 上楊傑撰〈宗鏡錄後序〉云：「初吳忠懿王字之，秘于教藏，至元豐中（1078～1085），皇弟魏端獻王鏤板，分施名藍，四方學者罕遇其本。元祐六夏（1091），遊東都法雲道場，始見錢塘新本。」

圖三：永明延壽禪師石刻小像

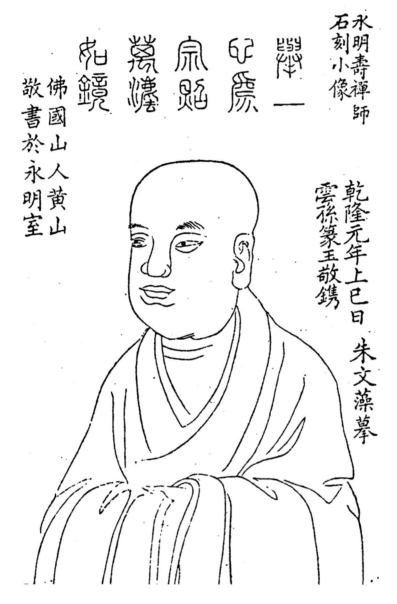

永明壽禪師小像，舊鐫於鏡背，今鏡已不存。佛國山人之子黃易小松，藏有搨本，重摹縮本附列於此。以像旁有書永明室之語，永明室爲淨慈寺寺中舊蹟，因此附之。黃山即樹穀別名，佛國山人其自號也（原載《淨慈寺志》卷三，頁 31 下～32 上）。

第五章　結　論

　　唐乾寧三年（896），錢鏐奄有兩浙，欲北取楊行密，南取王審知，以圖霸業，方術游說之士輻湊其國，時佛、道中精通術數、道法孤高、德紹望重者同受禮遇。由於錢鏐保鏡安民較他國有力，各地避難僧侶聞風而至，建道場興教法。值離喪之際，人民畏亂心虛，群求冥福，不吝檀施，因此，會昌法難後苟延殘存之教法，得在吳越生根發展。

　　吳越襲唐代成規，管制宗教嚴密，不許人民祀淫祠，或私建道場。破淫祠之妙策，是封嶽瀆為王侯，給匾額。地方宗教性活動，必由僧官、郡守、宰相，逐層上報。宮觀寺院之建立，必先請示郡守，國主常派掛「勾當」、「都勾當」頭銜之官吏或僧官監工，寺成給額，或派僧官住持。吳越境內是否有私度事，不得而知，然觀吳越自立國以來即有臨壇大德與戒壇之設施，可知不許私度。因戒為一切功德母，不守戒諸善功德不得升起。宋太平興國三年，永智於杭州昭慶寺立萬壽戒壇，後允堪重建，成為江南著名戒壇（俞樾〈杭州昭慶寺重建戒壇記〉），允堪自慶曆、皇祐（1041～1053）中，還於蘇州開元寺，秀州精嚴寺，建造戒壇傳戒（《稽古略》卷四）。

　　錢氏有國時，禪家已不復寓居律寺，而另闢禪居，凡湖山勝水之地，皆見禪門人物梵修。天台山原係天台宗之聖地，但因會昌法難後教典散佚，持定、慧之業者寡，地盤漸被律宗、禪宗所據。及德韶國師入主國清寺，國清寺成為禪宗道場，德韶雖在天台山大興教法，亦助天台宗人求取佚籍，又興智者道場數十所。天台宗因喪失祖師道場，乃轉移根本道場於天台山螺溪定慧寺及錢塘慈光寺，聲勢雖不如禪宗熾盛，但英材已輩出，如晤恩時人推許為義虎。而天台宗人受密教影響日深，大量吸收密教儀軌，行懺法，並有祈

雨之舉，其後四明知禮與慈雲遵式爲世仰重，部份仰賴此種道法。天台宗人多念佛往生者，法眼宗之延壽又力倡禪、淨雙修，其他各宗亦多有兼弘淨土之舉，因此淨土信仰於宋代蔚爲風尚，遂成佛教一大宗派。

吳越之禪家，多出馬祖道一與石頭希遷法系。馬祖法系下出潙仰、臨濟兩宗，石頭法系出法眼、雲門、曹洞三宗。禪門五宗皆與吳越關係密切，臨濟宗雖在曹州行化，但五代時振宗風者卻是餘杭人風穴延沼。雲門宗行化于韶州，開宗之文偃禪師爲秀州人，承睦州觀音院陳尊宿家風。潙仰宗有徑山洪諲、無著文喜、清化全付得錢王仰重，但氣勢旋爲法眼宗所取代。唐昭宗時，雪峰義存曾率徒入台州、明州弘化，後雖返福州，然其門下在吳越行化甚力。義存法系中以清涼文益、天台德韶、永明延壽之法眼宗，最爲傑出，因德韶爲國師，在忠懿王時且得王室護持，皈依日眾，成爲最大宗派。

律宗方面，有允文居越州開元寺，專攻相部，門下多人分燈弘化，在贊寧撰《宋高僧傳》時，法系尚在。而西明慧則、越州元表、越州智卓、吳郡傳朗、吳郡會清等分燈弘化《南山律鈔》，而以慧則法系下之贊寧，最孚眾望，成就最著，吳越入宋後護教亦最力。元表法系下出昭慶允堪、靈芝元照，以杭州爲中心闡揚道宣學說。弘揚南山律的，另有婺州智新、越州行瑫、明州希覺、秀州皓端。蘇州破山寺有彥偁，集同好講導毗尼，後晤恩在此受學，寺中有壽闍黎，傳《南山律鈔》極成，不看他面，度弟子無數。律宗因諸師之慈力，使南山律、相部律宗學得以延續，因代有傳人，至宋代律學又得振興。

吳越諸王極重視《華嚴經》，境內杭、台、秀、越、明、福諸州，皆立有華嚴道場，忠懿王與永安、惠研二僧且曾刊刻《華嚴經》行世。吳越僧侶研習《華嚴》、《楞嚴》、《起信》之風盛，因此僧侶中亦有以《華嚴》開悟者。宋初，吳越境內出長水子璿重振華嚴宗風，又經晉水淨源、高麗義天之弘傳，華嚴宗乃得復興。

吳越重市舶之利，海舶極發達，當時外國僧侶入華，多取道吳越，且多搭吳越商船往來。各國僧侶來華之目的各異，梵僧爲弘傳佛法而來；新羅與高麗僧有爲佛法，有爲紫衣；日本僧侶則重佛教文物，四處瞻仰古跡、巡禮名山。當中對佛教發展奉獻最著者，當屬高麗。由於諦觀攜台教典籍入吳越，義天帶《華嚴》章疏入宋，天台、華嚴兩宗得此助力，而振興起來。至於梵僧之影響，由吳越陀羅尼信仰及懺法之熾盛，可以窺知一二。此外，已有學

者認爲，天台、華嚴及禪宗爭論第幾祖之傳承，係受密教傳承主義影響所致。

吳越僧侶之物質生活，除仰賴莊園經濟外，因檀越布施豐厚，無匱乏之餘，時僧侶精持律範，精進梵修者多見。僧侶亦有以所得回施敬、悲兩田，或以感通力示人禍福，或造橋以利行旅，或開靈泉以漑民田，或造塔以鎮江濤，或勸人造塔像以種福田，或祈雨以解乾旱，甚至有僧侶燃指、燃身以供佛，遺身以飼蟲，投江濤、岩下祈生西方。

吳越建寺之中，各州或建浴院、彌陀院、尊勝院、羅漢院與觀音院。還有水陸院，僧人在此行懺法施食與無遮大齋等法會活動。宋初，知禮與遵式居杭州慈雲寺，廣修懺法，攝化道俗。遵式在《金園集》卷四〈施食正名〉文中說：「今吳越諸寺，多置別院，有題水陸者（中略），有題斛食者（中略），有題冥道者。」然天台諸師行懺法施食的儀式，並非密教儀執，只是取經中眞言，附以天台宗之觀想而已。

吳越僧侶，「內外學」博通者多見。雖然佛門中人每謂「外學」不如佛法殊勝，但因「內學」能資益出世，「外學」可匡濟世間，兼學者多，吳越僧侶中、乃有論虎、文虎、律虎、義虎之雅號，且得流輩推許。

錢氏有國，吳越地區的叢林，也有所進展。中國禪宗從曹溪四傳至百丈懷海，百餘年間禪徒只是以道相付授，多岩居穴處，或寄住律院。禪宗日盛，宗匠聚徒修禪辦道，百丈懷海乃折衷大小乘經律別立禪居。叢林的規模開始不大，至唐末五代間，南方佛法極盛，洪諲住徑山，道膺住雲居山，僧眾多至千數；義存住福州雪峰，冬夏禪徒不減一千五百人。入宋，叢林建置益臻完備，禪眾以集中居住爲常，居名德高僧住持的叢林，都有千人以上。宋建隆二年（961）延壽自杭州靈隱寺遷住永明寺，學侶多至二千人。而北方叢林，亦始盛於宋代。

吳越錢王對佛教高僧也是極爲崇敬，不僅對天台宗歷代祖師給予諡號，也對名僧封號署名，宋志磐在《佛祖統紀》卷四十三說：「自古人君重沙門之德者，必尊其位，異其稱，曰僧錄、僧統、法師、國師。入對不稱臣，登殿賜高座，如是爲得其宜。」除吳越王錢弘俶以天台德韶爲國師外，西蜀後主賜無業爲祐聖國師，南唐以文遂爲國大導師，國王王審知以鼓山神晏爲興聖國師。這些國師對國家的貢獻，必定有比其他大禪師或高僧卓越之處。宋代的佛教，仍爲禪宗的全盛時期，禪僧獲得賜號者仍多，但未見有國師之稱號，對高僧的禮敬不如吳越國時期。

　　宋太宗太平興國三年（978），忠懿王舉國歸宋，使民免於殺戮之厄，吳越辛勤耕耘之文化，幸得留存。嗣後，江南佛教界掌握佛教發展之主流，然舉足輕重仍在兩浙。吳越佛教對宋人影響頗深，此由宋人好習禪定、廣結蓮社、飲茶論詩、訪名山題記，可以窺知。本文限於題旨，對於吳越各宗思想、與江南諸國佛教文物之交流，乃至於名僧之生平事跡，咸未曾詳予論析，唯待日後繼續研討。

參考書目

一、重要史料

1. 一然，《三國遺事》五卷，《大正藏》第四十九冊史傳部二（臺灣：新文豐出版社影印，民國 63 年 9 月）。

2. 丁敬，《武林金石記》十卷，西冷印社聚珍版，《石刻史料新編》第二輯第十二冊（臺灣：新文豐出版社影印，民國 68 年 3 月）。

3. 王溥，《五代會要》三十卷，另提要一卷、目錄一卷（臺灣：世界書局影印，民國 68 年 2 月）。

4. 王元恭，《至正四明續志》十二卷，清咸豐四年刊本（臺灣：世界書局影印，民國 68 年 2 月）。

5. 毛鳳韶，《浦江縣志》八卷，天一閣藏本，天一閣藏《明代方志選刊》第七冊（臺灣：新文豐出版社影印）。

6. 田琯，《新昌縣志》十三卷，天一閣藏本，天一閣藏《明代方志選刊》第七冊（臺灣：新文豐出版社影印）。

7. 田汝成，《西湖遊覽志餘》二十六卷，明嘉靖初刻本新校（臺灣：木鐸出版社影印，民國 71 年 6 月）。

8. 白居易，《白居易集》七十卷，附外集及傳記，全二冊（臺灣：漢京文化事業有限公司影印，民國 73 年 3 月）。

9. 司馬光，《資治通鑒》二九四卷，清嘉慶二十一年市克家覆刻元刊胡註本（臺灣：大申書局影印，民國 71 年 9 月）。

10. 米芾，《畫史》一卷，《宋人畫學論著》（臺灣：世界書局影印，民國 51 年 11 月）。

11. 朱長文，《吳郡圖經續志》三卷，清咸豐三年刊琳琅祕室叢書本，《宋元地方志叢書》第二冊（臺灣：中國地志研究會影印，民國 67 年 8 月）。

12. 吳之鯨，《武林梵志》十二卷，全四冊，清乾隆四十五年《欽定四庫全書抄本》，《中國佛寺史志彙刊》第一輯（臺灣：明文書局影印，民國69年1月）。

13. 吳任臣，《十國春秋》，一一四卷，全八冊，《四庫全書珍本》三集，文淵閣本（臺灣：商務印書館影印，民國71年）。

14. 宋徽宗，《宣和論畫雜評》，一卷，《宋人畫學論著》（臺灣：世界書局影印，民國51年11月）。

15. 李遵勗，《天聖廣燈錄》三十一卷，《卍字續藏》本，《卍字續藏》〈史傳部〉第一三五冊，中國佛教會影印，民國56年。

16. 沉括，《夢溪筆談》二十六卷，元大德九年刻本新校（臺灣：鼎文書局印行，民國66年9月）。

17. 杜春生，《越中金石記》十卷，山陰杜氏藏版《石刻史料新編》第二輯第十冊（臺灣：新文豐出版社影印，民國68年3月）。

18. 志磐，《佛祖統紀》五十四卷，《佛教大藏經》第七十冊史傳部二（臺灣：佛教出版社影印，民國67年3月）。

19. 阮元，《兩浙金石志》十八卷，另補遺一卷，《石刻史料新編》第十四冊（臺灣：新文豐出版社影印，民國66年）。

20. 阮毅成，《浙江》（香港：亞東圖書公司印行，民國44年4月），頁106。

21. 吳福等，《淳安縣志》十七卷，天一閣藏明嘉靖刻本，天一閣藏《明代方志選刊》第六冊（臺灣：新文豐出版社影印）。

22. 吳自牧，《夢梁錄》二十卷，另敘錄、校勘記，《知不足齋叢書本新校》（臺灣：古亭書屋影印，民國64年8月）。

23. 周密，《武林舊事》十卷，另敘錄，《知不足齋叢書本》（臺灣：古亭書屋影印，民國64年8月）。

24. 念常，《佛祖歷代通載》二十二卷，《佛教大藏經》第七十冊史傳部二（臺灣：佛教出版社影印，民國67年3月）。

25. 孟元老，《東京夢華錄》十卷，另敘錄、校勘記，黃丕烈舊藏元刊明印本新校（臺灣：古亭書屋影印，民國64年8月）。

26. 施宿，《嘉泰會稽志》二十卷，清嘉慶十三年刊本，《宋元地方志叢書》第六冊（臺灣：中國地志研究會影印，民國67年8月）。

27. 范坰等，《吳越備史》四卷，吳枚菴手抄本，《四部叢刊續編》〈史部〉第十一冊（臺灣：商務印書館影印，民國65年3月）。

28. 范成大，《吳郡志》卷五十，明刊本，《宋元地方志叢書》第二冊（臺灣：中國地志研究會影印，民國67年8月）。

29. 柳宗元，《柳河東集》四十五卷，全二冊，新校本（臺灣：漢京文化事業有限公司影印，民國71年5月）。

30. 彥悰,《集沙門不應拜俗等事》六卷,《佛教大藏經》第七十九冊〈護教部〉二(臺灣:佛教出版社影印,民國 67 年 3 月)。

31. 袁桷,《延祐四明志》卷二十,煙嶼樓校本,《宋元地方志叢書》第五冊(臺灣:中國地志研究會影印,民國 67 年 8 月)。

32. 袁應祺,《黃巖縣志》七卷,天一閣藏明萬曆本,天一閣藏《明代方志選刊》第六冊(臺灣:新文豐出版社影印)。

33. 高似孫,《剡錄》十卷,清道光八年刊本,《宋元地方志叢書》第六冊(臺灣:中國地志研究會影印,民國 67 年 8 月)。

34. 徐碩,《至元嘉禾志》卷三十二,抄本,《宋元地方志叢書》第七冊(臺灣:中國地志研究會影印,民國 67 年 8 月)。

35. 徐時棟,《宋元四明志校勘記》一卷,《宋元地方志叢書》第九冊(臺灣:中國地志研究會影印,民國 67 年 8 月)。

36. 常棠,《澉水誌》八卷,民國 24 年排印本,《宋元地方志叢書》第十二冊(臺灣:中國地志研究會影印,民國 67 年 8 月)。

37. 梅應發,《開慶四明續志》十二卷,清咸豐四本刊本,《宋元地方志叢書》第八冊(臺灣:中國地志研究會影印,民國 67 年 8 月)。

38. 郭子章,《明州阿育王山志》十卷,全二冊,清乾隆二十二年正續合刊本,《中國佛寺史志彙刊》第一輯(臺灣:明文書局影印,民國 69 年 1 月)。

39. 郭若虛,《圖畫見聞誌》,汲古閣本,《宋人畫學論者》(臺灣:世界書局影印,民國 51 年 11 月)。

40. 陸心源,《吳興金石錄》十六卷,《石刻史料新編》第二輯第十四冊(臺灣:新文豐出版社影印,民國 66 年)。

41. 陸心源,《唐文拾遺》三十二卷,全二冊(臺灣:文海出版社印行,民國 61 年 10 月初版)。

42. 陸增祥,《八瓊室金石補正》一三〇卷,全三冊,吳興劉氏希古樓刊本,《石刻史料新編》第二輯(臺灣:新文豐出版社影印,民國 66 年)。

43. 脫脫,《遼史》一一六卷,《正史全文校讀本》(臺灣:鼎文書局印,民國 69 年 3 月)。

44. 脫脫,《宋史》四九六卷,另附編三,新校本(臺灣:鼎文書局影印,民國 72 年 11 月)。

45. 陳公亮,《嚴州圖經》三卷,清光緒中刊漸西村舍彙刊本,《宋元地方志叢書》第十一冊(臺灣:中國地志研究會影印,民國 67 年 8 月)。

46. 陳定山,《西湖》頁 84(臺灣:正中書局印行,民國 64 年 2 月)。

47. 陳耆卿,《嘉定亦城志》四十卷,清嘉慶二十三年刊台州叢書本,《宋元地方志叢書》第十一冊(臺灣:中國地志研究會影印,民國 67 年 8 月)。

48. 梁克家,《三水志》四十二卷,抄本,《宋元地方志叢書》第七冊（臺灣：中國地志研究會影印,民國 67 年 8 月）。

49. 張津,《乾道四明圖經》十二卷,清咸豐四年刊本,《宋元地方志叢書》第八冊（臺灣：中國地志研究會影印,民國 67 年 8 月）。

50. 張大昌,《龍興祥符戒壇寺志》十二卷,清光緒十九年嘉惠堂丁氏本,《中國佛寺史志彙刊》第一輯第二十九冊（臺灣：明文書局影,民國 69 年元月）。

51. 張孚敬,《溫州府志》八卷,天一閣藏本,天一閣藏《明代方志選刊》第六冊（臺灣：新文豐出版社影印）。

52. 黃瑞,《台州金石錄》十二卷,另甄錄五卷,闕訪四卷,吳興劉氏嘉業堂本,《石刻史料新編》第二輯第十二冊（臺灣：新文豐出版社影印,民國 68 年 3 月）。

53. 湯厚,《畫論》一卷,《美術叢書》第三集七輯第二十七冊（廣文書局印行,民國 52 年元月初版）。

54. 稽曾筠等,《勒修浙江通志》二七九卷,全八冊,《中國省志彙編》之二（臺灣：華文書局影印,民國 56 年 8 月）。

55. 喻味菴,《新續高僧傳四集》六十五卷,全四冊,北洋印刷局本（臺灣：琉璃經房影印,民國 56 年 5 月）。

56. 程頤、程灝,《二程全書》二十五卷,新校本（臺灣：中華書局影印,民國 65 年 3 月）。

57. 馮福京,《大德昌國州圖志》七卷,清咸豐四年刊本,《宋元地方地叢書》第八冊（臺灣：中國地志研究會影印,民國 67 年 8 月）。

58. 道宣,《續高僧傳》四十卷（臺灣印經處影印,民國 59 年 9 月）。

59. 道世,《法苑珠林》一二○卷,全二冊,《四部叢刊初編本》（臺灣：商務印書館影印,民國 60 年 8 月）。

60. 道原,《景德傳燈錄》三十卷,普慧大藏經刊行會版本（臺灣：眞善美出版社影印,民國 56 年 2 月）。

61. 道誠,《釋氏要覽》三卷,《大正藏》第五十四冊（臺灣：新文豐出版社影印,民國 63 年 9 月）。

62. 圓仁,《入唐求法巡禮行記》四卷,新校本（臺灣：文海出版社影印,民國 65 年 10 月再版）。

63. 董浩等,《欽定全唐文》一千卷,共二十冊,清嘉慶十九年刊本（臺灣：經緯書局印行,民國 54 年 6 月）。

64. 葉昌熾,《語石上、下冊》（臺灣：商務印書館印行,民國 45 年 4 月）。

65. 慧洪,《禪林僧寶傳》三十卷,卍續藏本,《卍續藏》〈史傳部〉第一三七冊（中國佛教會影印,民國 56 年）。

66. 楊潛，《紹熙雲間志》三卷，清嘉慶十九年刊本，《宋元地方志叢書》第三冊（臺灣：中國地志研究會影印，民國 67 年 8 月）。

67. 傳燈，《天台山方外志》三十卷，全三冊，清光緒二十年千刊佛隴真覺寺藏版，《中國佛寺史志彙刊》第三輯（臺灣：丹青圖書公司影印，民國 74 年 11 月）。

68. 廣賓，《杭州上天竺講寺志》十五卷，光緒二十三年錢塘嘉惠堂丁丙重刊本，《中國佛寺史志彙刊》第一輯第二十六冊（臺灣：明文書局影印，民國 69 年 1 月）。

69. 談鑰，《嘉泰吳興志》二十卷，民國 3 年刊吳興先哲遺書本，《宋元地方志叢書》第十一冊（臺灣：中國地志研究會影印，民國 67 年 8 月）。

70. 鄭瑤等，《景定嚴州續志》十卷，清光緒中刊漸西村合彙刊本，《宋元地方志叢書》第十一冊（臺灣：中國地志研究會影印，民國 67 年 8 月）。

71. 際祥，《淨慈寺志》二十八卷，全三冊，清光緒十四年錢塘嘉惠堂丁氏重刊本，《中國佛寺史志彙刊》第一輯（臺灣：明文書局影印，民國 69 年 1 月）。

72. 駱文盛，《武康縣志》八卷，天一閣藏明嘉靖刻本，天一閣藏《明代方志選刊》第七冊（臺灣：新文豐出版社影印）。

73. 蓮儒，《畫禪》一卷，《美術叢書》第四集十輯第四十冊（臺灣：廣文書局印行，民國 52 年元月初版）。

74. 劉昫，《舊唐書》二○○卷，《正史全文標校讀本》（臺灣：鼎文書局印行，民國 69 年 3 月）。

75. 劉道醇，《五代名畫補遺》七卷，毛晉汲古閣影摹宋刻本，《美藝叢書》第二十六冊（藝文印書館影印，民國 64 年 11 月初版）。

76. 歐陽修，《新唐書》二二五卷，《正史全文標校讀本》（臺灣：鼎文書局影印，民國 69 年 3 月）。

77. 歐陽修，《新五代史》七十四卷，《正史全文標校讀本》（臺灣：鼎文書局影印，民國 69 年 3 月）。

78. 薛居正，《舊五代史》一五○卷，《正史全文標校讀本》（臺灣：鼎文書局影印，民國 69 年 3 月）。

79. 潛說文，《咸淳臨安志》一○○卷，清道光十年刊本，《宋元地方志叢書》第七冊（臺灣：中國地志研究會影印，民國 67 年 8 月）。

80. 戴明琮，《明州岳林寺志》六卷，清康熙間原刊本，《中國佛寺史志彙刊》第一輯第十五冊（臺灣：明文書局影印，民國 69 年 1 月）

81. 覺岸，《釋氏稽古略》四卷，《大正藏》第四十九冊（臺灣：新文豐出版社影印，民國 63 年 9 月）。

82. 贊寧，《大宋僧史略》三卷，《大正藏》第五十四冊（臺灣：新文豐出版

社影印，民國 63 年 9 月）。

83. 贊寧，《宋高僧傳》三十卷，全四冊（臺灣：臺灣印經處印行）。

84. 灌圃耐得翁，《都城紀勝》一卷，另敘錄、校勘記，亭十二種本新校（臺灣：古亭書屋影印，民國 64 年 8 月）。

85. 顧祖禹，《歷代州域形勢》九卷（臺灣：樂天書局影印，民國 62 年 10 月）。

86. 不著撰人，《御製神僧傳》九卷，《佛教大藏經》第七十冊史傳部二（臺灣：佛教出版社影印，民國 67 年 3 月）。

87. 不著撰人，《宣和畫譜》二十卷，另序一卷，敘目一卷、提要一卷，《藝術叢編》第一集第九冊（臺灣：世界書局影印，民國 51 年 11 月）。

88. 不著撰人，《西湖老人繁勝錄》一卷，另敘錄、補校，涵芬秘笈第三集本（臺灣：古亭書屋影印，民國 64 年 8 月）。

89. 不著撰人，《像法決疑經》一卷，卍續藏本，《卍續藏補遺》第一五〇冊（中國佛教會影印，民國 56 年）。

90. 不著撰人，《樂清縣志》八卷，天一閣藏明刻本，天一閣藏《明代方志選刊》第七冊（臺灣：新文豐出版社影印）。

二、一般論著

（一）專　書

1. 方豪，《方豪六十至六十四自選待定稿》（臺灣：學生書局印行，民國 63 年 4 月初版），頁 558。

2. 木宮泰彥、陳達譯，《中日交通史》（臺灣：三人行出版社印行，民國 63 年 9 月 20 日出版），頁 482。

3. 印順，《中國禪宗史》（臺灣：廣益印書局印行，民國 60 年 6 月初版），頁 428。

4. 玉城唐四郎等著，李世傑譯，《佛教思想在印度的開展》（臺灣：幼獅文化事業公司印行，民國 74 年 6 月出版），頁 287。

5. 玉城康四郎等著，許洋生譯，《佛教思想在中國的開發》（臺灣：幼獅文化事業公司印行，民國 74 年 6 月出版），頁 273。

6. 任繼愈，《漢唐佛教思想論集》（北平：新華書店印行，民國 62 年 4 月再版），頁 348。

7. 向達，《唐代長安與西域文明》（臺灣：明文書局印行，民國 71 年 10 月再版），頁 666。

8. 全漢昇，《唐宋帝國與運河》（香港：太平書局印行），頁 127。

9. 呂澂，《中國佛學源流略講》（臺灣：里仁書局印行，民國 74 年 1 月出版），頁 424。

10. 杜松柏，《禪學與唐宋詩學》（臺灣：黎明文化事業公司印行，民國 65 年 10 月出版），頁 522。

11. 李嚴，《中算史論叢第五冊》（臺灣：商務印書館印行，民國 66 年 2 月出版），頁 296。

12. 李則芬，《中日關係史》（臺灣：中華書局印行，民國 71 年 10 月再版），頁 654。

13. 李樹桐，《唐史新論》（臺灣：中國書局印行，民國 61 年 4 月初版）。

14. 明復，《中國僧官制度研究》（臺灣：明文書局印行，民國 70 年 3 月初版），頁 120。

15. 東初，《中日佛教交通史》（臺灣：華岡文化書局印行，民國 59 年 6 月初版），頁 860。

16. 阿部肇一，《中國禪宗史的研究》（日本：誠信書局印行，民國 52 年 3 月初版），頁 693。

17. 孤峰智璨著，印海譯，《中印禪宗史》（臺灣：海潮音社印行，民國 61 年 10 出版），頁 303。

18. 松原三郎，《中國佛教雕刻史研究》（日本：吉川弘文館印行，民國 55 年）。

19. 金維諾，《中國美術史論集》（臺灣：明文書局印行，民國 73 年 10 月初版），頁 302。

20. 忽滑谷快天著，鄭湖鏡譯，《朝鮮禪教史》（韓國：寶蓮閣印行，民國 67 年 4 月出版），頁 719。

21. 望月信亭著，印海譯，《中國淨土教理史》（臺灣：慧日講堂印行，民國 63 年），頁 385。

22. 野上俊靜著，鄭欽仁譯，《中國佛教通史》（臺灣：牧童出版社印行，民國 67 年 5 月初版），頁 226。

23. 梅尾祥雲著，李世傑譯，《密教史》（臺灣：中國佛教雜誌社印行，民國 58 年 6 月再版），頁 102。

24. 萊維、孝閱納著，《馮承鈞譯法住記及所記阿羅漢考》（臺灣：老古文化事業公司印行，民國 71 年 12 月出版），頁 156。

25. 黃公偉，《中國佛教思想傳統史》（臺灣：獅子吼雜誌社印行，民國 61 年 5 月初版），頁 320。

26. 黃敏枝，《唐代寺院經濟的研究》（臺灣：國立臺灣大學印行，民國 60 年 12 月出版），頁 182。

27. 黃懺華等，《中國佛教綱論》（臺灣：木鐸出版社印行，民國 72 年元月初版），頁 416。

28. 《佛教聖典與釋氏外學著錄考》（臺灣：大乘文化出版社印行，民國 68 年 2 月初版），頁 191。

29. 湯用彤，《隋唐佛教史稿》（臺灣：木鐸出版社印行，民國 72 年 9 月出版），頁 387。

30. 楊蔭瀏，《中國古代音樂史稿第二冊》（臺灣：丹青圖書公司印行，民國 74 年 5 月初版），頁 275。

31. 鈴木大拙著，李世傑譯，《禪佛教入門》（臺灣：協志工業叢書出版社印行，民國 73 年 2 月六版），頁 191。

32. 劉昭民，《中華天文學發達史》（臺灣：商務印書館印行，民國 74 年 1 月出版）。

33. 劉昭民，《中華氣象學史》（臺灣：商務印書館印行，民國 69 年 9 月出版）。

34. 韓國磐，《隋唐五代史論集》（北平：生活、讀書、新知三聯書局印行，民國 68 年 10 月初版），頁 470。

35. 羅桑倫巴著、徐進天譯，《第三眼》（臺灣：天華出版社印行，民國 74 年 6 月二版），頁 249。

36. 藤家禮之助，《日中交流二千年》（日本：東海大學出版會印行，民國 70 年 1 月再版）。

37. 嚴耕望，《唐史研究叢稿》（香港：新亞研究所印行，民國 58 年 10 月出版），頁 663。

38. 不著撰人，《中國科學文明史》（臺灣：木鐸出版社印行，民國 72 年 9 月初版），頁 764。

39. 不著撰人，《文物考古工作三千年》（北平：文物出版社印行，民國 68 年出版），頁 415。

（二）論　文

1. 明復、張慧命，〈關於現代佛教寺院經濟問題的對話〉，《獅子吼雜誌》第三十四卷第七期，民國 74 年 7 月，頁 32～39。

2. 牧里諦亮著，如眞譯，〈贊寧與其時代〉，《新覺生雜誌》第九卷第十期，民國 60 年 10 月，頁 11～18。

3. 牧田諦亮著，如眞譯，〈趙宋佛教史上契嵩的立場〉，《新覺生雜誌》第九卷第十一、十二期，頁 8～12。

4. 森慶來，〈唐代均田法中僧尼的給田〉，《食貨半月刊》第五卷第七期，民國 26 年 4 月，頁 35～39。

5. 潘美月，〈五代的印刷〉，《故宮文物月刊》第一卷第十期，民國 73 年 1 月，頁 67～72。

6. 趙效宣，〈五代兵災中士人之逃亡與隱居〉，《新亞書院學術年刊》第五期，民國 52 年 9 月，頁 291～330。

7. 嚴耕望，〈唐宋時代中韓佛教文化之交流〉，《中國佛教史論集》第一冊，中華文化出版事業委員會印行，民國 45 年 5 月，頁 205～236。

三、主要工具書

1. 宋晞，《宋史研究論文與書籍目錄》，中國文化大學出版部印行，民國 72 年出版。

2. 明復，《中國佛教人名辭冊》（臺灣：方舟出版社印行，民國 63 年 12 月出版）。

3. 牧田諦亮，《五代宗教史研究》（日本：平樂寺書店印行，民國 60 年 3 月出版）。

4. 昌彼德、王德毅等，《宋人傳記資料索引》全六冊（臺灣：鼎文書局印行，民國 63 年至 65 年出版）。

5. 望月信亭，《望月佛教大辭典第六卷大年表》（日本：世界聖典刊行協會印行，民國 55 年 1 月五版）。

6. 楊殿珣，《石刻題跋索引》（臺灣：文海出版社影印，民國 61 年 8 月初版）。

7. 傅璇琮等，《唐五代人物傳記資料綜合索引》（北平：新華書店印行，民國 71 年出版）。

8. 不著撰人，《中華民國六十年來佛教論文目錄》，中國佛教會文獻委員會行印，民國 64 年 2 月出版。

9. 不著撰人，〈近二十年有關佛教博碩士論文目錄〉，《獅子吼雜誌》第二十四卷第一期，民國 74 年元月 15 日出版，頁 72～76。

10. 不著撰人，〈當前各佛教學報論文目錄〉，《獅子吼雜誌》第二十四卷第三期，民國 74 年 3 月 15 日出版，頁 74～77。

11. 不著撰人，〈香港各大學期刊佛學論文目錄〉，《獅子吼雜誌》第二十四卷第四期，民國 74 年 4 月 15 日出版，頁 75～77。

後　記

　　民國 72 年 9 月，我入中國文化大學史學研究所碩士班就讀，專攻在斷代史組，朱重聖博士建議我研究宋朝的元祐黨爭，因為我的報告論文寫的尚可，但是我的心早就傾向佛道靈修之路。民國 73 年暑假，回應明復法師之邀請，我隨著同學黃運喜兄，到松山寺依止明復法師受學，受他老人家的啟發，我注意到「錢氏與吳越國的佛教」這一命題。初入佛門的我冒然研究起吳越佛教來了。在取采與構思方面，深受牧田諦亮、阿部肇一著作的影響，此外針對史傳、方志、寺志與一些佛教專書論文，多方考察，粗略以成《吳越佛教之發展》一書。是書後來經由明復法師推薦，得到中國學術著作獎助委員會審核通過，獎助出版千本。由於從構思到成書，為期不到二年，在史料的解釋或是某些佛教現象的解析方面，實多不足之處，但也約略地勾勒出吳越國佛教的諸多面貌，足供後來的學者加以研究，尤其在宗教史與重要人物方面。

　　關於吳越佛教之研究，黃繹勳在〈吳越諸王與佛教〉一文中說：「其中以阿部肇一之《中國禪宗史的研究》和賴建成《吳越佛教之發展》對吳越諸王與佛教之關係探討最為詳盡，但阿部肇一之書為 1963 年之作品，成書已久，而且其內容過於龐雜；賴建成之書內容豐富，但趨向於資料之匯整，缺乏綱節之分析和意義之探討；但本論文之架構即為此二書所啟發。」（民國 93 年《中華佛學學報》第十七期）當前研究我書寫有關吳越佛教的論文，文章越來越多，實在有必要費一番功夫加以重整，以利研究。

　　今有花木蘭文化出版社，發心展現五十年來臺灣史學研究成果給世人觀瞻，由是我不得不更用心地把《吳越佛教之發展》一書再加予修訂補遺，隨

書附上當初寫論文時所作的部份圖表，還有之後寫的二篇論文，一是〈就咸淳臨安志探討唐、五代杭州寺院之發展——兼論吳越國錢王與佛教之關係〉，一是〈晚唐宋初天台宗在吳越地區的發展〉；關於吳越國佛教，還有很多題目可以研究，例如我寫過〈晚唐宋初禪門行法的特質〉、〈華嚴與禪的交涉——兼論如來禪與祖師禪〉，也可以把題目縮小到吳越國境內的禪門，或者是某一宗派如律宗與淨土思想的發展，或某一位大師如晤恩的志行節操，或者是某一位錢王時期宗教發展的特質，這就有待關注此領域的學者專家們來共同參與了。

九十七年端午節於新店達觀鎮

附文一：晚唐宋初天台宗在吳越地區的發展

一、緒　論

　　天台宗這一佛教宗派，是隋天台智顗（538～597）所開創的，此宗的教義正依《法華經》，所以又稱法華宗。天台宗教觀的要領，在三諦圓融，所以本宗的學統是龍樹論師、慧文、慧思（515～577）、智顗、灌頂（561～632）、智威、慧威、玄朗（673～754）、湛然（711～782）所謂的九祖相承。智者的學說，除了繼承和發展慧文、慧思的「一心三觀」之外，在教義上吸收南朝盛行的三論、涅槃二系的思想，兼批判與攝取南三北七的十家判教之長，而唱導圓頓教觀〔註1〕。天寶十三年（754）玄朗圓寂，湛然在東南各地宏傳天台教法，已經標榜出他是天台正宗，他家為異學。

　　當時，禪、華嚴與法相諸宗，名僧輩出，名闡宗風，湛然概然以說：「今之人，或蕩於空，或膠於有，自病病他；道用不振，將欲取正，捨予誰歸？於是大啓妙法，旁羅萬行，盡攝諸相入於無間，即文字以達觀，導語默以還源。」〔註2〕從而祖述所傳，撰〈法華玄義釋籤〉、〈法華文句記〉、〈止觀輔行傳弘訣〉等天台三大部的注釋，還著有對抗賢首宗與唯識宗義的〈止觀義例〉、〈金剛錍〉，又有〈止觀搜玄記〉、〈止觀大意〉、〈五百問論〉等。

〔註1〕黃懺華〈天台宗〉，民國72年1月木鐸《中國佛教總論》〈中國佛教宗派源流〉，頁284。

〔註2〕釋志磐《佛祖統紀》卷第七，《大藏經》第七十五冊（佛教出版社，民國67年3月），頁341。

　　佛教發展到隋唐，中國化加深，揚棄六朝以來的以道論佛，而轉向以佛論道，宗派思想相繼形成。佛教發展迄玄宗朝，寺院數量達到五千三百五十八所，僧七萬五千五百二十四人，尼五萬五百七十六人〔註3〕。天寶、大曆年間（742～779），玄、肅、代三宗前後徵召湛然，他都以病固辭。其初住蘭陵（今江蘇武進縣），晚年遷居天台國清寺，以德宗建中三年（782）於佛隴道場圓寂。弟子元皓、道邃、行滿等三十九人。

　　天台宗在中國大興，引來日本僧人的遠道參學。釋志磐《佛祖統紀》卷第八〈十祖興道尊者道邃傳〉云：「眞元二十一，日本國最澄遠來求法，聽講受誨，晝夜不息，盡寫一宗論疏以歸。將行，詣郡庭白太守，求一言爲據，太守陸淳嘉其誠，即署之曰：『最澄闍梨，身雖異域，性實同源。明敏之姿，道俗所敬，觀光上國，復傳教於名賢。邃公法師，總萬法於一心，了殊塗於三觀，而最澄親承祕密，不外筌蹄，猶慮它方學者，未能信受其說，所請印記安可不從。』澄既泛舟東還，指一山爲天台，創一刹爲傳教，化風盛，學者日番，遂遙尊邃師爲始祖，日本傳教實始於此。」行滿傳教觀於日僧最澄（767～822），最澄盡寫此宗的教籍以歸，開立日本的天台宗。鐮田茂雄在《天台思想入門》〈序章——天台山國清寺與日本佛教〉文中說：「最澄在八世紀時曾留學於天台上國清寺，並在此修學天台宗的教義，回國後在比叡山建延曆寺，開創了日本的天台宗。比叡山延曆寺雖是天台山國清寺的支流，卻是日本天台宗的開山之寺。大部分的日本佛教都出自比叡山的延曆寺。日本的許多出家人上比叡山延曆寺修行，學習天台宗。即使在鐮倉新佛教之後，多數的人依然會到比叡山延曆寺學法。」〔註4〕日本僧人來中國學密教與天台教法，其後在日本國發展出東密。

　　當時的僧人，到處參學，受《涅槃經》、《大乘起信論》，乃至《華嚴經》、《般若經》的影響，自創禪觀，宗派勢力興趣，僧侶繫屬各宗，時至壁壘森嚴，而江浙寺院多屬天台宗，天台宗人亦在五台山活動。日本平安朝所謂入唐八大家——最澄、空海、常曉、圓行、圓仁、惠運、圓珍與宗叡，歸國時不但攜去大量佛經，中國儒家經籍亦隨同輸入日本〔註5〕。最澄的弟子圓仁後來「大弘具有日本特色的天台宗，成爲山門派的創始人。他所撰寫的《入唐

〔註3〕歐陽修《新唐書》卷四十八〈百官志〉崇玄署條（鼎文正史全文標校讀本，69年3月），頁1252。

〔註4〕鐮田茂雄《天台思想入門》（佛光出版社印行，民國78年10月）。

〔註5〕釋東初，《中日佛教交通史》（中華佛教文化館，民國59年6月），頁169。

求法巡禮行記》流傳開來後，五台山天台宗的名聲也隨著名聞遐爾。」〔註6〕嗣後，日本佛教發展出許多新宗派，若法華宗、日蓮宗，乃至十三宗之多，皆不出唐代各宗範圍。

在佛教文化交流上，「天台宗之影響所及，非特僅限於中國域內而已，且亦遠被海外，直接影響到日本及朝鮮半島的佛教文明」〔註7〕會昌年間（841～846）唐武宗滅佛，天台宗也與其他宗派一樣，遭到了滅頂之災，天台宗在五台山的盛傳時間不長。唐大中五年（851），宣宗重興佛教，國清寺住持清觀赴京請藏經，得到恩允，并敕令重建國清寺〔註8〕。會昌三年，台家十一祖廣修禪師圓寂，登門弟子甚眾，居上首者為物外：物外弟子元琇，當僖昭之際，學徒忽聚忽散，以故得定慧之業者，艱其人。元琇之後，清竦、義寂師弟相承止觀教法，江浙地帶除禪宗、淨土宗門之外，台家止觀之學亦得以傳習不斷〔註9〕。逮到五代末期，天台教法得以在宋初重興，法脈綿延，這與山家、山外互相爭論，各揚門風，還有天台宗人在宋朝初年得到王公士夫乃至庶民的護持，大有關聯。台家與禪門，在禪法與止觀思想因不斷的融涉，乃有禪、教合會之說的倡行，而宗門、台家亦同受華嚴與淨土的影響，台家自晚唐起受密法影響極深，拜懺行法盛行，感通情事頗多。

晚唐五代之際，在江淮，南禪宗正在分化，逐漸形成溈仰、雲門、法眼、臨濟和曹洞五家宗派。其中，臨濟宗產生於河北，自天台宗灌頂（561～632）之後，有汝州風穴寺七祖可貞禪師（642～725）、會善法案、少林行鈞（848～925）、少林宏泰、少林欽緣一脈相承教法。另有匡沼（896～973），浙江處州松陽縣人，本習天台教法，於後唐長興二年（931）參汝州，遇臨濟三祖慧顒（？～952），在其勸導下改宗，為臨濟四祖。而作為北宗禪重地的少林寺，此時無南禪的傳入，也無北禪的高僧大德出世，可謂維持山門而已，但自法素弟子行均，把天台教法傳入少林，其有弟子一百多人〔註10〕。除少林寺、五台山之外，晚唐迄宋初，天台宗的主流人物，大抵皆在江浙一

〔註6〕 朱封鰲，《天台宗史述考察與典籍研究》（上海辭書出版社，2002 年 12 月），頁 392～393。

〔註7〕 董平，《天台宗》〈天台宗向日本、朝鮮的傳播及其互動關係研究〉，頁 234。

〔註8〕 《天台方外志》卷十三〈古跡考〉。

〔註9〕 釋志磐《佛祖統紀》卷第八，《大藏經》第七十五冊（佛教出版社，民國 67 年 3 月），頁 344～345。

〔註10〕溫玉成《少林訪古》〈天台宗北傳與晚唐五代的少林寺〉（天津百花文藝出版社，1999 年 11 月），頁 143～150。

帶弘化。初時，台教高僧僅能以止觀相傳，到宋初按地域區分，大抵有三個系統，一是正傳國清寺的宗昱義寂門下系統，二是錢塘慈光晤恩志因門下系統，三是四明寶雲義通一門；其中宗昱系在義學上無大發展，而義寂門下義通系，屬於草創期，當時教界力量大者除了義寂之外，則為晤恩系，入宋四明知禮之學大盛，演變成山家、山外之爭論，但也使天台教義及其觀行，為時人所知曉。

二、天台宗的教義

（一）真如與修淨

天台宗依《法華經》（《妙法蓮華經》）為宗旨，以《大智度論》為指南，以《涅槃經》為扶疏，以《大品般若經》為觀法，與三論宗關係最為密切。所謂蓮華者，取義三世相連，因非實相，故曰華，一切眾生名生曰華，花開見佛，是名法華。中國先世，自北齊慧文依龍樹三諦、一心三觀之說而立論，傳至陳隋之際，有慧思倡「止觀」說。慧思說：「一切諸法，依此心有，以心為體，不生不滅，不增不減，故名之為真。而此真心，無異無相，故名之為如。惟是一心，故名真如。」（《大乘止觀法門》）一心三觀的法門，逐漸建立。

對於一心與法界問題，黃公偉在〈天台宗的教義〉一文中說：「宇宙全體，惟是一心，此心即名真如，又稱如來藏。所以天台宗是極端的唯心論。天台學者認為，諸法生時，此心不生：諸法滅時，此心不滅。不生故不增，不滅故不，名之真。此真心無異無相，名之為『如』。真者不妄，如者不異，故自性清淨心又名佛性、法身、如來藏。」〔註 11〕一切諸法皆藏於此心，故曰藏。染淨二性、梁淨二事，藏於此心，故法華言藏體，開為「十法界」。淨相有四聖，穢相有六凡，即地獄、餓鬼、畜生、修羅、人間、天下等。聲聞、緣覺、菩薩、佛是四聖。法身分染淨，何謂染淨？即「在障名染，出障名淨」；出障成淨，則在修性。凡夫業報未出輪迴，名之為障。菩薩未除之業報，未證佛果，未居常寂，皆稱為障。有惑業報之種障，非懺悔不能出離，由真懺悔須念真相，欲證真相，須修止觀。〔註 12〕《起信論》的一心開兩門，不僅

〔註11〕黃公偉《中國佛教思想傳統史》（《獅子吼雜誌社》印行，民國 61 年 5 月），頁 114。
〔註12〕黃公偉，前引書，頁 115。

對禪宗，對天台宗也起了很大的影響力，眞心觀、妄心觀問題成爲山家、山外爭執的焦點之一，也是天台教義中最關鍵的問題。

天台宗之有別於禪宗，是在教相上下功夫，不僅強調義學博通，還要止觀雙運，有觀有行，智者說：「若夫泥洹之法，入門多途，論其急要，不出止觀二法。止乃伏結之初門，觀是斷惑之正要；止則愛慕心識之善資，觀則策發神解之妙術；止是禪定之勝因，觀是智慧之由藉。若人成就定慧之二法，斯乃自利利人法皆具足。」（《修習止觀坐禪法要》）觀緣起有門，能成立三性（眞實性、依他性與分別性）。止爲解脫門，能證入三無性。止觀所以使染、淨二性、梁淨二事，藏於心而無差別。故慧思云：「藏體平等，實無差別，是即空如來藏。」所謂三性，慧思說：「三性者，謂出障眞如，及佛淨德，悉名眞實性。在障之眞與染和合，名阿頓耶識，此即是依他性。六識識，妄想分別，悉名分別性。」心性緣起，此心不守自性，隨緣而起，隨染淨緣，故所謂十法界與世間，皆是虛妄非眞。換言之，七識能見，所緣非淨心。七識薰心，能生妄念；七識緣八識見分，執以爲我。故修止觀，在破七識爲主。破大、小二乘之人執，破小乘五識、六識之人執，破大乘七識、八識之法執，除無明以淨心。智者說：「還源反本，法界俱寂，是明爲止杒此止時，上來一切流轉皆止。觀者，觀察無名之心，上等於法性，本來皆空；下等切妄想善惡，皆如虛空，無二無別。……法界洞朗，咸皆大明，名之爲觀。」（《摩訶止觀》卷五上）﹝註 13﹞行人由止觀入手，以窺空有，乃至於返本歸心，契入眞如，法界俱寂。天台禪法，是用如來禪，到無上等禪時用獅子搏兔法，一躍契入眞如佛性，同那禪宗祖師禪教。

（二）三諦與止觀

天台宗的中心理論，是諸法實相論，淵源於南岳慧恩。他說一切諸法，當體即是實相，而萬有差別的事項，皆是顯示法性眞如的本相。此宗所以立「圓融三諦」及「一念三千」即爲說明此義。智顗的圓融三諦，在於說明即空、即假、即中的統一。他認爲一切事物，都由因緣而生，沒有永恆不變的實體，故名空諦。一切事物，其中雖無永恆不變的實體，均有如幻如化的相貌，故名假諦。這些都不出法性，不待造作而有，故名中道諦。隨便舉一個事物，他認爲既是空，又是假，又是中，所以稱爲圓融三諦。換句話說，空

﹝註13﹞黃公偉《佛學原理》〈唯識論〉章。

離不開假和中，假離不開中和空，中也離不開假和空。而所謂的一念三千，此宗認為一心具有天、人、阿修羅、地獄、餓鬼、畜生、聲聞、緣覺、菩薩和佛（六凡四聖）十法界。但這十法界，不是固定不移的，六凡可以向上到達於佛的地位，而佛也可以現身在六凡之中；這樣，十法界相互具備，就構成百法界。接著，它又分析十法界所依之體，基本不外色、受、想、行、識五蘊，名為五蘊世間；由五蘊構成有情（動物等）個體叫做有情世間。此外，還有所依住的山河大地，叫做器世間。十法界，各具這三種世間，依此推算，百法界就具有三千種世間了。在佛教中所謂的六凡、四聖，乃至整個宇宙，在智顗看來，都不過是「介爾一念心」的產物。沒有這介爾一念心，也就沒有一切。有這介兩一念心，引發出一心三觀的行法。

本宗理論還有三法無差、性具善惡、無情有性等說。三法無差，是指佛法、眾生法、心法三種，雖自有他、因果不同，而三法的體性都具足三千，互攝互融，並無差別。而性具善惡，是一切諸法既無一不具三千，所以梁淨善惡都可視為天然的性德。如來不斷性惡，但斷修惡；闡提不斷性善，但斷修善。無情有性，則是依據色心不二的道理，說明佛性周邊法界，不因有情無情而間隔，所以一草一木，一礫一塵，都具有佛性〔註14〕。對於天台論理、說事、觀相的止觀，學者的看法不同，有喜好者如龔自珍，說：「自達磨至惠能，有出於吾天台宗之外者歟？」（《龔自珍全集》）而歐陽漸卻認為：「自天台、賢首等宗興盛後，佛法之光愈晦！諸創教者，本來入聖位，……而奉行者，以為世尊再世，畛域自封，得少為足，佛法不明，宜矣！」〔註15〕其又謂：「大法凌替，誰之過歟？」〔註16〕天台宗是強調，「止觀並重，定慧雙修。」禪是佛心，教是佛語，要明白一代聖教，要明白佛心，然後佛的玄旨方能發揚光大。曉雲法師在〈天台宗依法華弘一家宗旨〉文中說：「藕益大師教觀綱宗謂：『佛祖之要，教觀而已。』又蓋智者大師以後，一般解法華，多解經式，惟藕益大師則有論及觀法，因觀法為天台一家所依，而以觀法為開慧之本旨，開慧正是發悲願之正途；故藕益大師則有論及觀法，因觀法為天台一家所依，而以觀法為開慧之本旨，開慧正是發悲願之正途；故藕益大師論法華不只解惑，實解惑後之正觀，開慧起行之正因。所以，天台之獨特精華，在於止觀；

〔註14〕黃懺華〈天台宗〉，《中國佛教總論》頁 287～288。
〔註15〕歐陽漸，《唯識抉疑談》，《遺集》第二冊。
〔註16〕歐陽漸，《大般涅槃經》，《遺集》第一冊。

天台思想之發揮，在於教、觀并弘。」〔註17〕天台宗因爲教觀并弘，所以當天下離亂之時，難得弘傳之人，宋初因政府中央集權之故，佛教淡薄，才俊之士多轉爲儒生，或逃禪而去，致使天台宗的興監也袛是曇花一現耳。

「法華妙義，但究一乘，天台三止三觀，皆是道路功夫；假以方便行，旨歸一乘，實相正觀。」僧人得法華玄旨，有轉爲唸法華者，變成淨土信仰，也妨礙到天台宗的發展。天台依法華稱一乘妙法，可開發初機學人於微細處做工夫，所以古德云：「僧堂中，學般若菩薩，十指不點水，百事不干懷，粥飯之餘，專心在道；上根利器者，不離單位，坐究一乘，晝夜惺惺，端持正觀。」〔註18〕因此，明復法師在「識得來時路——中國古人生活的禪趣」一文中謂台家與宗門，在修學過程容或差異，在證果上實無別，同用「獅子搏兔的方式。」〔註19〕由是可知，禪教可以相通，禪宗吸收法華玄旨，直契眞如佛性，強調身心活潑；淨土行人知法華妙義，唸佛求生西方。

三、會昌法難與經教

（一）會昌法難

魏晉以降，中國仙道之學漸行，鉛汞之術的隱喻，導致服食之風的盛行，「燒煉八石入於邪道」〔註20〕。至唐代，上自帝王，下於公卿，服食之風未衰。武帝亦步入後塵，喜好道術修攝之數，聽道士讒言，下詔全面廢佛，終於以服食丹藥暴崩。其間雖僅數年，但對佛教構成鉅大的傷害〔註21〕。會昌之際，滯留中國的外籍僧侶人數很多，據日僧圓仁《入唐求法巡禮行記》卷三中記載，會昌三年（843）時有青龍寺南天竺三藏寶月等五人、興善寺北天竺三藏難陀一人、慈恩寺師子國僧一人、資聖寺日國僧一人，其他寺院新羅僧、龜茲國僧二十一。〔註22〕

沙汰佛教時，除日僧惟曉病故之外，悉被遣送回國。當時，頗多大臣釋子相送，如寺中三綱送圓仁，其曰：「遠來求法，遇此王難，應不免改服。自

〔註17〕《天台宗論集》〈法華疏要〉（原泉出版社，民國76年），頁212。

〔註18〕智徹《禪宗決疑集》〈禪林靜慮門〉，《大正藏》第四十八卷，頁1012。

〔註19〕《國文天地》第七卷第二期，頁22。

〔註20〕《道教與超越》〈第三章隋唐五代道教超越理論體系的建立〉（大臺北出版社印行，民國84年7月），頁33～34、48～49。

〔註21〕黃運喜《會昌法難研究——以佛教爲中心》〈會昌法難始末〉（文化大學，民國76年1月），頁59～80。

〔註22〕釋圓仁，前引書（臺北：文海出版社，民國60年4月出版），頁91。

古至今，求法之人定有障難，請安排也。不因此難，則無因歸國，且喜將聖教得歸本國，便合願。」〔註23〕大理事卿楊敬之送行，謂：「我國佛法既以滅絕，佛法隨和尙東去；自今以後，若有求法者，必當向日本國也。」〔註24〕白居易對新羅僧無染說：「吾閱人多矣，罕有如是新羅子矣；他日中國失禪，將問之東夷耶！」〔註25〕會昌滅佛，不僅僧人遭致沙汰，寺廟、經籍遭到毀滅，影響到以寺廟、經籍、儀軌發展爲主的密宗與教下諸宗，所以佛教中人發出無限的感慨。

以上諸人的表現，顯示出對佛法東傳的慶幸與關切，希望有朝一日中土能派人到日本、新羅求法回國，以延續法脈。五代時，吳越國王果眞派代表向日、韓求法，足以證明朝臣釋子的關切，是有道理的。〔註26〕但其間也可看出諸國對中國的態度是如何地大不相同。

（二）佛典的散輯

五代之際，北方亂起，加上後周世宗毀法，佛教發展不易。南方則社會較安定，且國君多崇信佛法，且派遣使者遠至高麗、日本求法，使法脈得以重續中國。釋志磐在《佛祖統紀》〈沙門子麟傳〉謂：「法師子麟，四明人，五代唐清泰二年（935）往高麗、百濟、日本諸國援智者教。高麗遣使李仁日送師西還，吳越王鏐（當文穆王之誤）於郡城建院以安其眾。」〔註27〕《佛祖統紀》亦載天台宗經典散佚情形，及遣使往海外求經書事，其文曰：「初天台教迹，遠自安史挺亂，近從會昌焚毀，殘篇斷簡，傳者無憑。師（義寂）每痛念，力綱羅之，先於金華古藏僅得淨名一疏。吳越忠懿王，因覽永嘉集，有同除四住以此爲齊，若伏無名三藏即劣之語，以問（德）韶國師。韶云：「此是教義，可問寂師。」王即召，師出金門，建構以問前義。師曰：「此出智者妙玄，自唐宋散亂教籍散毀，故此諸文多在海外。」於是吳越王遣使十人，往日本國求取教典。既回，王爲建寺螺溪，扁（匾）曰定慧，賜號淨光法師……案二師口義云：「吳越王遣使，以五十種寶，往高麗求教文，其國令諦觀來奉

〔註23〕釋圓仁，前引書（臺北：文海出版社，民國60年4月出版），頁101。
〔註24〕朱雲影〈中國佛教對於日韓越的影響〉引《日本三代寶錄》〈貞觀六年正月十四日〉條（《師大歷史學報》第四期，民國65年4月），頁57。
〔註25〕崔致遠〈有唐新羅國故兩朝國師教諡大朗慧和尚白月葆光之塔牌銘并序〉，《朝鮮佛教通史》上篇，頁14。
〔註26〕黃運喜《會昌法難研究》，頁94。
〔註27〕釋志磐，前引書卷二十二，頁246。

諸部，而智者論疏、仁王疏、華嚴骨目、五百門等不復至。」〔註28〕據《韓國佛教史》載，我國天台九祖荊溪湛然（711～782）傳法新羅法融，開新羅天台法脈，法融三傳弟子諦觀於高麗光宗四年（960）持論疏諸文，至螺溪謁見義寂法師，天台經典，復還中國。諦觀來華，乃高麗應吳越王之請而派遣的，諦觀至中國禮義寂爲師，留螺溪十年而卒，著《天台四教儀》一書行於世〔註29〕。高麗國遣諦觀來華前，曾誡以於中國求師問難，若不能答則奪教文以回；同時將《智論疏》、《仁王疏》、《華嚴骨目》、《五百門論》等禁令傳。由於諦觀持天台教典來華，致日後天台人才輩出，造成北宋天台宗的復興。

諦觀在中國圓寂，致使高麗天台法脈斷絕，乃有僧統義天持華嚴經典來中國求天台教法之事。義天是高麗文宗仁孝王四子，出家後受封爲祐世僧統，宋神宗元豐八年（1085）入宋求法〔註30〕。其上表乞傳賢首教，敕兩街舉可教授者，以東京嚴誠禪師對，誠舉錢塘慧因寺淨源以代，乃敕主客楊傑送至慧因寺受法。義天持《華嚴疏鈔》諮決所疑，閱歲而畢，於是華嚴一宗，文義逸而復得。義天後見天竺寺慈辯，請益天台教觀之道，並遊佛隴，禮智者大師塔，爲文誓曰：「己傳慈辯教觀歸國敷揚，願賜冥護。」又請靈芝大智法師說法，持所著文歸國〔註31〕。時當哲宗元祐二年（1086）其歸國後獻釋典及經書一千卷，與以後陸續購自宋、遼、日本之書四千卷，悉皆刊行〔註32〕。撰有《新編諸宗教藏經總錄》行世。

義天來華，將《華嚴疏鈔》傳回，回國後又將金書晉譯《華嚴》五十卷，唐武則天時譯之八十卷，德宗朝譯之四十卷，附海舟捨入院。天符二年（1099）又施金建華嚴大閣（俗稱高麗寺）以供奉之〔註33〕。淨源因得義天傳回《華嚴疏鈔》之故，故能融會其師長水子璿所授之《楞嚴》、《圓覺》、《起信論》之學，時人稱爲華嚴中興之祖。從上述天台、華嚴二宗經教傳回中國的經過，以及其對二宗復興的影響，可以看出會昌法難之時，天台與華嚴的經典散佚極爲嚴重性，連帶影響了兩宗在中國的發展，致使禪宗與淨土勃然

〔註28〕釋志磐，前引書卷八，頁189～190。
〔註29〕李能和，前引書下篇，頁295～296。
〔註30〕李能和，前引書上篇，頁232。
〔註31〕釋志磐，前引書卷十四，頁223。
〔註32〕李能和，前引書上篇，頁233。
〔註33〕《咸淳臨安志》卷八十九（臺北：中國地志研究會，民國67年8月），頁14。

興盛。

北宋立國之後，曾先後派使者到荊南、蜀、南唐、吳越諸國，盡收其地文章回以歸汴京。乾德四年（966）又下詔搜求逸書，又遣使者到峨嵋、五台、泗州等地莊嚴佛像。太祖於開寶四年（971）遣高品、張從信至益州，雕造《大藏經》，太宗太平與國八年（983）完成，此即《開寶藏》的由來，亦是我國雕印《大藏經》之始。《開寶藏》雕刻之際，曾將天台智者大師之科教經論一五〇卷入藏，經版係向杭州取來〔註34〕。黃運喜在〈法難下的佛教──佛典的散佚〉一文中說：「吳越時向高麗所求天台經典，亦應於此時入藏。此後兩宋政府陸續雕刻藏經，先後完成《崇寧藏》、《農盧藏》、《圓覺藏》。這些藏經與元明明修的《積砂藏》、《普寧藏》、《嘉興藏》，以卷秩函號來看，均以唐智昇撰《開元釋教錄》（完成於開元十八年，730）爲依據，屬於同一系統〔註35〕。另外，遼、金、高麗亦雕刻大藏經，其編奏方式係根據後晉釋可洪的《新集藏經》、《開元釋教錄》與《貞元新定釋教目錄》（唐圓照撰，完成於貞元十六年，800）的編排方式，屬於另一系，融合了開統。史載耶律德光破晉軍後，備法駕入誅，盡據晉圖像經文，運往上京，釋可洪《新集藏經》亦歸契丹。〔註36〕

金藏所收唐代以前諸家譯撰典籍，約可分以下三類。第一類是《金藏》、高麗《再雕藏》（完成於 1251），日本《大正新脩大藏經》（簡稱《大正藏》，完成於 1934）、《卍續藏》（完成於 1912）所收輯，而爲中國所刊行各版藏經所未收入者；此類經典，大部份是唐以前僧侶所譯的顯教經典，以及金剛智、不空等人所譯的密教經文。「這類經典，可能係直接參考《高麗初雕藏》、《續藏》，或間接得自日本，爲義天向日本所求得，而爲中國會昌之厄所散佚者。」這二類經典是《金藏》、《大正藏》、《卍續藏》收輯，但《高麗再雕藏》及中國各版本均爲未收入者。「這類經典，絕大部分是唐代窺基的著作。」〔註37〕因唯識細膩瑣屑，不合國人習性，安史亂後，習者漸少，宗風轉衰，不待會昌法難的影響〔註38〕。第三類的經典，是《金藏》首次收錄，並爲以後中國、

〔註34〕釋道安，《中國大藏經雕刻史話》（臺北：盧山出版社，民國 67 年 1 月），頁62、71。

〔註35〕《會昌法難研究》，頁 133。

〔註36〕陳玉書，〈談遼版大藏經〉（北平光明日報，民國 59 年 11 月 22 日）。

〔註37〕黃運喜，《會昌法難研究》，頁 133～139。

〔註38〕嚴耕望，〈唐代佛教之地理分佈〉，《中國佛教史論集──隋唐五代篇》（臺北：大乘文化，民國 66 年 11 月），頁 88～89。

高麗、日本雕刻各版藏經收錄者。「這類的經典，大部份屬於天台、華嚴的撰注，這類著作，當係五代以後陸續傳回與發現結集，在海外者也因《金藏》的雕刻而被收錄；這是由於天台、華嚴二宗在北宋時已復興，其宗派經典也較爲時人所重，《金藏》收錄後就廣爲流傳，爲往後所雕印之各版本《大藏經》所收錄。」〔註39〕天台止觀方面，因傳習緣故，在中土得以保存，當中以小止觀鏤版較晚。台教因止觀書籍，加上回傳的《四教義》等論疏，「去珠復返」，經義寂、義天師弟苦心經營，到宋初台教漸興，而此後來被稱爲山家的支派轉趨隆盛，尤其是在山家、山外爭論之後。

明蓮池大師說：「古來此方著述入藏者，皆依經論入藏成式，梵僧若干員，漢僧若干員，通佛法宰官若干員，群聚而議之。有當入而未入者，……則一二時僧與一二中貴草草自定，而高明者或不與其事故也。嗟乎！天台師種種著述，及百年然後得入藏，豈亦時節因緣使之然歟！」〔註40〕天台經典爲《金藏》先收錄，黃運喜說，這「是因官刻與民刻（《金藏》由法珍尼刊刻）不同的緣故。」〔註41〕但由史實觀之，台家高僧在晚唐宋初，多與王室權貴雅士時相往來，一代教法因之流傳。

四、天台宗在吳越國的發展

天台宗因智者大師（538～591）住天台山得名，蓋智者大師破斥南北，禪、義均弘，其教行乃南北佛法之結晶，因而樹立此一特殊教派。智者晚年在天台山傳法，已爲僧眾立制法，定懺儀，儼然一代教主，禪門中人亦以智者爲天台教主〔註42〕。天台宗既成一大教派，自認爲是佛教正統，而有傳法定祖之說，推龍樹爲高祖，且直承佛陀，事見志磐所著《佛祖統紀》書。據天台師資傳承，荊溪依次傳道邃、廣修、物外、元琇。元琇在唐末，值僖昭之世，天下方亂，學徒忽聚忽散，惟清竦、常操傳其學。常操主持明州國寧寺，依次傳義從、德儔，德儔傳慧斌、修雅〔註43〕。清竦則繼主國清寺，值錢鏐修建國，師領眾安處，每臨座高論，屬人之志曰，「王臣外護，得免兵革之憂，終日居安，可不進道，以答國恩。」門人世業者有義寂（居天台螺溪），

〔註39〕黃運喜，《會昌法難之研究》，頁139～140。
〔註40〕釋蓮池，《竹窗隨筆》（臺灣印經處，民國60年6月），頁189。
〔註41〕黃運喜，前引書，頁147。
〔註42〕釋道原《景德傳燈錄》卷二十七〈天台智者禪師傳〉，頁156。
〔註43〕《佛祖統紀》卷八〈十三祖妙說尊者元琇傳〉，頁70。

志因（居錢塘慈光寺）、覺彌（居錢塘龍興寺）。〔註44〕

天台宗經會昌法難及五代離亂，教典多遭堙滅，僅在觀行方面有物外、元琇、清竦、義寂等師弟相承。義寂曾多方網羅佚典，僅於金華古藏中找到《淨名》一疏，乃求德韶國師發慈悲心援助。德韶爲其疏忠懿王，遣使齎書赴日本、高麗國求取教典，高麗國令諦觀奉來教籍。教籍既取回，忠懿王爲建螺溪道場，給額定慧，並賜師號淨光法師，義寂亦請諡天台諸祖〔註45〕。淨光大師傳法弟子百餘人，外國十人，知名者有宗昱（居天台國清寺）、澄彧、寶翔（上兩師居錢塘廣教寺）、行靖、行明（上兩師居錢塘石壁寺）、瑞先（居天台勝光寺）、願齊（居溫州普照寺）、諦觀（居天台定慧寺）及義通。〔註46〕

義通，高麗國人，初至天台山雲居參德韶國師，後謁螺溪，聞一心三觀之旨，學成欲歸故鄉，爲明州刺史錢惟治所留。宋開寶元年（968），漕使顧承徽舍宅爲建傳教院於明州。宋太平興國六年（982）十二月，弟子延德詣京師乞寺額，七年四月賜額爲寶雲〔註47〕。傳法弟子有知禮（966～1028，居明州延慶寺）、遵式（964～1032，居杭州天竺寺）、異聞（居明州延慶寺）、有基（居杭州太平興國寺）、體源（居明州廣慧寺）、清曉（居錢塘承天寺）、善信（居錢塘）。〔註48〕

宋初，天台宗雖振興，人才輩出，然爭法統與揚師說之風氣極盛。自智者以來，以鑪拂傳授爲信，淨光大師付授宗昱，契能得教旨於宗昱，爲第十四代嫡傳，主天台常寧寺，晚年欲授扶宗繼忠（？～1082，居西湖法明寺），但繼忠得法於廣智尚賢（～1028，繼知禮主延慶寺），不敢受，辭之，契能法師乃藏祖師鑪拂於天台道場〔註49〕。此外，皓瑞（890～961）曾依玄燭學一心三觀，玄燭在五代武肅王之世時（907～932）爲彼宗第十祖，然志磐之《佛祖統紀》，列其爲不明承嗣者，以抑之〔註50〕。此或志磐爲廣智之十世法孫，爲天台道統而忽略其他傳承，而述文者且大言不慚地說：「在道，不在鑪拂也。夫鑪拂，祖師之信，器傳之久，不能舞弊，或以情得，或以力取，於道何預

〔註44〕同前書，同卷〈十四祖高論尊者清竦傳〉，頁71上。
〔註45〕同前書，同卷〈十五祖淨光尊者義寂傳〉，頁71。
〔註46〕同前書，卷十〈淨光旁出世家〉，頁81上。
〔註47〕同前書，卷八〈十六祖寶雲尊者義通傳〉，頁71。
〔註48〕同前書，〈寶雲旁出世家〉，頁81。
〔註49〕同前書，〈契能法師傳〉，頁85下。
〔註50〕《宋高僧傳》卷七〈宋秀州靈光寺皓端傳〉，頁174。

焉。（契）能師欲傳之扶宗，而辭不受，固也；藏之祖師行道之場，宜也。向使扶宗妄受，復妄傳，適足以起後人之紛諍，於道何在焉。」〔註51〕山家派爭法統，昭然可見，其端始於湛然。

志因於開運初（944），居錢塘慈光寺，出弟子晤恩（912～986）繼踵開法，時人稱爲義虎。晤恩有弟子可榮（居蘇州）、懷贄、義清（居錢塘）、源清（居錢塘奉先寺）、洪敏（居塘靈光寺）、可嚴（居錢塘慈光寺）、文備（居錢塘慈光寺）。源清傳法弟子有智圓（居西湖孤山）、慶昭（居錢塘梵天寺）、慶巒（居錢塘崇福寺）、德聰（居越州開元寺）。可嚴有弟子蘊常，居錢塘廣慧寺。慶昭有弟子咸潤（居越州永福寺）、智仁（越州報恩寺）、繼齊（居溫州）。智圓弟子惟雅，住持孤山。咸潤有弟子善朋，居越州永福寺。〔註52〕

天台宗內部，因爭論智者所撰《金光明玄義》廣本之眞僞，分裂成山家、山外兩派。先是，晤恩著《金光明玄義發揮記》，解釋《金光明玄義》略本，主「眞心觀」；知禮起而難之認爲「廣本」是智者之眞作，而主「妄心觀」，於是兩派展開爲期七年之爭論。知禮弟子梵臻、本如（982～1051）、尚賢等人本師說，自號山家。晤恩、源清、慶昭、智圓之學，被貶爲山外〔註53〕。雖然山外派受打擊而衰微，但持平而論，此派論說新穎，且得法華旨意，晤恩當錢氏有國時，且被尊爲義虎，聲望甚隆，然吳越版籍歸來後，知禮爲眞宗所禮重，修行懺法，解郡之大旱，因得王臣護持，道法大熾，學者如林。眞宗天禧三年（1019），宰相王欽若出鎮錢塘，遵式遣使邀智圓同迎之，智圓笑謂使者曰：「錢塘境上，且駐卻一僧。」〔註54〕由此可知，山家大興而山外衰落，非僅如黃懺華先生在〈天台宗〉一文中所云的：「山外派的主張，有他宗立說的影響，故被山家斥爲不純，其勢力不久即衰歇。」〔註55〕而是山家、山外的宗主，其人格、門風有別的緣故，化緣自然不同。天台宗不能開兩門，致使其法運不如禪宗來得興盛、久遠。

在山家派還沒取得正統地位之前，山外派晤恩、志因、文備等師門兄弟們晝夜不息的講法心、論法義，其實力與影響遠大於山家。但就贊寧《宋高

〔註51〕同註49。
〔註52〕《佛祖統紀》卷十〈高論旁出世家〉，頁80～81上。
〔註53〕同前書，同卷〈慶昭法師傳〉，頁83下；同前書，卷八〈十七祖法智尊者知禮傳〉，頁73。
〔註54〕《佛祖歷代通載》卷二十七〈杭州孤山智圓法師傳〉，頁5下。
〔註55〕黃懺華，前引書，頁285。

僧傳》卷七描述，晤恩是一位乃持行謹重的老衲，「凡與人言，不問賢不肖，悉示一乘圓意。」「不好研世俗事，雖大人豪族，未嘗輒問名居，況迁趨其門乎。」（《大正藏》卷五十）而山家之人則大不相同，好與權貴雅士往來唱和，常對民眾宣教應化，作懺度亡，顯示他們對塵世俗事的熱情與極強的參與和能力，這一點是山外派望塵莫及的（吳忠偉〈宋代天台佛教的復興——山家與山外之爭〉）。

五、天台宗與禪、淨兩宗的會通

（一）台家與禪、淨兩宗

　　天台宗的流傳，自南朝慧思、隋朝智者而下，源雖不遠，而流行卻長久。五代末年、宋初之際，永明延壽出世，念佛而參禪，禪淨合一之說漸起，天台宗人念法華者，重觀行頓圓之外，兼重淨土。天台宗人，有初參禪，而後走向純觀行的正統者；但傳至北宋末，乃為淨土所掩。反之，旁出的天台世系，大抵標榜禪淨一致，此亦由禪法所生之合流新趨勢。黃公偉說：「天台宗倡止觀，說觀行，本重觀；淨土禮佛念佛，則重行；禪淨合一，此天台末流之變。」〔註56〕釋志磐《佛祖統紀》將宋代僧侶七十五人，列入《往生高僧傳》中，幾乎囊括了當時淨土宗、禪宗、天台宗、律宗等代表人物。如四明知禮集道俗近千人，勤勸念佛；慈雲遵式著《晨朝十念法》，盡此一生，不得一日暫廢（《樂邦文類》卷四）。知禮弟子神照本如，慕廬山之風，結白蓮社。而元照者，其初博究台教，又兼傳律學，卻歸心於淨土，這都與《法華經》有關。天台宗人的教法與教學法，不如禪宗活潑、奔放。禪宗強調藉教悟宗，而禪師的化門可以各自不同，且不論學人將來的行履。在這一點上就遠非天台宗所能比擬。天台宗不能合會各種化門，且在意行人的行履，難以形成包容並蓄的宗派，致使天台正宗山家一派，越傳越難得其人，縱有傳人也艱其行願。

（二）契會與行履

　　清竦得王臣外護，得免兵燹之憂，安心進道，此為本宗得傳一因。門下世業者，有義寂、志因、覺彌。義寂（918～987）著有《止觀義例》、《法華十妙不二法門》等書，傳弟子義通、宗昱，志因傳晤恩、源清、智圓、慶昭，

〔註56〕黃公偉，《中國佛教思想傳統史》，頁227。

而生出山家、山外之爭。時吳越國禪法極盛，行人有念佛、參禪有省有得，轉而弘化天台止觀者。釋志磐在〈興下八祖紀第四〉云：「傳聖人之道者，其要在乎明教觀而已。上尊龍樹，下逮荊溪，九世而祖之宜矣，至於（廣）修、（道）邃二師，相繼講演不墜素業。會昌之厄，教卷散亡，（物）外、（元）琇、（清）竦三師唯傳止觀之道。螺溪之世，賴吳越王求遺書於海東，而諦觀自高麗，持教卷用還於我，於是祖道復大振，四明中興實有以資之也。是諸師者，或顯或晦，述而不作稱之曰祖，蓋傳授有所繼，正統所繫也。」〔註57〕義寂學天台止觀於清竦，「其所領解，猶河南一徧照也。」〔註58〕其與天台德韶，關係非淺，當時學人多參學於兩師門下。如《佛祖統紀》卷第十〈法師願齊傳〉說：「初傳淨光之道，精研止觀，後參韶國師發明玄奧。周顯德初，螺溪居民張彥安詣淨光曰：『家居東南里所，陰晦之夕，必有鬼神吟嘯，考鐘鼓之聲，又嘗龍遊其地，非愚民所居，願以奉師。』師往視之，見山水秀異，謂眾曰：『此伽藍地也，夢龍遊者，豈龍樹之道將興此地邪？』因納之。願齊初為法華紹巖弟子，聞其事以白師，輟眾施三萬見法堂、廚房，覆苫累塊悉尚朴素，蓋稟師之誡也。既成，淨光與學徒二十人俱往，既而雲居韶禪師為疏於漢南王，即施財，架懺堂諸屋以廣之。」〔註59〕

又〈法師行靖與行紹傳〉云：「同依壽禪師出家，通練律部，時韶國師法道大振，初往從之。國師觀其法器，即使往學三觀於螺溪之席。二師既偕往，講求大義且夜不息，宋幾所學已成，乃復回石壁為眾講說。前後五十年，確守山林之操，未嘗出遊閭里，吳中宿學皆服其高潔。嵩明教論之曰：『出家於壽公，學法於寂公，見知於韶公。三皆奇節異行不測人也，二師皆得以親之，豈不偉歟！』」〔註60〕另義通學《華嚴》、《起信》，後遊中國。〈十六祖寶雲尊者義通傳〉說：「漢周之際，畢茲輟矣。」遂留受業，久之，具體之聲浹聞四遠。……師敷揚教觀幾二十年，升堂受業者，不可勝紀，呼人為鄉人，有問其故？曰：「吾以淨土為故鄉，諸人皆當往生，皆吾鄉中之人也。」〔註61〕

淨光義寂〔註62〕門下有明師者，年方弱，聽經於會下，常自疑云：「飲光

〔註57〕釋志磐，《佛祖統紀》卷第八，前引書，頁343。
〔註58〕前引書卷八〈十五祖淨光尊者義寂傳〉，頁345。
〔註59〕釋志磐，前引書卷十，頁373。
〔註60〕釋志磐，前引書卷十，頁372～373。
〔註61〕釋志磐《佛祖統紀》卷第八，前引書，頁346。
〔註62〕按義寂，《宋高僧傳》作義寂，然《螺溪振祖集》、《四明尊者教行錄》卷七、

持釋丈六之衣，披彌勒百尺之身，正應其量，爲衣解長邪？身解短邪？」時韶國師居雲居（屬天台），聚眾五百，明往問之〔註63〕。韶國師說：「汝卻會！」明拂袖便出去，國師曰：「小兒子，山僧若答汝不是，當有因果，汝若不是，吾當見之。明歸七日，吐血，淨光和尙勸曰：『汝速去懺悔！』明乃至師方丈悲泣，曰：『願和尙慈悲，許某懺悔。』師曰：『如人倒地，因地而起，不曾教汝起倒。』明曰：『若許懺悔，某當終身給侍。』師爲出語曰：『佛佛道齊，宛爾高低；釋迦彌勒，如印印泥。』」〔註64〕

　　至於天台學者，與華嚴、禪的關係，頗爲深厚。有初學華嚴，見性在禪，行履在止觀，而回歸淨土者所在多見。而山家、山外之爭，爭的不外「眞、妄觀」與「理、事」是一是二，山外派受華嚴唯心緣起影響，主理圓說。而禪宗，對天台、華嚴、唯識學人影響亦深，至五代禪宗已走向本覺眞性，心外無法，滿目青山，即境作佛〔註65〕。德韶上堂示眾云：「佛法現成，一切具足，十人道：『圓同太虛，無見亦無餘。』」又云：「法身無相，觸目皆形；般若無知，隨緣而照，一時徹底會取好。」（《景德傳燈錄》卷二十五〈天台山德韶國師傳〉，頁97）至延壽合會教說，著《宗鏡錄》一〇〇卷，嘗謂弟子說：「先以聞解信入，後以無思契同。」又著《萬善同歸集》，其《唯心訣》云：「如知妙理，惟在觀心。恆沙之業，一念而能消。千年之暗，一燈而能破。」宋初台教與賢首日漸交融，因眞如隨緣問題，無論山家山外，都對《華嚴經》、《起信論》起了很大關懷與研究。兩家之爭的核心，不是要不要隨緣，而是如何判釋眞如隨緣，這一個諍論，隨伴著對天台思想傳統的詮釋而進行的（吳忠偉〈宋代天台佛教的復興——山家山外〉）。

（三）禪、教會通

　　至於宗門、賢首、台家學者，流入淨土的問題。黃公偉在〈淨土宗與由外入流〉文中說：「天台後學，每多教宗天台、行宗淨土，是天台亦有入淨土之事實。華嚴宗杜順由如來禪衍爲華嚴教；如《華嚴經》〈普賢行願品〉，亦初修淨土，說修法華三昧之法；是故嚴後學亦歸淨土。總之，禪、淨行衍爲天台、華嚴二宗，其說定流歸淨土，乃自然之勢。天台之淨，華嚴之淨，禪

《大正藏》第四六冊及《五燈會元》諸書均作義寂。

〔註63〕釋志磐《佛祖統紀》卷第八，前引書，頁345。

〔註64〕釋普濟，《五燈會元》卷十〈天台山德韶國師傳〉，頁219～220。

〔註65〕賴建成〈華嚴與禪的交涉——兼論如來禪與祖師禪〉，民國93年8月《法光》一七九期第二、三版。

宗之淨，至法相之淨，無不歸於淨土。換言之，唐代教下四宗，其吸收法華、涅槃學說者，立爲天台宗。依《華嚴》、《楞嚴》學者，立爲華嚴宗。其依取唯識學說者，立爲法相宗，都不離於淨土。」〔註 66〕其差別則在，對清淨之心的詮解，是站在「本體論」還是「實相論」的問題上。

自慧思、智顗以來，台家對達磨禪法有著繼承及境域的拓展，此由「二入四行」與「釋禪般羅密次第法門」的內容，可以加以考察。「智顗尤其重視個體之心靈境界內在轉換，強調心體之本然淨性的自我顯發，譬如磨鏡，鏡轉明，色像亦明。若能淨心，諸業即淨。此可謂通過發跡以顯本，然本跡互依，體用一如，故心體之本然的開顯既可漸達，亦可頓了，以一念相應慧斷餘殘習氣，而得成佛。」「在那裡，這種心靈境界的轉換一但實現，心體便不再因無明的掩蔽而暗濁，而得以如其本身所是的狀態呈現出來，于是歷緣對境，舉足下足，無非道場，低頭舉手，歌詠散心，皆已成道。」「在這種心體的澄明境域，存在者本身的澄明，使一切現象獲得其存在性的還原，而呈現爲即空即假即中的眞善妙色，于是一色一香，無非中道，世間一切治生產業皆與實相不相違背。」「顯而易見的是，智顗的這些觀點，與後來禪家基於明心見性之旨而表達出來的觀點，如：『一花一世界，一葉一菩提。』『青青翠竹，盡是法身。』『郁郁黃花，無非般若。』等等，無疑存在著某種內在實質上的同一性。事實上，天台宗原以圓頓爲歸，初緣實相，造境即中，佛之知見的終極開顯，亦可藉一念相應慧的切入來實現；一念悟入，即空即假即中的三諦圓融一實諦理，便即出離於無明惑障轉進於存在的澄明之境，此內在的經驗過程亦得超拔於非本眞的沉淪狀態而還歸其素樸之天眞。在這一意義上，我們遂可以說，經過智顗系統化的天台佛學，某種程度上甚至亦預示了禪宗的未來發展。」〔註 67〕而董平由學風、處所及《文殊說般若經》、《摩訶止觀》所說的「一行三昧」以推，而說：「道信的一行三昧，實源於智顗，故其最後之止於黃梅雙峰山，逐漸形成以一行三昧爲法要的獨特禪風，就其禪法的實質而言，乃是傳自達磨的禪法與天台止觀的一種融會。」〔註 68〕「由道信及神秀、道俊皆以苦節坐禪，勵志精進，以其冥契眞如，境智雙泯；這一點也正是東山法門的基本特徵。而這一特徵，乃不能不說與天台止觀法門

〔註 66〕黃公偉，《中國佛教思想傳統史》，頁 160。
〔註 67〕董平《天台宗》〈慧思智顗對菩提達磨禪法的繼承與整合〉（上海：古籍出版社，2004 年 4 月），頁 190～197。
〔註 68〕董平，前引書，頁 198。

極為接近。」〔註69〕

「神秀固守東山法門，強調息妄修心，以積漸的修持至於實相之境的了達，實與天台止觀有著更為豐富的內在關係。或正以此故，當禪宗內部南北分宗並起諍訟以後，天台九祖湛然曾發起為禪宗三祖僧璨建立碑，以北宗為正統而與南宗相抗。然究實說來，天台宗的止觀學說，原為體大思精，內容富博，在開佛知見這一根本義旨之下倡導觀心，而其法門則漸頓兼舉，既有別歷觀心的漸次止觀，亦有圓妙觀心的圓頓止觀，所重要者，唯對行人之根機利純而方便施設。因此在某種意義上，禪宗北宗之漸，乃接近於天台的漸次止觀，而其南宗之頓，則更近於天台宗的圓頓之旨。」〔註70〕會昌法難以後，北宗禪罕有大德出世，少林寺僧多為台家中人。南禪至永嘉玄覺（665～713），其禪觀，「乃是向天台宗的一種回歸。」〔註71〕其「精通天台止觀，亟援引天台宗義入於禪門，而開闢其獨特之禪觀，在當時影響甚巨。」〔註72〕禪宗吸收天台教法，衍生出南北禪宗，因行人根器與覺知之不同，而禪法有漸、頓之別。

至於永明延壽（904～975），是法眼宗巨匠，倡導禪、教合一的著名代表，其集中精神於華嚴、天台、法相三家教義的高僧參與討論編纂事。其「《宗鏡錄》舉一心為宗，照萬法為鏡，編聯古制之深義，攝略寶藏之圓詮，旨在以禪宗之一心去統攝一切經教，但這一努力本身實際上卻包含者對於當時禪風流行的批判，而表現出要求向教典回歸，以律儀約束身心的取向。這一意義，同樣深刻地表達於《萬善同歸集》中。在延壽看來，一心的實證必須以禪定及其他諸功德作為必要途徑。」〔註73〕這其實也是對本體論之真心與實相論之一念三千的一種融會。禪宗至此，走向了跟華嚴與淨土合會之路。

而宗門與台家的異同，錢伊庵在《宗範錄》〈第十章貫教〉文中說：「天台家依法華經純圓獨妙，于法華經題開立名體宗用教五重玄義，而以經中實相為體，斯即宗門所悟之本來面目，離實相無悟門，離實相無本分，所謂實境無相，無相亦無，實智無緣，無緣亦絕，境雖無相，常為智緣，智雖無緣，常為境發，非實非不實，非相非不相，遮照同時，正是宗門恰好正眼，但教

〔註69〕董平，前引書，頁202～203。
〔註70〕董平，前引書，頁206～207。
〔註71〕前引書，頁204。
〔註72〕董平，前引書，頁203。
〔註73〕董平，前引書，頁208。

下依言而顯，離言而契，宗下則全指離言而契一邊耳。台家判我佛一代五時說法，初華嚴時，二阿含時，三方等時，四般若時，五法華時，判藏通別圓四教，雖不專論宗門，而判禪宗爲般若時所攝，帶通別二教，會歸于圓，以宗門得意者，全合于圓，其未得意者，或帶一別，或帶通別二，開悟有淺深，致合教理有純雜，六祖宣演摩訶般若，勸誦金剛般若經，即是其證，蓋以般若部中所談，與宗門祖師指示多合故也。台宗自以法華純圓獨妙，出前四時外，以前四時是對待之圓，法華時是絕待之圓，立一念三千空假中不思議境，起一念三千假中不思議觀，觀境不二，雙照雙遮，因該果海，果徹因海，果徹因源，佛子住此地，即入諸佛位，了知心佛眾生，三無差別，只觀己心一念陰境，即其凡聖十法界，十如，假名一千，五陰一千，國土一千，此一念三千法。一空一切空，一假一切假，一中一切中，所立境觀，最爲圓妙。宗門客事來不受，一觀妄不觀眞，賢家入手，觀眞不觀妄，宗門亦然，故宗門與台家多不能會同，以台家只觀一念妄心，具一切法，即空即假即中，宗門先須滅盡妄心，方得眞心脫露。然無始求，未曾離念，不獨起滅是妄，即不起滅時亦無記妄念所攝，必待登圓初住，破一分無明，證一分眞如，始得眞如覿面全彰，未登住前，皆住地無明妄心耳，但離此住地無明，更無處覓取眞心。」行人修禪、習止觀，不離於一心與染分、淨分、空淨明相。

至於眞心妄心問題，「李長者云住地無明，即是諸佛不動智。然則台家觀妄，禪宗觀眞，均不外此住地無明。是以台家云山外觀眞，卻同觀妄，山中觀妄，卻是觀眞，此對賢宗而說，而禪宗可知。蓋禪宗離妄顯眞，台家即妄全眞，而同指此住地無明，即諸佛不動智也，了此，則不必分禪分教，分妄分眞，但認取隨緣不變之實相般若，心心不異，即是諸佛不動智現前，即與諸佛把手同行，即是入諸佛位。台宗亦判五十二位，而一生可望登圓初住位，斯與禪門終身不退入聖者同也。」〔註74〕而山家、山外之爭，因宗風與義理上有別之外，還存在著某些問題如行人之志行節操以及政治與濟化活動。

六、結　論

錢氏有國之時，禪家已不復寓居律寺，而另闢禪居，凡湖山勝水之地，皆見禪門人物梵修。天台山原係天台宗之聖地，但因會昌法難後教典散佚，持定、慧之業者寡，地盤漸被律宗、禪宗所據。及德韶國師入主國清寺，國

〔註74〕錢伊庵《宗範錄》（華嚴蓮社出版，民國72年2月）。

清寺成爲禪宗道場，德韶在天台山大興教法，亦助天台宗人求取經籍。天台宗因喪失祖師道湯，乃轉移根本道場於天台山螺溪定慧寺及錢塘慈光寺，聲勢雖不如禪宗熾盛，但英材已輩出，如晤恩時人推許爲義虎。時天台宗人受密教影響日深，大量吸取密教儀軌，行懺法，並有祈雨之舉，其後四明知禮與慈雲遵式爲世人所仰重，部份亦仰賴此種道法。談到遵式法師，鏡庵遷法師在《宗源記》上曰：「道藉人弘，人必依處，此三者不可不畢備也。吾道始行於陳隋，盛於唐，而替於五代。逮我聖朝，此道復興，螺溪（義寂）、寶雲（義通）振於前，四明、慈雲大其後，是以法智（知禮）之創南湖，慈雲（遵式）之見靈山，皆忘軀爲法，以固其願而繼之。以神照啓白運，辯才兆上竺，於是淛江東西並開講席，卒能藉此諸刹安廣眾以行大道。孰謂傳弘之任，不在於處邪？然靈山之刹，三罹寇火而不能壞，此豈非至人誦祝加功願力堅固之驗也哉！」〔註75〕天台宗人多念佛往生者，法眼宗之延壽又力倡禪、淨雙修，其他各宗亦多有兼弘淨土之舉，因此淨土信仰於宋代蔚爲風尚，遂成佛教一大宗派。董平說：「禪宗與天台宗，不僅在教理的內容實質上多所纏結，而且在禪宗的發展過程中，自始至終都存在著一種向古典禪學復歸的潮流，而在精神上支撐著這一復歸潮流的，正是天台宗的止觀學說，因此其流向亦往往趨於天台止觀的回歸。」〔註76〕總之，禪係藉教悟宗，教向淨土圓成，三者缺一不可，禪宗、台家、淨宗僅是佛教展現的山頭面貌耳；究實言之，其教理是相即相融的，縱使行法有別，還是不離三法印與實相無相的原則，而離心無物。

而禪宗的不待言說、簡省止觀積漸的禪法，其接引行人入道的棒、喝、話頭、公案、圓相等方式，亦影響天台學人。如《佛祖統紀》卷第十二〈法師本如傳〉上說：「四明句章人，受業本郡國寧。初依法智（知禮），於千眾中有少俊聲，史典詞翰有法則，爲世所愛。嘗請益經正義，法智曰：『爲我作知事三年，卻向汝道。』暨事畢，復以爲請。法智厲聲一喝，復呼云：『本如！』師豁然有悟，爲之頌曰：『處處逢歸路，頭頭復故鄉；本來成現事，何必待思量。』法智肯之，曰：『向來若爲汝說，豈有今日！』祥符四年，慈雲遷靈山，親往法智會下，求可爲繼者。法智曰：『當於眾中自擇之。』慈雲閱視，至師云：『斯人可也。』大振法道，眾常五六百。《法華》、《涅槃》、《光明》、《觀

〔註75〕釋志磐《佛祖統紀》卷第十〈法師遵式傳〉，前引書，頁378。
〔註76〕董平，前引書，頁211。

無量壽》、《觀音別行玄》、《止觀鈔》、《觀心論》等，皆講說六七過。嘗集百僧修法華長懺一年，瑞驗屢見。」〔註77〕知禮被台家奉爲十七祖，其接引學人卻與禪家無別。禪宗與台家在禪法與理論上，互相資取，更有倡禪、教一致者，在此趨勢之中，「台、禪亦獲得進一步的融和。但此同時，二宗之間亦有諍論，其著名的是雙方關於定祖問題的諍辯。」〔註78〕

至於山家、山外之爭，有正統、旁出之說，事涉宗風與宗師格局、教法與教學法問題。鏡庵在談到孤山智圓時，曰：「孤山以高世之才，彌天之筆，著十疏以通經，其於翼贊教門厥功茂矣；但其相承所說法門，言境觀月剗以眞心爲境，論總別則以理性爲總，判事法二觀，不許修證；廢《光明廣本》，不用觀心，唯論心具心造，不許色具色造。如是等義，布諸簡策，於是義學之士，有習其說者，世必指爲山外諸師之見。惜哉！夫稱宗師者，須具三眼。一曰教眼，明識權、實、大、小之法也。二曰道眼，親踐諸行修證之門也。三曰宗眼，深窮圓、頓即具之旨也。往往山外諸師，宗眼未明，以故所見未臻圓極耳。別教菩薩，神通智慧豈容思議，以由未證圓位，被斥爲權。又初地不知二地，舉足下足，一切聖賢皆以無爲法而有差別，然則議山外者，請以此意恕之。」由鏡菴之言，可知天台宗山家一派爲維持天台宗的從上所傳宗眼，而非斥山外；但也產生反效果，致使天台宗一派難以融涉其他化門，更何況是不同根器學人修習止觀後的不同行履。〔註79〕山外諸師，受宗門靈源一心的影響，所立規矩與從上所傳行法有別，乃被山家所貶斥，然在翼贊教門上其功亦偉。然山家亦不免受賢首與宗門的影響，且趁禪宗頓門衰微、漸門盛行之時，起而弘揚教觀，使天台教法在兩宋轉盛。天台宗「通過山家派的一番整齊，宋代的天台宗代代素業智者教乘，勿事兼講。」〔註80〕後世對天台宗亦有熱愛者，如曾其海在〈近代學者對於天台宗的看法〉一文中說：「清代的思想家龔自珍，特別崇尚天台宗，這從他的詩句中可以窺見。……龔自珍還提倡天台山家派知禮的妄心觀。……或問：『聖賢以何爲依止？』答：『以心爲依止。』眞心耶？妄心耶？答：『以妄心爲依止，全妄即眞故也。』眞心觀、妄心觀是宋代天台宗山家派爭論長達三十年之久的話題。山外派主張只要理觀或觀眞心，就足夠了，不必再作事觀或妄心；而山家派知禮卻主

〔註77〕釋志磐，前引書卷第十，頁387。
〔註78〕董平，前引書，頁212。
〔註79〕釋志磐《佛祖統紀》卷第十〈孤山惟雅傳〉，前引書，頁372。
〔註80〕曾其海，《天台佛學》〈山家派知禮對天台佛學思想的開展〉，頁232。

張介爾一念陰妄心，即觀隨緣之心、俗人之心。後人冀自珍認爲全妄即眞，妄心即眞心。」〔註81〕但眞妄之諍，關鍵還是對一念三千，當詮解作爲本體論或現象論，而引發的。

五代時期，中國與日本、朝野的佛教文化交流，亦是當時東亞地區的大事。會昌以後，復經唐末的雜亂，天台典籍散亡殆盡，唯存斷簡殘篇，以至於傳智者教法的螺溪義寂亦無從充分領會教義。義寂通過天台德韶之言，吳越王錢弘俶於後漢天福十二年（日村上天皇天曆元年，947）乃遣使赴海外求取典籍。「天台典籍從日本復歸，實關係天台宗史甚爲巨大，唯有此典籍返回的契機，天台教才得以於宋初重興而綿延其法脈。」〔註82〕吳越國寄望於日本國所存有天台教籍，但不免大失所望。唐時來華的朝鮮人，則更多，與天台宗的聯繫亦甚爲頻繁。五代時，中國與朝鮮的佛教交流，達到一新的高潮。清泰二年（935）四明沙門子麟往高麗、百濟、日本諸國傳授（一說是援智者教，參見《佛祖統紀》卷第二十三〈法師子麟傳〉）天台教法（《佛祖統紀》卷第四十二〈清泰二年〉條）。晚唐五代詩朝鮮崇佛熾盛，彼國常有僧人到吳越國參學，獲得經論甚多。高麗國王覽永明延壽《宗鏡錄》，遣使齎書，敘弟子禮，彼國僧三十六人，承受印記，歸國弘化。另有智宗（930～1018），來華十一年，受法眼宗之旨，宗建隆元年（960）抵天台國清寺，膜拜淨光大師，從受《大宗慧論》及天台教觀，於開寶元年（968）歸國，極受高麗國王所禮重〔註83〕。諦觀從高麗國帶來了國內已經散佚不傳的天台教典，其撰寫《天台四教儀》一書，概括了天台宗判教學說的精要，對天台宗思想的傳播起了重要作用〔註84〕。諦觀受學於螺溪義寂，留十年，一日坐亡。至於義寂對天台宗的貢獻，釋贊寧曰：「自智者捐世，六代傳法湛然師之後，二百餘齡，（義）寂受遺寄，最克負荷。……微寂，此宗學者幾握半珠爲家寶歟！」〔註85〕

高麗僧義通，稟承義寂法疏，在四明大力敷演天台教觀，使天台宗的中心地由天台山轉移到了四明；其門下出了知禮與遵式，爲天台宗培養出傑出的中興人才。明僧傳燈（1554～1628）在《天台山方外志》中說：「台教正統，

〔註81〕曾其海，《天台佛學》（2002年12月上海學林出版社），頁264～266。

〔註82〕董平，前引書，頁242～245。

〔註83〕參見《朝鮮金石總覽·贈諡圓空國師勝紗之塔碑銘》。另見陳景富〈高麗僧智宗與宗鏡錄首傳海東〉一文附，《東南文化1998年增刊》。

〔註84〕董平，前引書〈吳越時來華的朝鮮僧人〉，頁250。

〔註85〕釋贊寧，《宋高僧傳》卷七〈宋天台山螺溪傳教院義寂傳〉，頁182。

智者而下迄螺溪凡十二世，皆弘道茲山。自寶雲傳教四明，法智中興之後，是道廣被海內，而四明、三吳尤為繁衍。台山者始漸浸微，亦猶佛教盛傳震旦，而西域是後晦不明。」這雖不離天台宗發展的史實，但也含有為天台宗失去根本道場開脫之嫌。而真正將天台宗較為完整地傳播到朝鮮，並且開創了朝鮮天台宗的人物，則是高麗僧統義天（《佛祖統紀》卷第四十六〈元祐元年〉條；另見田汝成《西湖游覽志》卷四〈慧因寺〉；張岱《西湖夢尋》卷四）。「義天入宋，是中朝鮮佛教交流史上的一件盛事，不僅關乎天台宗之作為一個獨立的宗派而正式傳入朝鮮，而且亦關乎中國華嚴宗法脈的盛衰。」〔註86〕義天返國建剎傳教，奉天竺慈辯諫法師為始祖，復寄金書《華嚴經》新舊之譯本於慧因寺。

在佛教發展史上，每次重大的變動，都會進行判教，而判教的過程，其實是一場思想的變革運動。「在湛然的時代，天台宗在教觀兩方面，都受到挑戰；教的方面，主要是唯識宗、華嚴宗的崛起，觀的方面，是禪宗的崛起。」〔註87〕在「今師相承」的正統意識下，勢必要批判唯識的三時、華嚴的五教，而高唱五時八教。對於教外別傳的禪宗，「很難從判教的角度批駁，雙方的較量，自然就轉到各自的傳法譜系上。」「到了宋代，契嵩（1007～1072）撰《傳法正宗定祖圖》、《傳法正宗記》、《傳法正宗論》，立禪門為正統；而南宋僧人志磐撰《佛祖統紀》以天台宗為正統，台、禪兩家的譜系之爭至此最為激烈。」雙方之意，在於為己宗爭正統；而台、禪之間的另一諍論，則與國清寺有關（關於天台宗與禪宗之間的諍訟，參見董平《天台宗研究》，頁212～214）。

一個宗派能否存續下去，正統與否至關重要，台家內部的很多諍訟，就是實例。說：「《法華經》的風骨，是開權顯本、發跡顯本，法華圓教為什麼圓呢？是因為能從方便說法理，開出諸法實相，決了佛陀的本懷。」〔註88〕這也就是說，要有自命正統的信心，宗派的興起以及延續，才會成為可能的情事。除此之外，在中土封建體制下，久已存在一種現象，即「不依國主佛法難存」，佛法要隆興也要靠仕紳、官宦的護持。如知禮與晤恩的論戰，知禮在輩份、資歷與人脈方面，知禮當時都不知山外派，但在道友善信的請求、

〔註86〕董平，前引書〈天台宗與中朝佛教文化交流──諦觀與義通〉，頁254。
〔註87〕李四龍，《天台智者研究──兼論宗派佛教的興起》〈判教的緣起〉（北京：大學出版社，2003年8月），頁200。
〔註88〕李四龍，前引書〈正統論的自覺──道統的建立〉，頁218。

鼓動下，憤然救一家之正義；連遵式也說：「於今山家一教，旋觀海內，唯兄一人而已。」〔註89〕

天台宗的復興，與宋初一批官僚如楊億、李遵勖、李夷庚、向知禮的直接支持，有很大的關係。同時禪宗漸門的息妄澄心、默昭禪法興起，妄心觀與儒家的性惡論易於合會。知禮在〈誓辭〉文中說：「又願，國主皇帝、諸王輔相、職權主任、州牧縣官、大勢力人，同垂衛護。令得此處，永永傳法，繩繩靡絕。」〔註90〕知禮重建了山家為天台的正統，直到北宋末年，「江浙之間，講席盛者，彌不傳師之教；其於開人之功，亦已博矣。」〔註91〕由是得知，山家一派得以勝出，部份是諸師的努力，部份是時代風氣使然。

總之，天台宗的這個中國化了的宗派，因智者大師以「教觀大意，大該佛法」〔註92〕，所以素來被稱為教觀雙美、解行俱到的宗派。智顗曾說過：「若弘餘教，不明教相，於義無傷。若弘《法華》，不明教者，文義有缺。」入天台道者，不可不學止觀，天台止觀有四本，一曰圓頓止觀，二曰漸次止觀，三不定止觀，四小止觀。天台的定、慧並重之說，後人又起了反思，如南禪行人重視般若智慧，強調「定慧等學」，以「無念為宗，以無相為體，以無住為本」，「簡化了修行成佛的順序、步驟，強調主體直覺能力的自然發揮，以般若之智悟見自心佛性，頓入佛地。」連禪都被排除了，「唯有般若智慧，而這智慧也就是主體的自覺。」〔註93〕而天台宗，遭到「會昌之厄，教卷散亡，外、琇、聳三師唯傳止觀之道。」雖然諸師傳承不替，但「講席教義中斷，正統傳承不明，故各呈所見。」（項士元《浙江佛教志·天台宗》）至義寂，善弘教法，但其亦頗有我注六經之意，其「每入大藏采一經，未嘗別考科疏，隨意而講，渙然冰釋。」〔註94〕這種情狀，與台教典籍之匱乏，有著直接的關係。義寂後得錢王與德韶國師之大力護持、贊助，使得天台教觀得以逐漸尋回。但在義寂時代，天台義學尚無特別開展，釋志磐《佛祖統紀》中評論義寂的貢獻，主要在於「網羅教典，去珠復還。」

〔註89〕〈天竺懺主上四明法師書·第二書〉，《大正藏》卷四十六，頁907上。

〔註90〕《大正藏》卷四十六，頁909上。

〔註91〕趙抃〈宋故明州延慶寺法智大師行業碑〉，前引書卷四十六，頁917。

〔註92〕《法華玄義》卷十上。

〔註93〕潘桂明《智顗評傳》〈第十一章智顗在佛教思想史上的地位〉（南京大學出版社，1996年2月第一版），頁487～488。

〔註94〕元悟編〈螺溪振祖集〉，《大正藏》第四十六卷《四明尊者教行錄卷第七》，頁926上。

　　眞正對天台教學上，有所創發的，是義寂法子、高麗來的寶雲義通，會稽郡王文惠公史浩在〈明州寶雲四祖師贊──寶雲通公法師〉文中說：「師既戾止，學徒影隨，戶外屨滿，聲走天涯。天山墜緒，接統興衰，有兩神足，眞師子兒，慈雲、法智，迭和塡莪。人皆謂師，蟠英孕奇，植根堅固，獨幹隻枝，有開五葉。異轍同歸，抵今禪教，遂得並馳，續佛壽命，師其以之。」〔註 95〕當時教界普遍認爲，天台之教法勃然中興，義通之力也。錢王俶爲詩兩首寄贈之外，還爲其眞贊，第六代住持法孫圓澄大師智謙題文曰：「寶雲法師迥四明天竺所稟，則中興教觀之鼻祖也。而古無塑像，不亦殆於忘本乎？智謙既立坐像，復圖是本，併錢王贊摩刻諸石。俾瞻拜者，可以想見當時之形容云。紹興庚辰孟冬。」〔註 96〕由義通來華，受學義寂之後，而後中興台教，可以看出一個現象。吳宗偉在〈天台佛教的挫折與復興〉一文中說：「事實上，自會昌法難到北宋初年，漢地典籍散佚達百年之久，教學荒疏可想而知，而海東則相反，其天台教學已達到較高的水平。從這個意義上講。海東奉還的不僅是典籍，還有義理。」〔註 97〕連帶海東人也在中國當祖師，弘揚台家之學。

　　晚唐五代之際，天台教籍散佚，「當時碩德，但握半珠，隱而不曜。」這是說當時唯傳止觀，可見當時止觀書卷猶在，如《六妙門》等，這些止觀道法，對習禪者來說，是很重要的。元照法師在《修禪止觀坐禪法要》序文中說：「天台大師靈山親承，承止觀也。大蘇妙悟，悟止觀也。三昧所修，修止觀也。縱辯而說，說止觀也。故曰：『說己心中所行法門，則知台教宗部雖繁，要歸不出止觀，舍止觀不足以明天台道，不足以議天台教。』故入道者不可不學，學者不可不修。」〔註 98〕「先是天台教迹，遠自安史兵殘，近則會員法難焚毀，零編斷簡，本折枝摧傳者何憑。」後「吳越王遣使，以五十種寶，往高麗求教文，其國令膏觀來奉諸部，而智者論疏、仁王疏、華嚴骨目、五百門等不復至。」這些天台教文，有《止觀義例》、《止觀大意》、《四教義》、《金剛錍》等，從此天台學人修習止觀，有教法論疏可以憑藉，使有修有證者，其利更是無量耶。

〔註95〕前引書，頁 931 下。
〔註96〕前引書，頁 931 上。
〔註97〕潘桂明《中國天台宗通史》〈宋代天台佛教的復興──山家山外之爭〉（江蘇古籍出版社，2001 年 12 月第 1 版），頁 393。
〔註98〕《大正藏》第四十六卷。

　　禪宗長期輕視經教，有些修禪者，難免墮入於如同元照法師所說的：「或膠固於名相，或混看於暗證。」避免禪行流於空疏之弊，清涼文益禪師在《宗門十規論》中說：「今人看古教，不免心中鬧；欲免心中鬧，但知看古教。」〔註99〕此一看經教思想，被永明延壽所承襲和發展，在禪宗內部推行禪教一致，這種禪教一致，有似於天台宗的教觀統一；其即境即佛，是境作佛與諸法唯一心的禪理，也似天台一路走來教觀的濃縮；其又結壇修法華懺，晚年再度入天台山，夜施鬼神，朝放諸生，餘力念《法華經》一萬三千部。「他雖為禪宗後裔，但思想上受天台佛教影響相當深刻，其行儀與天台也十分相似。」〔註100〕由永明延壽的一生行誼來看，其初發心在淨土，悟在宗門，行履卻在多方，尤力於淨土，其行止大為後世所爭論〔註101〕。如其舉一心為宗，「融攝禪淨，乃至萬法。」「若了自心，頓成佛慧，客謂會百川為一濕，摶眾辰為一丸，融環穿釧為一金，變酥酪為一味。」〔註102〕其舉一心，照萬法如鏡。其亦合會真妄與染淨，於一心，開出禪淨合一，並對宋初的教下，台教與賢首教，有著極深遠的影響。他說一心，「謂真妄、染淨一切諸法無二之性，故明為一；此無二處，諸法中實，不同虛空，性自神解，故明為心。」〔註103〕說會萬川為一濕，有著明心見性的禪門理趣之外，「也有華嚴的一真法界，既有天台的圓融三觀，也有西方極樂的一片淨土。」〔註104〕其雖好唸《法華》，但悟入在禪，所以歸入禪宗，行履卻在合會多方，所以罕有公案語錄見諸於世，不似其他禪師。

　　法眼宗到了永明延壽，其人是禪徒還是淨中行人，直讓後世學者深感困惑。嚴格來說，其禪行高妙，淨土味很是濃冽，身為德韶大師門下之高徒，又是國師，其肩負重任，走向禪教合一、各統合一的道路上，吳越國歸宋朝一統，跟其思想大有關連；又因其本身喜合會諸說入禪淨，獨說禪話以開示

〔註99〕《續藏經》二編第一五套第五冊。

〔註100〕《智顗評傳》〈智顗的判教體系〉，前引書，頁427～428。

〔註101〕《宗鏡錄》成書，吳越王序之，卻祕之教藏，可見問題非心尋常，如山家山外爭話，智圓要請郡守制止。此問題，另見王鳳珠《永明禪師禪淨融合思想研究》〈第九章永明禪師禪淨融合思想的影響與再評議〉（師大國文研究所博士論文，民國73年7月），頁263～310。

〔註102〕《宗鏡錄》卷二，《大正藏》第四十八冊，頁424下。

〔註103〕《宗鏡錄》卷二，前引書，頁425中。

〔註104〕楊柳，〈禪淨合一、萬善同歸──永明延壽與宋代以後傳漢佛教的轉型〉，《新世紀宗教研究──對話與轉變》（宗博出版社，2006年6月第四卷第四期）。

學人的機語又少，這種風格影響了後世佛教各宗派的教觀，還有他們自身教派內部的發展。法眼宗走到「圓融」、「合會」的路數之上〔註105〕，其宗風失卻了禪教的原味，門庭勢必也會旋即殞落。而宋初天台教的學人卻能吸收其思想，在教觀雙修、行解相應之上，又開拓出另一番新的局面，真可謂一得一失、禍與福相依存。往後禪宗的發展，又回到原點默照求心求空，或者是以參話頭爲化門，轉化出不同的禪悟面貌。

此外，天台宗發展到宋初，其內部面臨到節操與傳法的釋判問題。當慧遠禪師之世，曾長嘆曰：「不依國主，佛法難存！」因依違之間，有所得也或有所失。雖云：「不依國主，高尚其志。」就高山深谷講心，說的總是玄話，唯虛空聞得。或如智者之意，「去就若重，傳燈則厥；去就若輕，則來嫌誚！」這如同山家的遵式，與宰相同遊，山外之智圓卻笑說他：「錢塘境上，且駐卻一僧。」苟佛教學人持戒禪行，刻苦自抑，不問權貴，如晤恩會下山外門徒梵天慶昭、孤山智圓，心傳如燈絲，被貶斥爲非天台圓教正宗，但他們的操持與學問，卻足夠爲後代佛徒所典範。釋志磐在其《宋高僧傳》卷七上說晤恩：「平時謹重，一食不離衣缽，不問賢不肖，悉示以一乘圓意。（中略）不好言世俗事，雖大人豪族。未嘗輒問名居，況迂趨其門乎！」晤恩其人也，很值得我們加以深入去研究。至於孤山之智圓，以僧人又號中庸子，提唱儒佛融通，其以台教判教方式，對三教進行判釋。世人以爲其彌老而彌向於儒，殊不知其旨歸。其晚年亦勤於釋典，因爲釋理高妙，實非儒道所能及。〔註106〕佛子深研外學，正足以用佛道儒之學，應機設教也。而台家的懺法，高妙於儒家的「吾日三省吾身」及「反躬自省」法，所以大爲王公士夫乃至於庶民的信受。

〔註105〕楊柳，前引書，頁110云：「圓融」這條路，自唐代宗密做出系統性的理性論闡後，就一直成爲佛教自身發展以及三教融合的主線。」我想佛教的發展，不是單一的一線道，或說某一主線能大該的，佛教徒中有存在著多元化的行履，但卻不離大乘菩薩道的精神，其他宗派、山家教團，乃至於師家下座一人獨自行化，也是不離實相無相的一個最高原則）。
〔註106〕吳忠偉〈孤山智圓與儒佛關系論——學術旨歸〉，《中國天台宗通史》，頁692。

附文二：就《咸淳臨安志》探討唐、五代杭州寺院之發展
——兼論吳越國錢王與佛教之關係

一、緒　論

　　自佛教東來，迄至隋唐，整個社會之人群活動，莫不深受影響。佛教要弘化久遠，除了教徒與經籍之外，寺院所扮演的角色尤為重要，三者皆為人間教法之所依止。

　　寺院經常透過節慶廟會的活動，宣揚因果業報以及「悲田」、「福田」的觀念，勸化人民布施行善〔註1〕。善男信女，群以田產、山林、錢帛捨入寺院，以今生之福業求來生之果報。因此，道場蔚起，聚僧說法，勸誘學蒙。

　　杭州佛教之興盛，在中國史上可以說是為時甚晚。安史之亂，江南波動小，南方佛教較能有所發展，後又經會昌法難、黃巢之亂、裘甫之亂以及方鎮割據，中土佛教發展深受影響，迄至五代吳越建國保境安民，以杭州為中心奉佛尤甚，影響後世佛教發展很是深廣。

　　本文試就《宋元地方志》中的《咸淳臨安志》所載，以窺探唐五代杭州佛寺的興衰情形，還有錢王護教的精神。

〔註 1〕佛經中尤其大乘經，普遍有此理念，如《像法決疑經》云：「我於處處經中說布施者，欲令出家，在家人修慈悲心，布施貧孤老，乃至餓狗。我諸弟子不解我意，專施敬田，不施悲田。敬田者，即是佛、法、僧寶；悲田者，貧窮孤老，乃至於蟻子；此二種田，悲田最盛。」《卍續藏》第一五〇冊，頁 393上。

二、會昌前杭州佛寺

唐武宗即位（841～846）年間，有計劃的摧毀佛教，除上都、東都兩街各留二寺，天下節度、觀察便治所及同、華、商、汝州各留一寺外，立期令所在毀撤，仍遣御史分道智之〔註2〕。杜牧「杭州新造南亭子記」，謂其時毀寺減增，出四御史屢行天下以督之，而御史乘驛未出關，天下寺至於屋基耕而刑之〔註3〕。會昌六年（846）三月，武宗服方士金丹，於二十三日崩，光王李怡即位，是爲宣宗。宣宗即位（847～860）期間，一反會昌之政，准京畿及郡縣士庶建寺宇，並立方等壇爲僧民再度者重受戒法〔註4〕。寺宇的葺修，可由大中五年六月進士孫樵上書諫復寺文中得以窺知，其謂：「陛下即位以來，修復廢寺，天下斧斤之聲無今不絕，度僧幾復其舊矣。」〔註5〕

現《咸淳臨安志》卷七十六至八十五所錄寺院，會昌前所建曾遭毀廢，而存至宋代當係會昌後所重建或爲廢寺，至於會昌前所建不爲後世重修者又不知有幾。今僅按方志所載條例如下：

寺　名	地點	沿　　　　　革	引　　據
慈嚴院	城　外	晉武帝太康間（280～289）舊杭州捨實爲寺上元間（674～676）賜額恩德	咸77/12上（西晉武）
常樂教寺	於潛縣	舊名樂平，西晉愍帝建興三年（314）佛圖澄建	咸84/4上（西晉武）
靈鷲興智寺	城　外	慧理法師卓錫之地，開運二年吳越王建，舊名靈鷲	（東晉成）
雲林禪寺		舊名靈隱寺，晉咸和元年（326）僧慧理創建，會昌寺廢，後稍興復，吳越錢代命曾延壽開拓，建經幢於寺門左右	《杭州府志》29/2（東晉成）
天眞院	餘杭縣	舊名眞君，晉東成帝咸和二年（327）建。郭文舉曾於此修道，故名	咸83/3上（東晉成）
定惠院	臨安縣	東晉時（317～420），號朗膽院	咸83/17下（東晉）
寧國院	新城縣	在青巒山，晉郭文舉嘗隱於此，邑人祠之有禱必應，又相與建佛宇於祠之旁。東晉安帝隆安五年（401）賜額日碧流，咸通中重建	咸85/3上（東晉安）
無相寺	餘杭縣	舊名無礙，齊武帝永明二年（484）建	咸83/4下（齊武）

〔註2〕《資治通鑑》卷二四八；《唐會要》卷四十八載有會昌五年七月中書門下之毀寺奏。
〔註3〕《全唐文》卷七五三，大化書局重編影印《全唐文及拾遺》第三冊頁3505下。
〔註4〕釋贊寧《宋高僧傳》卷二十七〈唐五臺山智頵傳〉；另見王溥《唐會要》卷四十八；釋志磐《佛祖統記》卷四十二〈宣宗大中二年〉條下。
〔註5〕《孫樵集》卷二〈武皇遺劍錄〉（商務印書館印行，民國54年8月），頁28。

薦福案	鹽官縣	齊永明二年（484）建，舊名安善，會昌五年廢，大中十三年重建	咸85/14 下（齊武）
寶輪寺	餘杭縣	舊名建興，南齊永明間（483～493）建	咸83/1 上（齊武）
慈聖寺	餘杭縣	舊名靈岳寺，齊明帝建武二年（495）同閩越王無諸十二代孫搖氏捨宅建	咸83/5 上（齊明）
甘露寺	餘杭縣	舊名石泉，齊明帝永泰元年（498）建	咸83/7 上（齊明）
正觀院	餘杭縣	舊名祈福，梁天監二年（503）建	咸83/8 上（梁武）
廣善寺	鹽官縣	梁天監七年（508），士人弘靈度因并中有光，三日不止，舍宅爲寺，地濱海，遂以觀海爲名，會昌五年廢	咸85/16 下（梁武）
普安寺	鹽官縣	梁大同元年（535）建	咸85/16 上（梁武）
淨嚴院	新城縣	舊名隱居院，梁武帝大同元年（535）建	咸85/5 下（梁武）
慈照院	新城縣	舊爲昕慈，梁大同元年（535）建	咸85/7 上（梁武）
永寧院	於潛縣	舊名榮國寺，梁大同三年（537）建	咸84/10 下（梁武）
大中祥符封	城　內	梁大同二年（536），邑人鮑侃捨宅爲寺，舊名發心，唐貞觀中改眾善，神龍元年改中興，三年改龍興	咸86/3 上（梁武）
常樂寺	鹽官縣	梁大同二年（536）建，舊名永興	咸85/14 上（梁武）
海會寺	臨安縣	舊爲竹林寺，梁大同中（535～546）建，會昌五年廢，大中五年重建	咸83/14 上（梁武）
廣化院	城　外	陳文帝天嘉元年（560），有天竺僧持辟支佛頷骨舍利至梲，遂於孤山建永福寺立塔。會昌之難，歸於郡庫，大中之後，僧方簡建廣化寺，奉迎佛骨於塔	咸79/17 上（陳文）
淨佳院	城　內	後梁宣帝時（569～582）建，舊名慈光	咸76/4 下（後梁宣）
化度寺	城　外	梁（501～557）朱异捨改居爲寺，舊名眾安，隋改眾善，唐改重雲，再改承雲	咸81/15（梁時）
下竺靈山教寺	城　外	晉有梵僧慧理指此山乃靈鷲之一小巖耳，不知何年飛來至此，掛錫置院初日翻經，隋開皇中（581～600）法師眞觀增廣之，改名天竺寺，其後大比丘曇超、道標領徒唱教，各在僧史。唐末盜起，寺焚略盡，吳越王鏐因即舊地建五百羅漢院	咸80/6（東晉成）
中竺天寧萬壽永祚禪寺		隋開皇十七年（567），千歲寶掌禪師從西土來此山入定，建立道場，太平興國元年錢氏建寺，舊名崇壽院	咸80/13 上（隋文）
延長眞知院	城　外	唐太宗貞觀元年（627）建，舊名延長	咸78/11（唐太）
淨梵院	臨安縣	舊名靖岳，唐高祖武德八年（625）建	咸83/22 上（唐高祖）
龍尼上乘院	城　外	唐貞觀十九年（645）建，舊名龍居	咸80/25 下（唐太）
興德院	餘杭縣	舊名興善，唐高宗麟德二年（665）建	咸83/3 上（唐高宗）

梵行院	臨安縣	唐則天后長安二年（702），邑人徐璉建	咸83/27 上（唐武周）
安國禪寺	鹽官縣	唐玄宗開元元年（713）建，名鎮國海昌，會昌五年廢，大中四年復置，名齊豐	咸85/12 上（唐玄）
寶勝院	新城縣	舊爲漁池院，唐玄宗天寶十載（751）建，相傳爲唐人放生之所	咸85/3 上（唐玄）
無量院	臨安縣	唐肅宗乾元中（758～760）沙門會穆刱爲嶺漢院	咸83/23 下（唐肅）
興善院	新城縣	舊爲龍華寺，肅宗上元二年（761）建	咸85/2 下（唐肅）
吉祥院	城　外	唐中宗神龍間建，舊名象先	咸81/11（唐中）
宗乘寺	新城縣	舊爲靈遠寺，肅宗上元二年（761）建，初梓州刺史羅石朔掘地得銅鑄佛像二并鐘，載之以歸，一旦失鐘與像所在，而新城人獲之於野，因建寺焉，新登鄉有佛嶺事由此。會昌閒廢，大中十三人復建爲聖像寺，吳越王迎其像入城	咸85/6 上（唐肅）
龍井廣福院	昌化縣	唐肅宗上元二年（761）建。邑人俱胝道者居之，號性空大師	咸85/25 上（唐肅）
鷲峰院	昌化縣	唐代宗大歷三年（767）捨宅爲寺，賜名龍山	咸85/23 下（唐代）
徑山能仁院	臨安縣	國一禪師法欽開山，唐代宗時詔杭州即其菴所建徑山寺	咸83/8 上（唐代）
定業院	城　外	唐憲宗元和元年（806），制史裴常棣建，鳥窠禪師開山	咸79/16 上（唐憲）
禪宗院	城　外	唐德宗朝，郡人吳元卿爲六宮使棄官，參鳥窠禪師，建菴修道，即會通禪師也。開運三年錢氏建院，元額招賢	咸79/15 上（唐德）
千頃山龍興寺	鹽官縣	唐元和間（806～820），黃蘗禪師開山，中和四年賜慈雲禪師額	咸85/23 上（唐憲）
禪智院	城　外	唐穆宗長慶三年（823），以本鄉馮氏刲制股救親捨宅爲院，賜名報恩	咸80/29 上（唐穆）
圓明院	鹽官縣	唐憲宗元和七年（812）建，舊名永城	咸85/16 下（唐憲）
崇善院	富陽縣	唐穆宗長慶三年（823）建，舊名寶善	咸84/15 下（唐穆）
妙智院	富陽縣	唐文宗大和元年（827）建，舊名巊峰，唐許遠孫立額，柳公權題	咸84/11 下（唐文）
祖塔法雲院	城　外	唐文宗開成二年（837）欽山法師所建，舊名資聖，大中八年改大慈	咸77/7（唐文）
勝相寺	城　外	唐文開成四年（839）建，舊名龍興千佛寺	咸77/2 上（唐文）
法輪院	城　外	錢氏時，有於榛莽中獲觀音泗洲二像，知爲廢寺，遂建僧坊，名回觀音	咸81/11 上（不明）
寂照寺	於潛縣	舊名吳興，大中五年改今名	咸84/1 上（不明）

　　上述凡五十一所院。其中最早者，為西晉武帝太康年間（280～289）所建的恩德寺。次為愍帝建興二年（314），佛圖澄所建的樂平寺；佛圖澄到過杭州建寺事，《高僧傳初集》卷第十〈晉鄴中竺佛圖澄傳〉不見記載，此寺在宋元豐間為僧保元重建，寺有圖澄井、圖澄閣。

　　依時代論列，杭州於西晉時有寺二所，一為武帝時所建之恩德寺；二為愍帝時所建之樂平寺。東晉時有寺六所，一為成帝時建之靈鷲寺；二為慧理創建之翻經寺；三為慧理住錫所，後世名為炙院寺；四為真君寺，二者皆建于成帝時；五為安帝時建之碧流寺；六為朗瞻寺。劉宋時期，不見建寺。

　　齊時有寺五所，無礙、安善、建興、靈岳、石泉等寺皆建于武帝之時。梁朝有十所，祈福寺、觀音寺、普安寺、隱居寺、昕慈寺、榮國寺、發心寺、永興寺、竹林寺等皆梁武帝時建，另眾安寺亦梁時建；後梁宣帝時，建寺一所，名慈光寺。陳朝有寺一所，乃文帝時建，名永福寺。

　　隋朝有寺一所，乃文帝時建，後世名為天寧寺。唐朝有寺二十三所，唐高祖時有寺靖岳，唐太宗時有寺延長、龍居，高宗時有寺興善，中宗時有寺象先，武周時有寺梵行，玄宗時有寺鎮國、溫池。肅宗時有寺羅漢、靈華、靈遠、龍井廣福，代宗時有寺龍山、徑山，德宗時有寺招賢，憲宗時有寺定業，千頃山龍興，永城，穆宗時有寺報恩、寶善，文宗時有寺巂峰、資聖、龍興寺。

三、宣宗即位後杭州佛寺

　　唐武宗沙汰佛教過份，當時天下名藍真宇毀去若掃，後宣宗雪釋氏不當廢，亟下詔復之，但自湖以南人民畏法，體朝廷之嚴旨，焚撤經像殆無遺餘〔註6〕。由於國家財力枯竭，方鎮又相傾軋，農民暴動風起雲湧，佛教復興極為艱辛。現列表以窺宣宗即位後杭州佛寺之發展。

寺　名	地點	年　　　代	建　者	唐時寺名	引　據	備　　考
龍景院	富陽縣	唐宣宗大中元年（847）			咸84/14	
明慶寺	城　內	唐宣宗大中二年（848）	僧景初	靈隱院	咸76/1上	
妙慈院	新城縣	唐宣宗大中三年（849）		北禪院	咸85/10下	尼　院
慧昭院	昌化縣	唐宣宗大中三年（849）	僧悟空		咸85/23上	
安國禪寺	鹽官縣	唐宣宗大中四年（850）		齊豐寺	咸85/12上	會昌廢寺重建

〔註6〕《佛祖統記》卷四十二〈宣宗大中八年〉條下。

海會寺	臨安縣	唐宣宗大中五年（851）		竹林寺	咸83/14 上	會昌廢寺重建
西明空院	於潛縣	唐宣宗大中五年（851）		朱山院	咸84/7 下	
寂照寺	於潛縣	唐大中五年（851）		吳興院	咸84/1 上	重 建
照智寺	於潛縣	唐大中五年（851）		保安寺	咸84/9 上	
般若院	餘杭縣	唐大中十一年（857）		長樂院	咸83/4 下	
祖塔法雲寺	城 外	唐大中八年（854）		資慶院大慈院	咸77/7	重 建
廣嚴寺	城 外	唐大中十三年（859）	常州督郵陸同芳	華嚴寺	咸81/12 下	重 建
寶乘寺	新城縣	唐大中十三年（859）		聖像寺	咸85/6 上	會昌間廢寺重建
薦福寺	鹽官縣	唐大中十三年（859）		安善院	咸85/14 下	會昌五年廢寺重建
長清院	餘杭縣	唐大中間（847～860）	阮 章		咸83/18 上	
治平院	城 外	唐大中間（847～860）		大中院	咸81/17 上	
廣化院	城 外	唐大中間（847～860）	僧方簡	廣化寺	咸79/17 上	會昌廢寺重建
妙淨院	臨安縣	唐懿宗咸通二年（861）		永安院	咸83/24 下	
壽寧院	城 內	唐咸通三年（862）		法昌院	咸76/13 下	
眞如禪院	富陽縣	唐咸通五年（864）		五雲院	咸84/12 下	
開福寺	鹽官縣	唐咸通元年（860）		文殊院	咸86/16 上	
靈源院	餘杭縣	唐咸通七年（866）		吳山院	咸83/4 下	
悟眞院	餘杭縣	唐咸通八年（867）		普門寺	咸83/18 上	
西化成院	臨安縣	唐咸通九年（868）		普門寺	咸83/19 上	
眞如院	臨安縣	唐咸通十年（869）			咸83/23 下	
法門院	新城縣	唐咸通十一年（870）		齊平院	咸85/12 上	
大安院	餘杭縣	唐咸通十二年（871）		境安寺	咸84/6 下	
法相院	富陽縣	唐咸通十二年（871）		報恩院	咸84/11 下	
三學院	富陽縣	唐咸通十四年（873）		平源院	咸84/12	
無相禪院	餘杭縣	唐咸通十四年（873）		吉祥院	咸83/5 上	
寧國院	新城縣	唐咸通中（860～874）		碧流寺	咸85/3 上	重 建
崇覺院	餘杭縣	唐僖宗乾符元年（875）		寶幢院	咸83/7 下	
徑山能仁禪院	餘杭縣	唐乾符六年（879）		乾符鎭國院	咸83/8	
靖林院	於潛縣	唐乾符二年（875）		扶西院	咸84/9 下	
廣福院	餘杭縣	唐廣明元年（881）		興聖院	咸83/4 下	

興善院	臨安縣	唐中和二年（882）		歸善院	咸83/21 下	
廣慈尼院	城　　外	唐中和四年（884）		慈孝院	咸82/5 下	
十傾山龍興寺	昌化縣	唐中和四年（884）		慈雲寺	咸85/23 上	
寶福院	於潛縣	唐光啓二年（886）	頭陀朱道從	朱陀院	咸84/9 上	
法雲院	富陽縣	唐光啓二年（886）		靜安院	咸84/16 下	
資聖院	於潛縣	唐光啓三年（887）		資福院	咸84/6 上	
淨土院	富陽縣	唐光啓三年（887）		靈泉院	咸84/12 上	
寶林院	新城縣	唐中和間（881～885）		上林院	咸85/9 下	
化成院	餘杭縣	唐光啓三年（887）		清華院	咸84/21 大	
普信院	臨安縣	唐光啓元年（885）		清信院	咸83/24 下	
北明空院	於潛縣	唐文德五年（892）		興平院	咸84/8 下	文德僅一年
崇仁院	於潛縣	唐昭宗大順元年（890）		雲峰院	咸84/9 下	
多福院	新城縣	唐景福二年（893）		滌新院	咸84/2 下	
治平寺	於潛縣	唐乾寧元年（894）		天自寺	咸84/2 下	
禪定院	於潛縣	唐乾寧元年（894）		禪林院	咸84/10 下	
西巖寺	宮陽縣	唐乾寧元年（894）			咸84/11 下	
萬春院	宮陽縣	唐乾寧元年（894）		平春院	咸84/13 上	
妙行院	於潛縣	唐乾寧三年（896）		西柳院	咸84/10 上	
布金院	於潛縣	唐乾寧元年（894）		朱金院	咸84/6 上	
法喜院	餘杭縣	唐光化二年（899）		吉祥院	咸83/1 上	
普救院	餘杭縣	唐光化二年（899）		寶聖院	咸83/1 下	
惠明院	臨安縣	唐光化二年（899）		重明院	咸83/22 下	
吉祥院	臨安縣	唐光化中（898～901）	僧明曉	平陽寺	咸83/17 上	
謁法院	臨安縣	唐天祐中（901～907）		護安院	咸83/22 上	
明智寺	於潛縣	唐天祐中（901～907）		西菩寺	咸84/1 上	

　　上述凡寺六十一所。宣宗大中間（847～860），建寺十七所，其中七所爲廢寺重建。懿宗咸通間（860～874），建寺十五所，其中廢寺重建者爲一所。僖宗在位年間（874～888），建寺十五所。昭宗在位年間（889～904），建寺十二所。昭宣帝在位年間（905～907），建寺二所。

四、吳越國在杭州建寺

　　唐僖宗光啓三年（887），錢鏐因戰功爲杭州刺史。昭宗乾寧三年（896）他奄有兩浙，天祐四年（907）朱全忠篡位，錢鏐受封吳越王。吳越立國之規

模，奠定自武肅王錢鏐，嗣後諸王（文穆王錢元瓘、忠獻王錢弘佐、忠懿王錢弘俶）皆稟其遺訓「善事中國」〔註7〕、「護持佛法」〔註8〕，因此吳越境內高僧輩出，寺院林立。

（一）修、建寺院

　　浙右之杭州，為錢氏之故里，崇建梵宇，比它邑為尤多，其間以徑山與竹林寺為盛。周世宗顯德二年（955）五月，下令沙汰佛教，詔寺院非勅額者悉廢之，忠懿王錢弘俶檢杭州寺院，存者凡四百八十。〔註9〕

　　據《咸淳臨安志》所載，自唐光啓三年（887），迄宋太平興國三年吳越入宋，凡九十二年間，修造寺院凡三百九十九所。其中杭州城內二十三、城外二百零五、餘杭縣十九、臨安縣六十、於潛縣二十三、富陽縣二十一、新城縣二十五、鹽官縣十一、昌化縣九所。又據談鑰《嘉泰吳興志》卷十三，五代時隸屬杭州之武唐縣有寺十一所。另據駱文盛《武康縣志》卷四，五代時有寺龍山與大安。

（二）造塔、立幢

　　佛教寺院有寺必有塔，寺前或門口有設經幢者。而立經幢之風，盛於唐朝中期，下至五代遼金之頃，也頗為流行，這是由於唸誦陀羅尼從唐時就十分盛行，其效果被廣為宣傳，上至君王下至庶民皆能崇信〔註10〕。關於持誦陀羅尼的信仰，釋贊寧（919～1001）於《大宋僧史略》中讚揚曰：「密藏者，陀羅尼法也，是法祕密，唯有二乘境界之諸佛菩薩所能游履也。」〔註11〕對佛教發展而言，錢氏諸王貢獻很大，他們廣建佛寺、經幢、佛塔，因此在吳越地區提供了僧人一個安定又能護持佛法的環境，也使一般民眾有親近佛教教法的機會，對於佛教之普及，還有他的弘傳產生非常大的助益。〔註12〕

　　吳越國所建造的佛塔，流存至今近十座，如六和塔、保俶塔、雷峰塔、

〔註7〕《宋高僧傳》卷十二〈餘杭徑山院釋洪諲傳〉（臺灣：印經處印行高僧傳），頁303～304。

〔註8〕吳任臣《十國春秋》卷七十八〈武肅王世家下〉，頁28下（四部叢刊經論史部）。

〔註9〕《十國春秋》卷八十一〈忠懿王世家上〉，頁8下。

〔註10〕黃繹勳〈吳越諸王與佛教〉，民國93年臺北《中華佛學學報》第十七期，頁131。

〔註11〕釋贊寧《大宋僧史略》，《大正藏》五十四冊，頁240下二七～二八。

〔註12〕黃繹勳，前引文，《中華佛學佛教》第十七期，頁124。

白塔、義烏鐵塔、安吉靈芝塔、蘇州虎丘的岩寺塔；而白塔在錢塘江邊閘口的白塔嶺上，是吳越國後期的建築，其八邊形樓閣式塔型爲吳越國首創，後爲中原地區的吸收採用〔註13〕。雷峰塔也深爲後人所知名，錢弘俶把最珍貴的一座金塗塔移至西湖之濱，專門爲建雷峰塔以奉安之；塔成之後，依塔還建有佛寺，後有名僧廣慈法師主持之。〔註14〕

唐宋以來，建幢之風盛行，有爲建立功德而鐫造的陀羅尼經幢，有爲紀念高僧而建的墓幢。唐時最盛行之《佛頂尊勝陀羅尼》宣說：「持齋誦此陀羅尼，滿其千遍，令短命眾生還得增壽，永離病苦，一切業障悉皆消滅。」唸此陀羅尼，還有其他利益〔註15〕。日本僧人圓珍入華，於五台山巡禮時，曾經見過此經幢〔註16〕。五台山佛光寺有兩座唐代經幢，一建於唐大中十一年（857），一建於唐乾符四年（877）；杭州鳳凰山麓有梵天寺經幢，建於唐乾德三年（965）；浙江海寧鹽關鎮西北隅安國寺有三座經幢，分別建於會昌二年（842）、會昌四年（844）和咸通六年（965），幢爲石制，刻有《佛頂尊勝陀羅尼經》，此幢係石構仿木制法古經幢，幢座還有精湛的佛教故事浮雕。

吳越國時代，錢鏐除了建金光明道場之外，亦非常勤於興立經幢於招賢寺、大錢寺、天竺日觀庵、海會寺；其最常刻於經幢上的陀羅尼，爲《大悲眞言》與《守護國界主陀羅尼經》。這兩種經幢之建立，充分顯示出錢王建國初期保護國民、國土的祈願〔註17〕。吳越國自錢鏐立國以來，歷代錢王無不以「奉天順佛，保境安民」爲根本信條。趙匡胤於960年滅了後周，建立宋朝，向外征戰力求一統。錢弘俶的憂心，顯現在他的佛教信仰之中，969年他在奉先寺建立兩座經幢，分別刻有《大佛頂陀羅尼經》和《大隨求即得自在陀羅尼經》，並作《新建佛國寶幡願文》。後又於雲林寺，再立《大佛頂陀羅尼經》和《大隨求即得自求陀羅尼經》經幢。除了接受外患來襲的恐懼心理作遂之外，祈能借著佛法使霸祚永續，疆土安寧，佛教成爲吳越國王個人安寧，以及國土安危之主要依止。〔註18〕

〔註13〕參見楊謂生〈略談吳國文〉。
〔註14〕參見張家成〈古雷峰的佛教文化淵源〉文。
〔註15〕《大正藏》冊十九，頁351下七～八。
〔註16〕《入唐求法禮記》，頁132～133。
〔註17〕黃繹勳，前引文，註35～41。
〔註18〕黃繹勳，前引文，註93～94。

五、結 論

依據《咸淳臨安志》所載，杭州自西晉武帝太康年間即創始佛寺，歷經東晉、南朝、隋皆有進展。入唐，自高祖迄文宗朝，佛寺有增無減，待到武宗會昌年間毀廢無餘。後世欲窺前代創建、修寺情形，僅能就方志所載加予推測，然疏漏處必多。現知會昌前杭州佛寺常在五十一所以上，大中復教迄昭宣帝亡國（947～907），六十一年間建寺六十一所，吳越有國七十餘年（907～978），杭州得敕額寺院達四百八十所。佛事之盛，誠如《咸淳臨安志》卷七十五〈寺觀一〉所云：「今淳屠老氏之宮徧天下，而在錢唐爲尤眾。二氏之教莫盛於錢唐，而學浮屠者爲尤眾，合京城內外，暨諸邑，寺以百計者九，而羽士之廬不能什一。」由方志得窺，不僅佛教在吳越國的杭州極爲興盛，道教也有所發展。

吳越國自錢鏐至錢弘俶諸王在位期間，均多以奉佛利生、安定社會是倡。轄境之內，寺院林立，梵音不絕。據南宋潛說文《咸淳臨安志》統計，吳越都會杭州有寺院一百五十多所，素有東南佛國之稱。又明人田汝成《西湖游覽志錄》統計，杭州內外唐以前已有三百六十寺，至錢氏立國，宋室南渡，增爲四百八十寺。錢塘門外的服慶寺（今少年宮）、南屏山的永明寺（淨慈寺）、玉岑山的國禪院（高麗寺）、梵村的雲栖寺、九溪的理安寺、六和塔的開元寺、赤山埠的六通寺、天竺山的上天竺寺、北高峰的韜光庵、南高峰的法相寺、吳山的寶成寺、鳳凰山麓的梵天寺、青芝塢的靈峰寺等，都是吳越國時代所建。關於吳越佛寺，黃繹勳在〈吳越諸王與佛教〉一文中說，「周次吉於其《吳越釋氏考統計吳越錢氏共興建三百多所寺院，但是這個數目需要再詳加探索，因其所列之寺院，包括了錢氏所幫助修復及道觀和家祠，如報恩寺爲孫權所建，錢氏只是移寺額於彼；另外周次吉也將水仙王廟、杜太師廟、錢文穆王廟和錢武肅王廟包括於寺院中。」〔註 19〕據其統計，依《咸淳臨安志‧寺觀》卷七十五～八十五中所記，吳越諸王所建和重建的道觀有五所，佛教寺院則約有 160 所。〔註 20〕

東亞佛教在晚唐時期，曾經遭受到嚴重的打擊，唐武宗的會昌滅佛，使得佛教在中國北方幾近被鏟除。由於吳越國在國境內護持宗教活動，其寺塔

〔註 19〕周次吉《吳越釋氏考》（臺北：行政院國科會研究獎勵代表作報告，1995 年），頁 98～120。
〔註 20〕黃繹勳，前引文，註 97。

之建倍於九國，影響宋朝以後的佛教文化之發展極爲深廣。吳越建國之初，藉由修建佛寺，以及護持僧人的活動，可以看出其個人的信念與宗教政策。佛教的持咒法門，提供他鞏固國土的信心，佛教超度亡魂心行，也協助錢王舒解軍人在戰爭上的部份罪孽；而王公大臣還有士夫庶民，也隨之虔信。吳越國上下信教、護佛、唸陀羅尼的動機，除了一些顧及政治意圖之人除外，也有出自於個人之信仰，還有人心之臨危思安的意識型態等因素存在。但這都促成一般民眾更加樂意於親近寺院、僧人與佛法，對於佛教的普遍流傳，大有助力，也影響到當代其他地區以及後世佛教文化的發展。

附　錄

附錄一　吳越國在杭州建寺表

杭州建寺表：共修建四百多所。

史源：《咸淳臨安志》卷七十六～八十五、《浙江通志》卷二二七。

寺　名	舊　名	地　　　點	建置年代	建　者	賜額年代	出處卷頁數
天長淨心寺	天長寺	城內甄巷	晉天福四年	錢氏	中山大中祥符元年	咸76/6
智聖院	眾安院	城內甄巷	晉天福二年	錢氏	宋治平二年	咸76/6
淨戒院	青蓮院	城內太一宮道院之北	龍德二年	錢氏	宋大中祥符九年	咸76/7
吉祥院		城內文思院東	宋乾德三年	時州刺史薛溫捨地建	南宋初斥爲文思院軍頭司	咸76/7
廣慧院	報國羅漢院	城內文思院東	宋乾德元年	薛溫捨宅建	宋大中祥符初	咸76/8
翔鸞院	普光院	餘杭門裏	後唐清泰元年	錢氏	宋治平二年	咸76/8
普照院	報國千佛院	城內艮山門裏元武亭	後晉天福八年	錢氏	宋大中祥符六年	咸76/8
妙慧院	華藏院	城內	晉開運元年	錢氏	宋治平六年	咸76/9
七寶院	上方多福院	城內鹽橋東舊在七寶山	後梁貞明七年	錢氏	宋大中祥符初	咸76/9
聖果寺		城內包家山舊在鳳皇山之右	開平四年錢氏鐫彌陀觀音勢至三佛於石上	錢氏	南宋爲殿前司寺	咸76/7
梵天寺	南塔塢	仁和縣鳳凰山	宋乾德中有佛舍利、藏經	錢氏	宋治平中	咸76/7 浙227/1
廣嚴院	瑞隆院	城內御廚南營裏	後唐清泰元年	錢氏	宋治平二年	咸76/10

寶月院	瑞像院	城內寶月山	後梁龍德三年	錢氏	宋中大祥符元年	咸76/12
光明壽昌院	光相院	城內	宋建隆元年	錢氏	宋中大祥符元年	咸76/12
百福院	資壽院		天福中	錢氏	宋大中祥符中	咸76/13
吳山智果院	石佛院			錢氏	宋大中祥符中	咸76/13
上方院	上方多福院		後梁貞明七年	錢氏	宋大中祥符中	咸76/14
崇壽院		城內崇新門外	晉天福九年	錢氏		咸76/14
能仁院	承天院	糯米倉	周廣順元年(951)	錢氏		咸76/15上
淨明院	廣濟院	城外自慈雲嶺郊臺至嘉金門泥路龍山	晉天福七年(942)	吳越王	宋大中祥符元年	咸77/1
龍華寶乘院		城外自慈雲嶺郊臺至嘉金門泥路龍山	晉開運二年(945)	吳越王錢弘佐捨瑞蕚內園建，仍造傅大士塔	宋大中祥符元年	咸77/1
天華寺	千春龍冊寺	城外自慈雲嶺郊臺至嘉金門泥路龍山	唐清泰元年	吳越王道怤禪師道場	宋大中祥符中	咸77/2
感業寺	天龍寺	城外自慈雲嶺郊臺至嘉金門泥路龍山	宋乾德三年	吳越王	宋大中祥符元年	咸77/2
大通院	顯明院	城外自慈雲嶺郊臺至嘉金門泥路龍山	周顯德二年(955)	吳越王	宋治平二年	咸77/3
天眞院	登雲臺院	城外自慈雲嶺郊臺至嘉金門泥路龍山	梁龍德元年(921)	吳越王	宋大中祥符元年	咸77/3
道林院	普濟院	城外自慈雲嶺郊臺至嘉金門泥路龍山	周廣順元年(951)	吳越王	宋大中祥符二年	咸77/3
般若寺		城外自慈雲嶺郊臺至嘉金門泥路龍山	宋乾德四年(966)	吳越王子泰王		咸77/3
寶惠院	普濟院	城外自慈雲嶺郊臺至嘉金門泥路龍山	漢天福二年(937)	吳越王	宋太平興國中	咸77/3
妙覺院	妙能院	城外自慈雲嶺郊臺至嘉金門泥路龍山	周顯德元年(954)	吳越王	宋治平二年	咸77/4
奉聖院	廣福院	城外自慈雲嶺郊臺至嘉金門泥路龍山	宋開寶三年(970)	吳越王	宋大中祥符	咸77/4
水燈廣教院	多寶院	城外自慈雲嶺郊臺至嘉金門泥路龍山	周廣順元年(951)	吳越王	宋大中祥符元年	咸77/4
眞覺院	奉慶院	城外自慈雲嶺郊臺至嘉金門泥路龍山	宋開寶八年(975)		宋大中祥符元年	咸77/4
法雲院	資崇院	城外自慈雲嶺郊臺至嘉金門泥路龍山	晉開運元年(944)	吳越王	宋大中祥符中	咸77/5
崇德院	尊勝院	城外自慈雲嶺郊臺至嘉金門泥路龍山	晉開運二年(945)	吳越王	宋治平二年	咸77/7
無相寺	眞相寺	城外自慈雲嶺郊臺至嘉金門泥路龍山	周廣順元年(951)		宋治平二年	咸77/7

法顯院	慶恩院	城外自慈雲嶺郊臺至嘉金門泥路龍山	唐長興二年（931）	吳越王	宋治平二年	咸 77/8
永慶院	崇慶院	城外自慈雲嶺郊臺至嘉金門泥路龍山	宋太平興國二年（977）	吳越王	宋治平二年	咸 77/8
法華普濟院	法華院		周廣順中	吳越王	宋大中祥符元年	咸 77/8
廣澤院	甘露院		晉天福六年（941）	吳越王	宋治平二年	咸 77/8
普安院	安吳塔院		周顯德四年（957）	吳越王	宋治平二年	咸 77/8
眞教院			晉天福四年（939）	吳越王		咸 77/9
昭定廣福院	昭定院		漢天福六年（941）	吳越王	宋紹興三十二年	咸 77/9
安眞院	宋眞菴		晉開運四年（947）	吳越王	宋治平四年	咸 77/9
興善院	積善院		漢天福八年（943）	吳越王	宋治平二年	咸 77/9
普澤院	靈源院		周顯德六年（959）		宋治平二年	咸 77/9
定慧院			晉天福五年（940）	吳越王		咸 77/9
茲恩開化教寺			宋開寶三年（970）	吳越王	吳越王 1.於南果園建寺造六和寶塔 2.宋紹興三十二年重建以鎮江湖 3.宋隆興二年	咸 77/10
靈泉廣福院	靈泉院		晉開運三年（946）	吳越王	宋紹興三十二年	咸 77/11
顯聖院	顯瑞院		天福中	吳越王	宋治平二年	咸 77/11
小淨明院	淨亮院		宋開寶七年（974）	吳越王		
慈嚴院	恩德院		唐天成二年（927）	吳越王重建	宋大中祥符二年	咸 77/12
眞空院	雲岫		晉開運三年（945）	吳越王	宋熙寧元年	咸 77/13
寶相院			晉天福九年（944）	吳越王		咸 77/13
大智院	靈智院		宋建隆三年（962）	吳越王	宋治平二年	咸 77/13
法寶院	華嚴院		晉天福中	吳越王	宋大中祥符元年	咸 77/13
常樂院		在苑村塢	宋乾德三年（967）	吳越王		咸 77/14
法華	靈溪院		宋乾德元年（963）	吳越王	宋治平二年	咸 77/14
法性院	彌陀院		宋乾德五年（967）	吳越王	宋大中祥符中	咸 77/14
明性院	湧泉菴		宋開寶元年（968）	吳越王	宋治平二年	咸 77/14
眞際院	靜慮菴 定慧菴		宋乾德四年（966）	吳越王	宋大中祥符元年	咸 77/14
保壽院	萬壽菴		宋開寶七年（973）	吳越王	宋治平二年	咸 77/14
棲眞院	雲棲院		宋乾德五年（967）	吳越王	宋治平二年	咸 77/15
保聖院	報國院		宋開寶三年（970）	吳越王	宋大中祥符中	咸 77/16
布金院	天柱院		宋開寶三年（970）	吳越王	宋治平二年	咸 77/16

悟空院	龍門院		宋建隆元年(960)	吳越王	宋治平二年	咸77/16
惠泉院	靈惠院		周廣順三年(953)	吳越王	宋治平二年	
廣福院	寶福院		晉開運三年(938)	吳越王	宋紹興三十年	咸77/16
集福院			宋建隆元年(960)	吳越王		咸77/16
安定院	廣福院		宋建隆三年(962)	吳越王	宋治平二年	咸77/17
澄定院	龍池院		唐清泰二年(935)		宋治平二年	咸77/17
定明院	思石院		宋建隆三年(962)	吳越王	宋治平二年	咸77/17
西蓮瑞柏院	正蓮院		周顯德元年(954)	吳越王	錢氏造寶幢二於殿前	咸77/17
廣慈院	廣福院		宋乾德四年(963)	吳越王	宋治平二年	咸77/17
寶藏院			唐長興元年(930)	吳越王	建有武康王祠及碑，後有石井俗名馬龍井	咸77/18
廣嚴院	妙嚴院		晉天福二年(937)		宋治平二年	咸77/18
霖法惠院	慶興院		宋乾德元年	吳忠懿王建	宋大中祥符中	咸77/18
報恩光孝禪寺	慧日永明院		周顯德元年(954)		宋紹興十九年	咸78/1
顯嚴院		在雷峰塔後有雷峰菴		吳越王	宋治平二年	咸78/6
普寧寺	安吳寺	在雷峰塔下有鐵塔一、石塔二	周廣順元年		宋大中祥符初	咸78/6
淨相院	瑞相院		周顯德三年(956)	吳越忠懿王	宋太平興國三年	咸78/6
正覺寺	羅漢院	省馬院內	宋乾德二年(964)	錢氏	宋太平興國元年	咸78/9
超化院		省馬院內	周顯德六年(959)	錢氏	建有塔幢	咸78/9
興教寺	善慶寺	南屏山	宋開寶五年(972)		宋太平興國中	咸78/9
廣果寺	香龕寺	惠因橋北	宋開寶八年(975)	錢忠懿王	宋大中祥符中	咸78/9
六通慈德院	惠德塔	長耳相巷裏	漢乾祐二年(949)	吳越王	宋治平二年	咸78/9
法因院	報慈院	殿內有古鐵塔、井水	唐長興四年(973)		宋大中祥符元年	咸78/9
寶林院	總持院		宋開寶六年(973)	錢鄧王	宋治平二年	咸78/9
修吉寺	瑞龍		唐天成二年	吳越王	宋大中祥符元年	咸78/10
南高峰榮國寺	塔院奉龍王祠		天福間			咸78/10
廣教院	香剎院	南山方家峪	宋太平興國二年	錢鄧王	宋治平二年	咸78/10
南山昭慶寺			唐長興三年	吳越王		咸78/10
惠照院	天王院		唐天成三年(928)	吳越王	宋大中祥符元年	咸78/11
正濟院	普門院		宋乾德二年(964)	吳越王	宋大中祥符元年	咸78/11
淨梵院	瑞峰院		周廣順中	吳越王	宋大中祥符元年	咸78/11

清修院	煙霞院		周廣順三年(953)	吳越王	宋治平二年	咸78/11
滿覺院	圓興院		晉天福四年(939)		宋治平二年	咸78/12
永樂淨化院	西園淨化禪院	煙霞巖下，寺記龕置巖石門	晉開運間	吳越王		咸78/12
崇教院	薦福院		晉開運二年(945)	吳越王	宋大中祥符六年	咸78/13
廣法院		赤山	宋開寶七年			咸78/13
大仁院	石屋		周廣運中	吳越王	宋宣和三年	咸78/13
惠因院			唐天成二年(927)	吳越王		咸78
法雨院	水心院雲龍院		晉天福六年(941)		宋大中祥符元年	咸78/15
法相院	長耳相院		晉天福四年(939)	吳越王	宋大中祥符九年	咸78/16
法興院	法明院		宋乾德二年(964)	吳越王	宋治平二年	咸78/16
保福院	保慶院		漢乾祐元年(948)	吳越王	宋治平二年	咸78/16
無垢院	無著院	禪師塔所	唐光化二年(899)	吳越王	宋嘉定十四年	咸78/17
法空寺	資慶寺		周顯德五年(958)	吳越王	宋大中祥符元年	咸78/17
崇報顯慶院	棲眞院	放馬場	周顯德四年(957)			咸78/17
龍井延恩衍慶院	報國看經院	風篁嶺	漢乾祐二年(949)	凌霄慕緣建	宋乾祐元年	咸78/18
靈芝崇福寺	靈芝寺	涌金門外	宋太平興國元年	吳越王捨宅建	宋大中祥符初	咸79/1
慧明院	資福院	涌金門外	晉天福五年(940)		宋大中祥符中	咸79/4
水心保寧寺	水心寺		晉天福中建		宋大中祥符初	咸79/4
興福院			宋開寶二年(969)	吳越王		咸79/5
法善院	護國羅漢院		周廣順元年		宋大中祥符元年	咸75/5
寶成院	釋迦院		晉天福中	吳越忠獻王妃仰氏	宋大中祥符中	咸79/5
菩提院	惠嚴院		宋太平興國二年(977)	錢惟演	宋太平興國七年	咸79/7
北曲法濟院	觀音院		宋乾德元年(963)	錢氏	宋治平二年	咸79/7
大昭慶寺	菩提寺		宋乾德五年(967)	錢氏	宋太平興國七年	咸79/7
金牛護法院			漢天福五年(940)	錢氏	宋治平二年	咸79/10
相嚴院	十三閒樓石佛院		晉天福七年(942)	錢氏	宋治平二年	咸79/10
保俶塔崇壽院			宋開寶元年(968)	永保	宋治平中	咸79/10
金輪梵天院	金輪寺		周顯德元年(954)	永保	宋治平二年	咸79/10

兜率寺			周顯德二年（955）	永保	宋宣和七年	咸 79/10
多寶院	寶積院		晉開運六年（944）	永保	宋治平二年	咸 79/11
普安院			宋乾德中	永保	宋治平二年	咸 79/11
上智果院			晉開運元年（944）	永保		咸 79/11
壽星院		舊嶺	晉天福八年（943）			咸 79/12
寶雲寺	千光王寺		宋乾德三年（964）	錢氏	宋雍熙二年	咸 79/12
瑪瑙寶勝寺			晉開運三年（946）	錢氏	宋治平二年	咸 79/14
禪宗院	招賢院		晉開運三年（946）	錢氏	宋治平二年	咸 79/15
寶嚴院	垂雲院		後唐天成二年（627）	錢氏	宋治平二年	咸 79/15
報恩院	報先院	孤山	宋開寶七年（974）	錢氏	宋治平二年	咸 79/16
玉泉淨空院	淨空院		晉天福三年（938）		宋理宗淳祐十一年	咸 79/18
顯明院	興福保清院		周廣順二年（952）	吳越孟謙	宋大中祥符元年	咸 79/20
資國院	報國院		宋乾德三年	孫贊明捨宅建	宋治平三年	咸 78/21
慈聖院	慈雲院		漢乾祐元年	錢氏	宋治平二年	咸 78/21
靈峰院	鷲峰院		晉開運元年	錢氏	宋治平二年	咸 79/22
妙智院	報國觀音院		宋開寶四年	太尉張公	宋治平二年	咸 79/22
萬安院	清化永安院		晉天福七年（942）	錢氏	宋治平二年	咸 79/22
普向院			晉開運元年（944）	錢氏		咸 79/22
西峰淨嚴院		馳蠟嚴下		吳越王		咸 79/24
大明院	永寧院		晉天福三年（938）	吳越王	宋治平二年	咸 79/24
明惠院	定慧院		晉開運二年（945）		宋治平二年	咸 79/26
普圓院	資嚴院		晉天福二年（937）	吳越王	宋大中祥符元年	咸 79/27
北資聖院	大明院		晉天福二年（937）	吳越王	宋大中祥符元年	咸 79/27
保寧院	保安無量壽院		晉天福三年（938）	吳越王	宋治平二年	咸 79/27
法安院	廣嚴院	靈隱寺西	晉天福三年（938）	吳越王	宋大中祥符元年	咸 79/28
下竺靈山教寺	五百羅漢院		唐清泰中	吳越王錢鏐	宋寶祐二年	咸 80/4
靈鷲與聖寺	靈鷲	下天竺北慧理法師卓錫之地	晉開運二年（945）	吳越王	宋大中祥符八年	咸 80/11
中天竺天寧萬壽永祚禪寺	崇壽寺		宋太平興國元年（972）	錢氏	宋政和四年	咸 80/13

上天竺靈感觀音寺	天竺看經院		後晉天福四年（939）	錢氏	僧道翊結廬處	咸80/14
顯親多福院	光福院		後晉天福五年（940）	錢氏	宋嘉泰元年	咸80/22
寶勝院	應天院	石函橋西	宋乾德五年（967）	錢氏	宋治平二年	咸80/23
清心院	涌泉院		晉天福五年（940）		宋治平二年	咸80/23
精進院		溜水橋東	晉開運元年（944）			咸80/23
永安寺		石幢	周廣順二年（952）		慶元二年發地得	咸80/24
不空院	傳經院			吳越王	宋治平二年	咸80/24
報光明覺院	報先院	西溪	宋建隆二年（961）	吳越王	宋治平二年	咸80/26
崇眞院	永福院		晉天福七年（942）	吳越王	宋治平二年	咸80/26
妙應院	靈感院			吳越王	宋治平二年	咸80/27
豐樂院	歲豐院	清修院北	宋乾德元年（963）	吳越臣田氏捨宅建寺	宋治平二年	咸80/28
觀音妙智院	報國觀音院		宋開寶間	張彥捨宅爲寺	宋紹興間	咸80/28
正等院	永福院	調露卿	宋開寶間		宋治平二年	咸80/28
金仙院	鳳泉院		梁貞明二年（916）	錢宗壽	宋治平二年	咸80/28
慶恩院	國恩院		晉開運元年（944）	吳越王	宋治平二年	咸80/29
無淨院	鎮安院		晉天福中		宋治平二年	咸80/29
眞寂院	雲岫院		晉開運三年（946）	吳越王	宋熙寧元年	咸80/29
大雄教院	上保菴		晉開運中	吳越王	宋治平二年	咸80/29
保寧院	無量壽	普濟橋南	唐清泰中	吳越王	宋治平二年	咸81/1
普濟院		欄木橋東	宋太平興國元年	吳越王		咸81/1
寶積院	崇福院		晉天福七年	施光慶捨宅爲寺		咸81/2
永寧院	還卿院	馬渡巷	宋乾德二年（964）	錢忠懿王	宋治平間	咸81/2
慈雲院	慈濟院	新門外	周顯德二年（955）		宋大中祥符二年	咸81/2
福昌院	寧邦院	侯潮門外	宋太平興國三年	薛忠捨宅爲寺	宋大中祥符元年	咸81/2
殊勝寺	最勝寺	艮山門外三里	宋建隆元年（960）	吳越王	宋治平三年	咸81/3
觀音法濟院	觀音院		晉天福間	吳越王	宋治平二年	咸81/5
悟空院	崇新院		晉天福七年（942）	吳越王	宋大中祥符元年	咸81/5
長明院	法燈院		宋開寶四年（971）	錢忠懿王	宋治平二年	咸81/5
長壽院	觀音院	螺螄橋東	晉天福三年	吳越王	宋大中祥符中	咸81/6
永興院			會同二年	吳越王		咸81/6
普覺院	恩德院		宋乾德三年（965）	錢氏	宋大中祥符中	咸81/7
如意院	報恩院		宋建隆中	吳越王	宋大中祥符元年	咸81/7

歸仁院	歸義院			吳越王	宋治平中	咸 81/8
華藏院	歸義院		唐清泰二年(935)	吳越王	宋大中祥符元年	咸 81/8
廣度院	文殊普覺院		周顯德二年(955)	吳越王	宋大中祥符二年	咸 81/8
昭化院	龍含院		周顯德二年(955)	吳越王	宋大中祥符中	咸 81/8
歸德院			梁貞明元年(915)	錢氏		咸 81/8
因果院	崇壽院		晉開運三年(945)	錢忠懿王	宋大中祥符元年	咸 81/9
長生院			周顯德四年(957)	錢忠懿王		咸 81/9
延壽院			梁應順元年(934)	錢忠懿王		咸 81/9
寶界院	翠峰院	城中	梁貞明間			咸 81/9
仙林定香院	香積院	西湖定香橋	宋乾德四年(966)	許王	宋治平二年	咸 81/10、《武林梵志》
棲禪院	觀音院	艮山門外半里		吳越王		咸 81/10、《武林梵志》
崇福院	護國仁王院 寶壽院		晉開運二年(946)		宋大中祥符元年	咸 81/10、《武林梵志》
看經院		范浦鎮河下	周顯德四年(957)	錢氏		咸 81/10、《武林梵志》
法輪院	觀音坊 安國寺		錢氏時		宋大中祥符中	咸 81/11
保慶院	保安院		周顯德元年(954)	錢氏	宋治平間	咸 81/11
崇善寺	眾善寺		晉天福七年(942)	僧處齊	宋治平二年	咸 81/11
梵天院	順天院	宋仁東卿	天祐元年	吳越王	宋治平二年	咸 81/12
福濟院	資福利濟院	廉德卿之橫塘	錢氏時	朱可榮捨地建	宋治平二年	咸 81/12
廣教院	傾心院		晉天福中	吳越王	宋大中祥符中	咸 81/12
普信院		端平倉東		吳越王	宋紹興十一年重建	咸 81/13
廣教院		餘杭門外江漲橋東	晉天福間	吳越王	宋大中祥間	咸 81/13
寶嚴院	寶勝院	肇元卿	宋乾德六年(968)	全仁暈捨地建		咸 81/13
萬安院		大雲鄉	周顯德間			咸 81/13
保江院		豐年鄉	晉開運元年(944)	吳越王		咸 81/14
蓮華院		永和鄉	宋建隆元年(960)			咸 81/14
永慶院		永和鄉桐和林	唐清泰二年(935)	吳越王		咸 81/14
明覺院	丁山羅漢院	永和鄉	晉天福三年(938)	吳越王	宋治平二年	咸 81/14
淨信院	恩平院	桐扣山	晉天福六年		宋治平二年	咸 81/15
崇果院	羅漢院		周顯德二年	吳越王	宋治平中	咸 81/15
興教院	興善院		晉天福間	錢氏	宋治平二年	咸 81/16

萬安院		大雲鄉	周顯德間			咸 81/16
慧日院	廣照院	博陸孤山	晉開運元年(944)		宋大中祥符中	咸 81/17
普寧院		大雲鄉六都	晉天福間	錢氏	宋治平中	咸 81/17
安隱院	安平寺	臨平山之南	唐清泰元年(934)	吳越王	宋治平二年	咸 81/17
大慈院	大安院		梁貞明二年(914)	吳越王	宋治平二年	咸 81/20
徧福院	眾善院	赤峰	晉天福七年	吳越王	宋治平二年	咸 81/20
佛日淨慧寺	佛日院	仁和縣城東北五十里鶴山之陰	晉天福七年(942)	吳越王	宋大中祥符元年	咸 81/21 浙 227/3
永慶院			唐清泰二年(935)	吳越王		咸 81/22
明覺院			晉天福三年(938)	吳越王		咸 81/22
吉祥院	福臻院		晉天福五年(940)		宋紹定四年	咸 81/22
廣安廣福	慶安院		晉天福八年(943)	文穆王	宋熙寧元年	咸 81/22
妙果院	金地寺				清泰二年	咸 82/1 上
上石龍永壽尼寺	資賢寺	慈雲嶺下	晉天福七年(942)	吳越王	宋大中祥符元年	咸 82/4
石佛接待菴		水樂洞後	周廣順間			咸 82/9
六和塔	壽寧院	龍山月輪峰	宋開寶三年(970)	僧延壽於錢氏南兵園開山建塔，因其地造寺	宋紹興二十二年奉旨重選	咸 82/10
南高峰塔			晉天福中		宋崇寧二年重修	咸 82/12
雷峰塔		南山		錢氏妃建又名黃妃塔俗日黃皮塔		咸 82/14
明心院	資福院	縣部內	周廣順元年(951)		宋紹興五年	咸 83/1
妙智院	觀音院	縣東南二里	宋乾德五年(967)		宋治平三年	咸 83/2
顯聖院	白塔院	縣東南三里	宋開寶四年(971)		宋治平二年	咸 83/2 浙 227/14
善法禪院	慶善院	縣東南三里	晉天福三年(938)		宋治平二年	咸 83/2
壽聖院	福梁院	縣南十二里招德鄉	周顯德二年(955)		宋治平二年	咸 83/2
善應院	靈應院	縣西南二十里	唐天成二年(927)		宋治平二年	咸 83/3
金山院	金源院	縣南十五里欽德鄉	周廣順二年(952)		宋治平二年	咸 83/4
慈聖寺	靈岳寺	縣東北四十里常熟鄉	後唐天成元年(926)		宋治平二年	咸 83/5 浙 227/14
大智院	感山院	縣東四十里常熟鄉	唐同光二年(924)		宋治平二年	咸 83/5 浙 227/14
崇因報本禪院	興福院	縣東三十五里常熟鄉	宋乾德四年(966)		宋紹興三十一年	咸 83/5 浙 227/14
圓教院	法華院	縣北四十五里長安鄉	唐同光三年(925)		宋大中祥符元年	咸 83/6

廣福院	安眾院	縣北三十里長安鄉	唐同光三年（925）		宋治平二年	咸 83/6
慈濟院	吳山院	縣北六十里止戈鄉	唐天成二年（927）		宋治平二年	咸 83/7
慈相院	石佛院	縣北一百里止戈鄉	唐天成四年（929）		宋治平二年	咸 83/7
寶嚴寺	寶隆寺	縣北一百二十里止戈鄉	梁乾化二年（912）		宋治平二年	咸 83/7
淨嚴院	靈石院	縣北六十里止戈鄉	晉天福七年（942）		宋治平二年	咸 83/7
淨安院	南禪院	縣一里	梁乾化三年（913）		宋治平年間	咸 83/8
淨土禪寺	光孝明因寺	臨安縣縣南二里	吳越王寶四年	吳越王武肅王捨安國縣宅基為寺請額於梁曰光孝明因	宋大中祥符元年	咸 83/14 浙 227/16
淨明院	五峰院	縣西十五里	晉天福中			咸 83/14
開化禪院	功臣院	縣南二里	梁乾化五年（915）	吳越王	宋大中祥符元年	咸 83/15
崇覺院	合覺院	縣北三十里	宋乾德中	吳越王	宋治平二年	咸 83/15
雙林院	寶林院	縣西北十五里	唐天成元年（926）	大理評事俞壽捨山為寺	宋治平年間	咸 83/16
靈峰院	靈山	縣東十里	唐長興二年（931）		宋治平二年	咸 83/17
演教院		縣西二十里	唐天成四年（933）	俞郢	宋治平二年	咸 83/17
無垢院		縣西北二十五里	晉天福三年	俞昭	宋治平二年	咸 83/18 浙 227/17
太平萬壽院	小徑山太平禪院	縣東二十里	漢乾祐中	吳越王	宋天聖七年	咸 83/18
梵安院	九州保安院	縣西十里	唐長興元年（930）	吳越王		咸 83/18
大仁院	大祿院	縣北二十五里	唐天成元年（926）		宋治平二年	咸 83/19
觀音院		縣東北一里	宋建隆二年重建（961）	吳光祿		咸 83/19
不二院	西華院	縣東南二十里		吳越王	宋治平二年	咸 83/19
光孝	保安院	縣西五里	晉天福元年（936）	吳越王	宋紹興十三年	咸 83/19
禪定院	六度院	縣東南二十五里	唐同興二年（924）	錢氏	宋治平二年	咸 83/19
壽安院	長興院	縣西二十里	唐天成元年（926）	錢氏	宋治平二年	咸 83/19
淨應院	應祈院	縣西三十里	晉天福四年（939）	錢氏	宋治平二年	咸 83/20
福勝院	福全院	縣北二十里	宋乾德四年（966）		宋治平二年	咸 83/20 浙 227/17
國寧院	國安院	縣西南二十里	晉天福七年（942）		宋治平二年	咸 83/20
定安院	報慈院	縣東二十五里	晉天福七年（942）		宋治平二年	咸 83/20
眞覺院	建成院	縣東十五里	宋乾德三年（965）		宋治平二年	咸 83/20
普澤院	龍泉院	縣東南十五里	晉天福七年（942）		宋治平二年	咸 83/21
福濟院	金泉院	縣東南十五里	宋乾德三年（965）		宋治平二年	咸 83/21
極樂院	錢同院	縣東北十五里	唐天成元年（926）		宋治平二年	咸 83/21

淨安院	安樂院	縣南十五里	唐天祐末（907）	吳越王	宋治平二年	咸83/22
善住院	興國院	縣南五里	晉天福七年（942）	吳越王	宋大中祥符元年	咸83/22
等慈院	郎明院	縣西北四十五里	唐長興四年（933）		宋治平二年	咸83/22
殊勝院	瑞竹院	縣東十里	晉天福四年（939）		宋治平二年	咸83/23
福海院	延福院	縣東三里	梁乾化二年（912）		宋治平二年	咸83/23
妙嚴院	寶慶院	縣東二十五里		吳越王	宋治平二年	咸83/23
寶積院	香積院	縣西北十里	唐天成二年（927）		宋治平二年	咸83/23
慈聖院	資聖院	縣城東	梁開平二年（907）		宋治平二年	咸83/24
寶林院	善林院	縣東三十里	晉開運三年（946）		宋治平二年	咸83/24
眞寂院	山房院	縣西二里	唐天成二年（927）	吳越王	宋治平二年	咸83/24
慈智院	慈濟院	縣南四里	梁貞明三年（917）	吳越王	宋治平二年	咸83/24
保錦院		縣東南二里	周顯德二年（955）		宋治平二年	咸83/25
石照山淨寺	塔亭院	縣南二里	唐同興二年（924）錢惟演撰碑	錢武肅王	宋治平二年	咸83/27
廣福院	國泰	於潛縣縣南二里	晉天福二年（937）	梁太師吳敬忠捨地	宋紹興三十二年	咸84/4
廣覺禪院	落雲院	縣東二十五里豐國鄉	唐清泰三年（936）		宋治平二年	咸84/6
梵興院	國興院	縣南二十里潛川鄉	晉天福七年（942）		宋治平二年	咸84/6
崇法院	崇福院	縣西南三十里潛川鄉	宋乾德五年（967）		宋治平二年	咸84/7
悟眞院	白龍院	縣南三十里潛川鄉	宋建隆二年（961）		宋治平二年	咸84/7
福興禪院	慈雲院	縣南五十潛川鄉	晉天福七年（942）		宋治平二年	咸84/7
廣慈院	鳥息院	縣北四十里惟新鄉	唐天成二年（927）	天成二年有僧誦蓮經建有鳥隨	宋治平二年	咸84/7
淨勝教院	靖山院	縣南六十里長安鄉	唐清泰三年（935）		宋治平二年	咸84/7
妙樂院	安樂院	縣北十里惟新鄉	晉天福五年（940）		宋治平二年	咸84/8
普明院	普照院	縣北三十里嘉德鄉	梁乾化三年（913）		宋治平二年	咸84/8 下
禪定院	禪林院	縣南	乾寧元年建（894）		宋治平二年	咸84/10 上
淨嚴尼寺	寶成寺	縣城北	晉天福五年（940）	朱道從	宋治平二年	咸84/9
法會尼院	龍華寺	縣南二里豐國鄉	晉天福七年（942）		宋治平二年	咸84/9
清脩院	報國院	縣南二十五里潛川鄉	周顯德六年（959）		宋治平二年	咸84/10
寂樂尼院	大同院	縣西十五里波亭鄉	唐長興二年（931）		宋治平二年	咸84/10
淨明寺	普照寺	富陽縣縣北五里	晉天福五年（940）		宋治平二年	咸84/11
西岩寺		富陽縣縣北五里	乾寧元年（894）		宋治平二年	咸84/11 下
能仁院	雲霄院	縣西南十里太平杖	唐天成元年（926）			咸84/13 浙227/11
大安院	東安院	縣北十八里白昇村	唐清泰二年（936）		宋治平二年	咸84/13

淨居院	淨福院	縣南四十里	晉天福八年（843）		宋治平二年	咸 84/13 浙 227/11
眞覺院		縣東	晉開運元年（944）			咸 84/13
淨覺院	淨福院	縣北	宋建隆元年（960）		宋治平二年	咸 84/13
華蓋仙山院	福慶院	縣東北十二里	晉天福二年（937）			咸 84/13
淨因院	雲峰院	縣東二十里春明村	宋太平興國二年（977）		宋治平二年	咸 84/14 浙 227/12
惠濟院	仙泉院	縣東十二里	周顯德二年（955）		宋治平二年	咸 84/14
資聖院	觀音院	縣北十八里安仁村	晉天福七年（942）		宋天聖七年	咸 84/14
慈雲院	白龍山法雲院	縣北二十五里崇愛村	宋乾德二年（964）			咸 84/14
長福羅漢院		縣西北十二里臨湖村	宋乾德三年（964）			咸 84/15
慶思院	新恩院	縣北十八里臨湖村	唐清泰三年（936）			咸 84/15
大智院	智覺院	縣西二十五里祥鳳村	宋乾德元年（963）		宋治平二年	咸 84/15
靈巖院		縣東南三十里江陰村	漢乾祐元年（948）		宋大中祥符元年	咸 84/16
妙嚴院	龍門院	縣西三十五里慶善村	晉天福二年（937）			咸 84/16
禪寂院	黃禪院	縣東八十里太源村	周廣順元年（951）		宋治平二年	咸 84/16
普惠院	廣濟院	縣西南三十五里看潮村	晉天福二年（937）		宋治平二年	咸 84/16
瑞相院	觀音院	縣北十八里白昇村	晉天福二年（937）		宋治平二年	咸 84/16
大雄院	許明院	縣西南四十里屠山村		吳越王相許明捨宅爲寺	1.宋治平二年 2.寺有禪月尊者畫住世十六大阿羅漢	咸 84/17 浙 227/11
大明院	裏菴普明院	縣北四里四峰環繞	宋乾德三年（965）		宋治平二年	咸 84/17
興教禪院	興福院	新城縣縣南三十里地名夏妃	唐長興二年（931）		宋治平二年	咸 85/1
多福禪院	寶福院	縣西七十里地名青生嶺	唐同興三年（925）		宋治平二年	咸 85/1
昌國院	福安院	縣西二里華藏院之側	漢乾祐五年		宋大中祥符元年	咸 85/1
多福院						咸 85/1 下
護國院	羅漢院	縣治東北	宋開寶二年（969）		宋大中祥符元年	咸 82/2
延壽院	興福保壽院	縣西一里	周廣順三年（953）		宋治平三年	咸 82/2
廣福院	水陸院	縣西二里昌國院之側	梁乾化二年（914）		宋大中祥符元年	咸 85/4

惠濟院	靈泉院	縣南八里	梁乾化五年(915)		宋治平二年	咸85/4
慶恩院	報恩院	縣南十五里	宋建隆元年(960)		宋治平二年	咸85/4
總持院	永寧院	縣北十里地名貝山	漢乾祐元年(948)		宋治平二年	咸85/4
法惠院	太平院	縣北二十五里	漢乾祐二年(949)		宋大中祥符元年	咸85/5
淨名院	白雲菴	縣北二十五里	晉開運三年(946)		宋治平二年	咸85/5
資聖院	寶安院	縣西北十五里	晉開運四年(947)		宋大中祥符二年	咸85/5
安隱院	龍門院	縣西三十里	漢乾祐元年(948)		宋大中祥符元年	咸85/5
普董院	香積院	縣西五十里	唐同光二年(924)		宋治平二年	咸85/8
普向院	迴源院	縣西五十里	梁貞明四年(918)		宋治平二年	
資聖院	大安院	縣西北三十五里	唐清泰元年(935)		宋天聖七年	咸85/9
瑞相院	靈瑞院	縣西七十里	唐同光二年(924)		宋治平二年	咸85/9
正覺院	龍門院	縣西六十里	宋建隆元年(961)		宋治平二年	咸85/10
明寂院	雲巖院	縣西七十里	宋乾德四年(966)		宋治平二年	咸85/10
集福院	福春院	縣西五十里	周廣順二年(952)		宋治平二年	咸85/10
普照院	普光院	縣東北十五里	晉天福七年		宋治平二年	浙227/21
梵嚴院	建興院	縣西六十五里	唐天成三年		宋治平二年	咸83/10
寶相院	石佛院	縣西七十五里	唐天城五年(930)		宋治平二年	咸83/10
持戒院	淨名院	縣西六十里	宋建隆三年(962)		宋治平二年	咸83/10
清修院	淨安院	縣西四十里	晉天福八年(943)		宋治平二年	咸83/10
吉祥寺	齊明寺	鹽官縣縣西北四十八里	宋建隆二年(961)		宋治平二年	咸85/10
覺王寺	正覺寺	縣西北二十五里	唐長興四年(933)		寶正六年十月邑民盛滔，吳酒具狀陳太史令錢元瓘乞就舊址重建	浙227/6
淨信院		縣西南六十里	晉天福二年(937)			浙227/6
定香院	茶毘菴	縣西北二十五里	宋開寶元年(968)		宋治平二年	咸85/17
東堰廣福禪院		縣西南五十里	宋乾德元年(963)		宋紹興三十二年	咸85/17
資聖院	資壽院	縣西北四十里	晉天福七年(942)		宋治平二年	咸85/17
崇教寺	妙果寺	縣東六十里妙果山前	唐長興二年(931)	梁江州刺史戚衷夫人捨園為寺		咸85/19
眞如禪院	菩提院	縣東七十里黃灣	周顯德二年(955)			咸85/20
興福寺		縣東北三十里	宋開寶二年重建(969)		宋熙寧元年	咸85/20
太平廣福院	太平菴	縣東五十里唐齊安寺基	宋乾德二年(964)	宋建隆中有僧結茅棲止歷四十年	引成化《杭州府志》	浙227/7
靈寺		硤石市	宋開寶六年重建(973)			咸85/21

法興院	吳興院	昌化縣西四十里	晉天福三年(938)		宋治平二年	咸85/24
梵安院		縣南二十五里	晉天福七年(942)			咸85/24
澄寂院	石室院	縣南二十八里	宋開寶三年(970)		宋治平二年	咸85/24
普同院	回向院	縣南五十里	周廣順六年(951)	吳越王	宋治平二年	咸85/24
法會院	龍華院	縣南二十里	梁乾化五年		宋治平二年	咸85/24 浙227/23
百丈廣福院	寶勝院	縣西三十里	宋開寶七年(974)		宋紹興三十二年	咸85/25 浙227/24
明因院	泥郎院	縣東二十里	宋建隆元年(961)		宋治平二年	咸85/25
福全院		縣東北五里	晉天福二年(937)			咸85/25
清修院	招賢院	縣南四里	晉天福二年(937)		宋治平二年	咸85/25
龍門寺		餘杭縣	宋建隆元年	僧悟空、清了		《淨慈寺志》3/36

　　據明人田汝成《西湖游覽志餘》統計，杭州內外，唐以前已有三百六十寺，至錢氏立國，宋室南渡增為四百八十寺，多為周顯德二年敕額者。依《咸淳臨安志》所載，自唐光啓三年迄宋太平興國三年共九十二年間，造寺凡三百九十九所；據談鑰《嘉泰吳興志》卷十三所載，五代時隸屬杭州之武康縣有寺十一所，另據駱文盛《武康縣志》卷四，五代時有寺龍山與大安；據《淨慈寺志》卷三，建隆元年悟空、清了在餘杭縣建造龍門寺。杭州寺院，在錢弘俶在位三十年間，擴建了八十五所，可見杭州崇佛之盛。

　　晚唐以迄錢鏐有國之時，杭州已有禪宗南岳、青原系在弘化，南岳系有寰中（百丈懷海法嗣）、志賢（法常法嗣）、多福（趙州從諗法嗣）、千頃山楚南、烏石山靈觀、羅漢宗徹（黃檗希運法嗣）、徑山洪諲、餘杭文立（溈山法嗣）、大慈山行滿（鑒宗法嗣）龍泉寺文嘉（仰山法嗣）；青原系有雲峰義存（德山法嗣）、龍泉敬、餘杭通（慶諸法嗣）、道怤、師郁、靈照、通、宗靖、從襲、行修（雲峰法嗣）、佛日（道膺法嗣）、幼璋（本仁法嗣）。

　　就禪門五宗而論，在杭州弘化的有溈山下的文立、洪諲，仰山下的令達。曹洞宗則有白水本仁下的幼璋，雲居道膺下的本空。雲門宗在杭州弘化的，有佛日契嵩。法眼宗在杭州則大盛，文益之前杭州有玄沙會下羅漢桂琛法嗣天龍寺秀禪師，本國署清慧大師。天龍寺另有重機禪師，為玄沙師備法嗣，弟子有高麗雪嶽令光禪師（《景德傳燈錄》卷二十四）。法眼文益會下，有奉光寺法瓛、靈隱寺清聳、寶塔寺紹岩、永明寺道潛、永明寺道鴻，報恩寺慧明、薦福寺紹明、般若寺敬尊與天台下德韶；德韶會下有報恩寺永安、開化

寺行明、五雲山志逢、普門寺希辯、報恩寺法端、興教寺洪壽、西山奉諲、
靈隱寺處光、靈隱寺紹火兀，報恩寺紹安、龍華寺紹鑾、奉光寺清昱、光薦
寺遇安、觀音院慶祥、功臣院慶肅、龍冊寺曉榮、報恩寺德謙、龍華寺慧居
與永明寺延壽；永明延壽法嗣，有富陽子蒙，朝明院津禪師；清聳會下，有
瑞龍院希圓、功臣院道慈、光孝院道端、保清院遇寧、香嚴寺願昭與國泰院
德文；道潛會下，有千光王寺懷省，西山寢雲寺志澄大師。

至於律宗，道宣法系的南山宗在此弘化。乾寧元年，慧則至明州育王寺，
出《集要記》十二卷，武肅王命於越州臨壇；有弟子希覺，後住杭州大錢寺，
文穆王造千佛寺，召為寺王，門下以贊寧為上首，其在杭州祥符寺出家。時
錢塘名僧有四虎，契凝通名數為論虎，從義文章俊健為文虎，晤恩通台教幽
微為義虎；贊寧多毗尼著述為律虎。另律師元表在越州大善寺講南律鈔，元
表系下出允堪、元照兩師，南山律學大盛。此外精研律學者，有龍泉寺文喜、
千光王寺懷省、天竺寺彙征、淨化禪院遂徵。

至於天台宗，值錢鏐有國時，靖竦主天台國清寺，門下有天台螺溪義寂，
錢塘慈光寺志因，錢塘龍興寺覺彌。義寂淨光大師會下，在杭州弘化的有，
錢塘廣教寺的澄彧、寶翔，錢塘石壁寺的行靖、行明。淨光大師座下寶雲義
通，傳法弟子在杭州有天竺寺遵式、太平興國寺有基、錢塘承天寺清曉與善
信。志因於開運初，居錢塘慈光寺，出弟子晤恩，有弟子懷贄、義清、源清、
洪敏、可岩、文備皆居錢塘。源靖有弟子西湖孤山智圓、錢塘梵天寺慶昭、
錢塘崇福寺慶巒。可嚴有弟子蘊常，居錢塘廣慧寺。智圓有弟子惟雅、住持
孤山。宋初，天台宗分山家，山外兩派，山外派多住錢塘，道行孤高，不同
於山家派週遊者多官宦。

杭州城內外，皆有華嚴院，一為晉開運元年錢王所建，一為晉天福中王
所建。開寶四年吳越將凌駕於杭州五雲山劍華嚴道場，請志逢禪師主持。雷
峰塔在杭州錢湖門外之南屏山麓，建於開寶八年，係錢王為妃黃氏所建，奉
藏官監禮佛之佛螺髻髮，又鎮石刻《華嚴》諸經，圍繞八面。

杭州除禪、教寺院之外，有不少觀音院，也有水陸院與尊勝院，真言密
咒的行持，在徑山與靈隱寺得見。文穆王時嚩日囉藏志通禪師曾在杭州真身
塔寺弘化，而杭州龍興寺可周、龍泉寺文喜、徑山洪諲多異行。淨宗在杭州
弘化者，宋初有省常、紹岩，杭州地區結社念佛風氣很盛，亦見法相宗人在
此地活動。

附錄二　吳越國在蘇州建寺表

蘇州建寺表：興修凡一百七十四所。

史源：《吳郡志》卷三十一、《吳郡圖經續記》卷中、《琴川志》卷十、《雁山志》卷二。

寺　名	舊　名	地　　點	建置年代	建　者	賜額年代	出處卷頁數
開元寺	開元寺	吳縣西南三里半	後唐同光三年	錢氏所徙寺		吳志 31/13 吳記中/10
壽聖院	吳山院	吳縣西南二十里	晉天福五年（940）	吳軍節度使威顯公錢文奉建	宋治平中	吳志 33/12 《雁山志》2/8
永安寺		常熟縣東北七十里	周顯得中重建			吳志 36/3
淨居禪院	尊勝禪院	常熟縣西北八十七里	周廣順中重建	僕射陳浦等作佛殿		吳志 36/3
應天禪院		吳江縣西南一百里	周顯德二年（952）			吳志 36/5
報恩寺	通玄寺	長洲縣西北一里半	周顯德中	錢氏		吳記中/1
承天萬壽禪院	長壽寺	長洲東南	錢氏時	中吳從事丁守節架宇於舊寺址	宋大中祥符中	吳記中/11
廣化禪院		長洲縣西	錢氏時	犬校捨所居以置		吳記中/11 吳志 42/4
明覺禪院		長洲東南	宋建隆二年（961）	僧遇賢		吳記中/12
淨慧禪院	仁王院	當熟縣西南三十六里練塘市	宋開寶中	鄒知邈	宋大中祥符元年	琴 10/13
楞伽院	報恩寺	吳縣之報恩山	周乾德中於報恩寺基作歡音院	錢氏		吳志 32/12
澄照寺	白鶴寺	長洲縣西北陽山下		僧知乂		吳志 33/8
能仁寺		長洲縣	宋太平興國之初平江節度使孫承祐鑄大銅鐘，爲樓三層居之。	孫承祐		吳志 31/9
靈巖寺		長洲縣	孫承祐太平興國二年建，有磚塔記	孫承祐		吳志 32/5
楓橋寺		長洲縣	太平興國初，節度使孫承祐重建浮屠七層，峻峙蟠固，人天鬼神所共瞻仰	孫承祐		吳志 33/3
法華院	白鶴寺	長洲縣	宋乾德中	蘊明		吳志 33/8
明月院			唐光化中僧志勤結廬誦經於舊廢址，後因而屋之，至數十楹。天祐四年刺史曹珪以明月名其院，勤老且死，其徒嗣之			吳志 33/11
明因寺			晉天福六年（941）			《雁山志》2

依朱長文《吳郡圖經》所載，錢氏帥吳，修舊圖新，蘇州佛寺再度興起，寺院凡一百三十九所，續紀又增補三十五所，且云：「至於湖山郊野之間，所不知者爲闕如也，又有寺名見傳記，而今莫知其處者（《吳郡圖經續紀》卷中〈寺院〉，頁7下～8上）。蘇州有陳郢者，錢氏歸朝，郢有兄七人皆仕宦，而獨隱居里中，以琴書自樂，好佛老，晚不茹葷者十五載，范文正公以先生稱之」（《吳郡國經續記》卷下，頁30）。佛道在蘇州的繁興，影響到王公士夫的信仰。

今滬上有龍華寺、靜安寺和玉佛寺，名播海外。除玉佛寺係清時所建，其他兩寺應始建於吳越國時期，靜安寺曾一度改名永泰禪院，大中祥符元年回避宋太祖諱改名靜安寺，沿用至今，靜安寺崇奉密宗，而龍華寺受天台宗影響較深，主要供奉未來佛彌勒，現崇奉淨土宗（鄭有爲〈玉佛、龍策、靜安三大寺院喜氣臨門〉）。龍華塔、龍華寺位於上海西南郊，緊傍龍華古鎮。龍華塔相傳建於吳赤烏十年（247），宋太平興國二年（977）錢弘俶重建（《嘉慶上海縣志》）。龍華塔是一座樓圖式塔，七級四方八角形，磚木結構，以磚身爲主體，磚係宋代原物，至於龍華寺，《紹熙雲閒志》明說建於錢弘俶之時，光緒年間重建，按宋代禪宗伽藍七堂制布局。

被譽爲吳中第一名盛的虎丘，位於蘇州古城西北。五代時錢王第四子錢文奉父子治理蘇州數十年，大事修建佛寺，構築園林。據發現文物的文字紀年和塔的形制判斷，虎丘現有的佛塔，係周顯德六年至宋建隆二年（959～961）的建築。北宋至道年間，由律宗改爲雲岩禪寺，後又改爲十方住持，常爲禪僧掛錫之所。吳越國統治時期，在蘇州建了許多花園，城內的開元寺、北寺，都是當時所建立的，到宋代城內有一百多座寺觀，除上述之外，著名的有城北報恩寺（今北培寺）、能仁寺、城東的定慧寺（今雙塔）、城西瑞光寺，城外的楓橋寺（今寒山寺）等。

武肅王時期，南岳第三世行化在此的，有南泉普願法子蘇州西禪師。曹洞宗在蘇州行化的，有雲居道膺法嗣永光院的真禪師（《景德傳燈錄》卷二十）。法眼宗在蘇州弘化的，有文約、志勤禪師，係靈祐法子（《景德傳燈錄》卷十一），法眼文益法嗣紹明在蘇州弘化，另有瑞光寺清表、永安院道原（《天聖廣燈錄》卷二十七）、德韶門下長壽院朋彦、長壽院法齊（《景德傳燈錄》卷二十六）洪州禪法在蘇州也有所弘傳，黃蘗山希運禪師會下，有蘇州憲禪師，無機緣語錄傳世（《景德傳燈錄》卷十二）。晚唐以後蘇州破山寺，出《南

山律鈔》學人甚多；彥俏居破山興福寺，同好鳩集邁導，號爲毗尼窟宅。唐同光二年（924），晤恩在此出家學毗尼。又有壽闍黎，傳《南山律鈔》極成，不看他面，可見律宗在此州極盛。

附錄三　吳越國在湖州建寺表

湖州建寺表：七十七所。

史源：談鑰《嘉泰吳興志》卷十三、《浙江通志》卷二二九。

寺　名	舊　名	地　　點	建置年代	建　者	賜額年代	出處卷頁數
廣化寺	正法寺	子城西	宋開寶四年(971)	吳興郡王錢儇第歿後捨爲寺	宋景德三年	談志 13/21
景德禪院	雪水傳經院	子城南	梁乾化四年(914)	楊順捨宅建	宋大中祥符元年	談志 13/23
能仁院	法照院	駱駝橋東	錢氏時	刺史錢照晏	宋政和七年	談志 13/23
報本禪院	淨土吉祥院	飛西寺西		蔡延禮	宋大中祥符二年	談志 13/23
景德教院	保安院	定安門內	梁貞明中	刺史錢傳璟	宋景德二年	談志 13/23
惠日教院	報國春經院	子城西北	錢氏時	楊庭禮捨宅建		談志 13/24
證通教院	保安院	子城東南花樓	石晉開運元年（944）	朱可賓捨宅建	宋治平二年	談志 13/24
正眞院		府城南道場山	周顯德六年(959)		宋大中祥符二年	談志 13/24 浙 224/5
圓明院	看經院	縣東北四十五里	唐同光中	錢氏	宋治平二年	談志 13/26
布金院	觀音院	縣東北七十里湖上喬樓	周廣順十年	錢氏	宋治平二年	談志 13/26
法忍院	善慶院	縣東北四十五里		錢氏	宋治平二年	談志 13/26
寶林院	永寧院	縣東六十里湖上新浦	周廣順二年(952)	錢氏	宋治平二年	談志 13/28
金文院	看經院	縣東北十三里外莊邸	宋乾德五年(967)	錢氏		談志 13/28
慈雲院	龍安院	縣西四十九里姜邸		錢氏		談志 13/28
法印院	崇德院	縣西南四十九里章宅	宋乾德五年(967)			談志 13/28
興善院	善慶院	縣東北二十七里湖上義高邸		錢氏		談志 13/28
慈恩院	興國院	縣東南六十里霙要邸				談志 13/28

多寶院	西蠻院	縣北二十里下山	梁乾化二年（914）	錢氏		談志 13/28
昭感院		縣北十八里湖上		文穆王	宋大中祥符元年	談志 13/28
黃巖禪寺	長慶院	縣西南至孝鄉唐邨	後唐清泰元年（934）重建		宋治平二年	談志 13/31
開化院	菩提寺	縣東南孝仁鄉侯邨	周廣順三年（953）重建	錢氏	宋治平二年	談志 13/31
禪智院	大乘禪院	縣東南三十里竹墩	後唐同光四年（926）重修	沈思蘊	宋治平二年	談志 13/32
尊勝院	寶善院	縣西南九十里邨至孝鄉銅盤	周顯德五年（953）重建	錢氏	宋治平二年	談志 13/32
妙嚴院		縣西南九十里至孝鄉莫邨	晉天福八年（943）	錢氏		談志 13/32
無相院	莫干院	縣西南一百里至孝鄉莫干山		錢氏		談志 13/32
通教院	興福院	縣東南三十里荻岡	周顯德二年（953）	錢氏	宋治平二年	談志 13/33
上乘院	清炙院	縣東四十里增鄉靈山邨	晉天福七年（942）	錢氏	宋治平二年	浙 229/9
悟空院	正福院	縣東南二十里松亭鄉湖跌邨	唐乾祐二年（909）重建	錢氏	宋治平二年	談志 13/32
淨業院	普光院	縣東南二十里松亭鄉沈灣	周顯德二年（955）重建		宋治平二年	談志 13/32
興寶院		縣東南九十里屠邨		錢氏		談志 13/32
空王寺	天居寺	縣西北天居邨			宋治平二年	談志 13/34
制勝院	清異寺	縣西九里		錢氏重建	《浙江通志》為清教寺	談志 13/35 浙 229/11
清涼禪院	化城庵	縣東南和平鎮		錢氏	宋治平二年	談志 13/36 浙 229/10
普濟院	保壽寺	縣南湖南山		錢氏	宋治平二年	談志 13/36
解空院	保安院	縣南四十三里吳山		錢氏	宋治平二年	談志 13/36
饒益院	應山寺	縣西北應山		錢氏	宋治平二年	談志 13/37
梵業院	謨明院	縣東北高塘沿湖		錢氏	宋治平二年	談志 13/37
定慧院	報國院	縣北無胥邨沿湖		錢氏	宋治平二年	談志 13/37
三學院	看經院	縣西南午山		錢氏	宋治平二年	談志 13/37
正覺院	九龍院	縣西南九龍山		錢氏	宋治平二年	談志 13/37
大慈寺	寶相寺	縣東五十步	後唐廣順元年（951）	唐君帥捨宅重建	宋治平二年	談志 13/38
證道寺	齊寺 永安寺	縣西二百步	宋建隆三年（963）	縣令羅文圭重建	宋治平二年	談志 13/38
禪靜寺	昭賢寺	縣西北七里招寶賢山	周顯德中		宋治平二年	談志 13/38

仁王院	羅漢院	縣東二十五里秀峰山	宋建隆元年(960)	錢氏	宋治平二年	談志 13/39
大安院		大賽山	宋開寶六年(973)	錢氏		談志 13/39
禪居院		縣東南三十里金井山	宋乾德三年(965)		宋治平二年	談志 13/39
隆教院	資福院	縣西北十八里銅山之麓	石晉天福三年(937)		周顯德中名資福院	談志 13/40 浙 229/17
定光院	寶安院	縣響應山下	宋建隆三年(962)	錢氏	宋治平二年	談志 13/41
永光院	寶福院	縣西北三十五里矢泉山	宋建隆二年(961)	錢氏		談志 13/41
福慶院	鎮安院	縣南十八里上陌步	宋乾德四年(966)	錢氏	宋治平二年	談志 13/40
護戒禪院	福慶寺	縣東二十五里龍山下	宋太平興國中	錢氏	宋治平二年	談志 13/40 浙 229/18
慧通寺		新市鎮西		吳越王	宋政和間	浙 229/15
華藏寺	興慧寺	縣羌山繭麓		吳越王錢俶	宋政和間 寺中有錢王護戒牒	談志 13/44 浙 229/14
明因院	羅漢院	縣東四十五里	周顯德三年(956)	餘杭令章請捨宅創造	宋熙寧元年	談志 13/45 浙 20/15
瑞蓮院	護國瑞蓮院	縣東北四十五里櫟林邮	周廣德二年(953)	吳篆請於吳越國鄧王就右院基建		談志 13/45 浙 20/15
大明寺	祇洹寺	縣南十五里霧山		錢氏即古寺基建	宋治平二年	談志 13/46 浙 229/20
化度寺	永樂埶	縣西南二十五里上市		錢氏	寺有錢氏元給奏憑稱持降宣命甲子年十一月某狀奏。宋治平二年	談志 13/46 浙 229/20
廣福寺	修道寺	縣東南二十里		錢氏	宋紹興三十二年	談志 13/47 浙 229/21
上方法雲禪院	報恩寺子院	王磐巖	唐長興三年(932)		宋天禧五年	談志 13/47
常樂禪院	羅漢院	縣西北半里		將軍吳頊捨宅為寺	宋治平二年	浙 229/21
百福院	靈峰院	縣西南三十里靈峰山	梁開平元年(907)		宋治平二年	浙 229/21
淨行院	宅德禪院	縣西南六十五里華嶺邮	晉開運元年(944)	錢氏	宋治平二年	談志 13/47 浙 229/22
妙香院		縣西南四十五里結竹邮	宋乾德六年(968)	錢氏		談志 13/47
澤心院	龍安院	縣西北二十五里礁頭	宋建隆元年(960)	錢氏即古寺基建	宋治平二年	談志 13/47

等慈院	永安禪院	縣東三里四龍湖山		錢氏	宋治平二年	談志 13/48
靈芝塔院		等慈院西		錢氏		談志 13/48
戒香院	龍香禪院	縣西南六十里按坑	宋乾德二年（964）	錢氏	宋治平二年	談志 13/48 浙 229/22
普滿院	寶積院	縣北二十五里自茆	晉開運二年（945）	錢氏	宋治平二年	談志 13/48 浙 229/22
普潤院	長慶院	縣西南八十里荻浦	晉天福六年（941）	錢氏	宋治平二年	談志 13/48 浙 229/22
華嚴院	寶相院	縣東南二十里銅峴山	周廣順三年（953）	錢氏	宋治平二年	談志 13/48 浙 229/22
華嚴院	資福院	縣東南四十五里塔鄥	宋乾德三年（965）	錢氏	宋治平二年	談志 13/48 浙 229/22
普慈院	安樂院	縣西南五十里古浮山	晉天福四年（939）	錢氏	宋治平二年	談志 13/48 浙 229/22
淨慧院	禪定院	縣西南八十里杭千	晉開運二年（945）	錢氏	宋治平二年	談志 13/48 浙 229/22
廣慈院	永慶禪院	縣東南三十五里	宋建隆元年（960）	錢氏	宋治平二年	談志 13/48 浙 229/22
禪源院	龍居院	縣西九十里銅坑	宋乾德二年（964）	錢氏	宋治平二年	談志 13/49
寶梵院	保安院	縣西半里	晉天福五年（940）	錢氏	宋治平二年	談志 13/49
德山禪院	五峰興國院	縣西南三十五里	唐天祐四年（907）		宋大中祥符元年	談志 13/48

湖州興寺情形，由吉安縣可以以窺見。方志說安吉縣有寺二十七，其二十四係舊圖經所載，除樂平、崑山前代所置外，餘二十二皆錢氏所爲，以安吉一方而所置寺繁盛如此，民何以堪載（《吳興志》卷十三至四十九）。吳越崇佛極盛，但也要反思其國家財政，還有民力。

湖州寺院總表：

地　　點	州　域	烏程縣	歸安縣	長樂縣	武康縣	德清縣	安吉縣	合　計
院　數	8	11	11	10	11	4	22	77

吳越王病目，常取德清縣八聖寺井水洗之即癒，因賜旃檀香作欄（《浙江通志》卷二二九～十三引《萬曆湖州府志》〈八聖寺〉修文）。從湖州佛寺和陀羅尼經幢，帶給我們的信息是會昌法難雖然對佛教來說猶如遭受一場暴風雨，但雨過天晴，恢復很快，湖州唐陀羅尼經幢中約有半數是在武宗滅佛後所建，便是一大明證；不僅是石經幢，就是以土木結構爲主的寺院雖在會昌期間受到嚴重破壞，但之後得到迅速復建。值得注意的是，由經幢的刻石題名者來看，包

含相當廣泛的社會階層，不僅有僧尼和一般庶民信徒，還有官宦要吏，嚴耀中說：「這證明密宗在當時不止有著深厚的社會基礎，也有著強大的政治後援」（〈會昌滅佛後湖州唐陀羅尼經幢──兼論武宗滅佛對佛教的影響〉）。

　　隋唐時期，湖州所建寺院有飛英教寺、天聖禪寺、慈恩講寺、道場護聖萬壽禪寺等。錢氏有國時，報本禪寺、證通禪寺、法忍教寺、慈恩教寺、無相寺、興善寺、慈雲寺皆當時所建。唐宋時期，湖州也高僧輩出，道宣撰《唐高僧傳》，贊寧有《宋高僧傳》，佛教三部高僧傳，兩部出於湖州學僧之手。道宣所創律宗，對湖州佛教發展影響很大。北宋以念佛為特微的淨土宗，在湖州地區盛行，嘉會寺每年清明節組織十萬信徒念佛。宋代共刻六部大藏經，湖州就佔了三分之一。

附錄四　吳越國在睦州建寺表

睦州建寺表：共三十七所。

史源：《嚴州圖經》卷二～三、《景定嚴州續志》卷六～七、《浙江通志》卷二一二三。

寺　名	舊　名	地　　　點	建置年代	建　者	賜額年代	出處卷頁數
廣智寺	報恩寺	州東	五代	忠懿王	宋太平興國三年	嚴 1/22
龍堂院		城北半里	後梁			嚴 2/15
靈瑞院		宣政鄉桐溪距城十五里				嚴 2/15
下竺院		宣政鄉下竺源距城三十里	後唐			嚴 2/16
太平院		白鳩鄉三河距城五十里	漢乾祐二年	僧曉明		嚴 2/16
興福院	明山嚴前寺	新亭鄉嚴山距城二十五里	1.唐會昌中廢 2.宋乾德中重建			嚴 2/16
仁王院		新亭鄉翁村距城廿里	後唐			嚴 2/16
靈石院		新亭鄉守祿村	朱梁	長守禪師開山	宋建中靖國	浙 223/18
福安院		龍山鄉黃鎮距城三十五里	五代			浙 223/18
保安寺		望縣衙西	晉天福八年			嚴 3/11
靈瑞院	靈嚴道宮	望縣東西里	漢乾祐二年改為僧院			嚴 3/12 浙 233/21

永初院	石佛院	仁壽鄉	宋乾隆元年		相傳富常潭有石佛見長六尺五寸迎置於院因名焉	浙 233/21
普安院		仁壽鄉	宋建隆三年			浙 233/21
冰絜院		仁壽鄉	宋建隆二年			嚴 3/12
富興院		太平鄉	宋乾德元年			嚴 3/12
靈源院		太平鄉	晉天福八年			嚴 3/12
臨池院		清平鄉	周廣順四年			嚴 3/13
富巖寺		進賢鄉	晉天福四年			嚴 3/13
靈耀院	女冠靈耀宮	進賢鄉	後唐長興四年改爲僧院			嚴 3/13
新定院		安樂鄉	宋建隆三年			嚴 3/14
主教院		長樂鄉	後唐清泰二年			嚴 3/14
清泉院		長樂鄉	後唐長興三年			嚴 3/14
靈瑞院		宣政鄉桐溪	1. 後唐時道人智通作庵於此 2. 宋開寶中僧道寶建			嚴 2/15
道泉菴		芝山鄉山梓距城四十里	宋開寶中			嚴 2/18
龍門菴		芝山鄉胥口距城三十里	宋開寶中			嚴 2/18
豐源院		安樂鄉	梁貞明二年			嚴 2/18
集福院		宣政鄉大洋距城二十五里	宋乾德中			嚴 2/15
龍華寺	永泰寺	青溪鄉	寶太二年（925）	都邑將方鄴等乞重修然後判依執押	寶正三年睦州請僧住持，帖後繫司空判軍州事郭押	嚴 3/14 浙 233/21

宮觀改爲僧寺：

靈瑞院	靈巖道宮	望縣東四里	晉天福八年	嚴 3/12
靈耀院	女冠靈耀宮	進賢鄉	後唐長興四年	嚴 3/12

《景定嚴州續志》卷六至九：

寺　名	地　　點	建置年代	建　　者	備　註	出處卷頁數
桐山院	長樂鄉	後唐長興三年（932）			景續 6/7
棲霞院	定安鄉距縣四十里	宋乾德年間			景續 7/7
建平院	定安鄉距縣四十里	吳越時建			景續 7/7
吉祥院	定安鄉距縣四十里	晉天福間			景續 7/7
建興院	質素鄉距縣三十里	周顯德年間			景續 7/7
孝明尼院	分子鄉大雛源去縣二十里	吳越時建	駱鄴以親病祈福獨緣建	開山尼善通	景續 9/6

《浙江通志補遺》：

寺　名	舊　名	地　　點	建置年代	建　者	賜額年代	出處卷頁數
淨土寺	淨土寺	桐廬縣西北三十五里	晉天福九年（944）		宋大中祥符間	浙 233／25
聖跡寺	聖跡院	壽昌縣東二都	晉天福元年（936）			浙 233／28
玉瑞寺	國榮禪院	分水縣北三十里	周顯德元年（954）	福巖將花應重建		浙 233／30

　　武肅王時期，南岳四世在睦州弘化的有黃蘗希運門下龍興寺道明，其有法嗣兩人睦州刺史陳操、睦州嚴陵鈞臺和尚（《景德傳燈錄》卷十二）。還有，南岳五世睦州東禪和尚，雲門宗文偃初參睦州道明，住刺史陳操家三年，深入玄旨，後遵睦州指示，隨從雪峰義存多年，以資法要。晚唐之時，睦州淨土信仰頗盛，有桐廬之省躬、烏龍山淨土道場之少康在此弘化。縣城北有烏龍山，相傳山中原有寺廟百座，現僅存少康道場玉泉寺（俗稱石佛坳），游人眾多，香火盛旺（〈千年古蹟——建德市梅城鎮之歷史建制年鑑〉）。睦州在古代，是兵家必爭之地，可能因戰火離亂之故，古寺宮廟流傳至今很少。流傳於世最出名的，是雲門參睦州的公案故事，還有臨濟義玄參黃蘗希運時，睦州陳道明為首座，直幫他點撥的公案故事。

附錄五　吳越國在秀州建寺表

秀州建寺表：二十六所。

史源：《雲間志》卷中、《至元嘉禾志》卷十～十一、《浙江通志》卷二二八、《澂水誌》卷五。

寺　名	舊　名	地　　點	建置年代	建　者	賜額年代	出處卷頁數
福善院	尊勝院	趙屯	梁貞明六年（920）	僧智道	宋大中祥符元年	雲中／6 嘉 10／10
明行院	安和院	南橋	晉天福五年（940）	蔣漢城	宋太平興國八年	嘉 10／10
明心院	華嚴院	北橋去縣三十五里		都水使者錢綽造	宋治平二年	雲中／9 嘉 10／11
圓智寺	崇惠明教寺	干山	宋太平興國中	錢綽	宋治平中	雲中／12 嘉 10／8
興聖院	興國長壽院	縣東南二百步	漢乾祐二年（949）	張仁捨宅為寺	宋祥符中	雲中／10 嘉 10／6
海惠院	興國福壽院	白牛市	宋建隆初	姚延睿以宅為寺	宋治平中	雲中／10 嘉 10／11
證覺教院	無礙浴院	縣西南五十步	宋太平興國二年（977）		宋大中祥符元年	嘉 10／6 嘉 10／6

悟空寺	永安寺	嘉興縣澉浦鎮西南荆山	宋建隆二年	僧德升	宋治平元年	常棠《澉水誌》5/11
普明院	觀音院	鎮西北五里若山	周顯德六年	僧實強	宋治平元年	常棠《澉水誌》5/11
寶雲寺	法雲寺	顧亭林市西北隅	開運元年重建造成		宋治平元年	嘉10/8
空相寺	龍華寺	麻東北八十里		張仁恭請于錢忠懿王始建	宋治平元年	嘉10/9
慈恩寺院	無量壽塔	郡治西北一里楞嚴寺之西	宋開寶六年	攝刺史丁元贊立	宋治平中	嘉10/2
惠寂院	光福院	嘉興縣東十八里	唐長興三年	文穆王	宋治平元年	嘉11/3
智覺院		嘉興縣南二十六里	宋開寶八年		宋治平元年	嘉11/4 浙228/6
淨相寺		嘉興縣東南三十六里	晉天福七年重修	武肅王	宋祥符中	嘉11/4 浙228/6
淨眾寺		縣東四十里	宋乾德二年	李德榮捨宅建	宋治平二年	浙228/13
淨土院	安福寺	縣東三十六里	唐清泰元年	陸求奏漢南王捨宅建	宋祥符元年	浙228/13
圓通寺	寧國寺	縣東三十六里	周顯德五年	茆承翰申漢南王乞於古寺基立	宋治平元年	嘉11/5
德藏寺	寶興寺	縣北五十五里當湖市	後唐清泰中梁乾天監古寺	丘郡請即故居新之	宋大中祥符中	嘉11/7
北廣福尼寺	妙善寺	崇德縣西北一百步	晉天福八年修置			嘉11/10
祇園寺	大喜寺	崇德縣西北三十五里中洲錢林	周廣順三年修置		宋大中祥符	嘉11/11
崇勝院	法華院	縣東南三里	晉開運三年	吳越陪臣徐顏捨宅爲之	宋治平元年	嘉11/12 浙228/20
演教院	保安院	縣東十八里	晉天福八年置		宋治平元年	嘉11/12
崇福寺	常樂寺	崇德縣西八十步	1.梁天監二年建 2.會昌間廢	大中十年	宋大中祥符改爲悟空院天禧二年改額	浙28/19 嘉11/10
祥符禪寺	水陸院	郡指西北二里	1.東晉興寧間建 2.會昌五年廢	大中元年	宋大中祥符元年	浙228/2
證聖院	寶林院	縣北三十里錢林林	唐乾寧二年（895）	錢鏐聞道弘師道行孤高建寺居	宋大中祥符九年	嘉11/13 浙228/20
惠雲院	鳳鳴院	縣北四十里鳳鳴市	周廣順二年	漢南王	宋治平元年	嘉11/13
寂照院	國清報恩院	縣東六十里千金鄉屠句杖	晉天福間重建		宋治平間	嘉11/14
惠寂院	光福院	嘉興縣東十八里	會昌間	咸通六年重建，開運二年改爲報國院	宋治平元年	嘉11/3
能仁教寺	福業院	嘉興縣西北二十七里	會昌五年	大中二年	宋政和七年改額	浙228/11 嘉11/3

秀州四縣，佛寺四十六所，標明為錢氏時修建者僅見二十六所（《至元嘉志》卷十～十一）。至於秀州佛事之盛況，據《雲間志》卷中〈寺觀〉所載：「浙右喜奉佛，而華亭為盛，一邑之間為佛祠凡四十六，緇徒又能張大其事，亦可謂盛矣。」

錢氏有國，錢王、官宦與僧俗多參與造寺活動。淨相寺、證聖院為錢鏐所建。光福院為文穆王所建，而龍華寺、安福寺、鳳鳴院的興建，都與忠懿王有關。秀州除了有法華院、觀音院、水陸院之外，有尊勝院與華嚴院。華嚴院為吳越都水使者錢綽所造，武肅王以誦《華嚴》僧居之。吳越國境內研習《華嚴》風氣很盛，宋初此州有子璿受慧覺禪師指示，返故居弘揚賢首宗。法眼宗在此州弘化的有，靈隱清聳法嗣羅漢院願昭禪師。至於律宗，有靈光寺皓端，師事希覺，後晤恩從其聽習經論。至於真言宗，憲宗大中七年（853）元慧禪師重建法空王寺，立志持三百，諷誦五部曼拏羅，於乾寧三年（896）寂於尊勝院，有弟子端肅。梁貞明六年（920），僧智道建尊勝院。關於密教活動，《雲間志》卷中云：「（秀州靜安寺）有毗盧遮即佛，吳越王瑜迦道場中像，佛五臟皆書錢氏妃嬪名氏。」

附錄六　吳越國在台州建寺表

台州建寺表：一百三十一所。

史源：《嘉定赤城志》卷二十七～九〈寺觀門〉、《浙江通志》卷二三一～二三二。

寺　名	舊　名	地　　點	建置年代	建　者	賜額年代	出處卷頁數
兜率寺	勝光安國寺	州東南二里	後周廣順三年（953）	吳越王		嘉 27/3 浙 231/31
普寧院	上方資國院	州東北二里	宋建隆中	忠懿王		嘉 27/5
崇法院	紫凝院	州東二里	周顯德元年（954）			
寧國院	六通院	州東二里	後晉天福二年（937）			
順感院	報國院	州東二百步	後晉天福二年	郡人臨延熙捨宅建		嘉 27/6
崇壽院	彌陀院	州東北二里	宋建隆元年（960）	忠懿王		
永慶院	白雲延壽庵	州北一里	宋太平興國二年（977）	郡守錢昱		浙 231/31
明慶塔院	淨光塔院	州巾子山上	宋乾德五年（967）	錢昱		

惠日院	羅漢院	州東一里	後晉天福五年（940）			嘉27/7
妙勝院	石佛院	州西一百步			其鐘乃顯德二年錢王女所鑄	
資聖院		州東南二里	宋建隆四年（963）			
報恩衍慶院	興福院俗名龍華寺	臨海縣東四十五里	後晉天福六年（941）		宋紹興六年	浙231/34 嘉27/14
保福院		臨海縣南十五里	後周廣順四年（954）		後晉開運四年賜額	
具足院	百丈院	臨海縣東北二十五里	後晉天六年（941）			
慶恩院	報恩院	臨海縣東南二十五里	石晉會同元年		宋乾德三年改今額	
昌國院	佛窟寺	臨海縣南二十五里	後周廣順二年（952）		宋大中祥符中	浙231/38
法海院		臨海縣南三十五里	宋太平興國七年（982）			
惠明院	重元院	臨海縣西北三十里	宋建隆四年（963）			
法安院	廣濟保安院	臨海縣東九十里	吳越寶正五年			
崇梵院		臨海縣東南一百二十五里	宋太平興國二年（977）		宋治平三年	浙231/36
鴻祐院	資福院	臨海縣東一百六十里	後晉天福八年（943）			浙231/36
安聖院	新安院	臨海縣東一百七十里	後晉天福四年（939）			嘉27/15
威福院	天王院	臨海縣西北五里	宋乾德四年（966）			
保寧廣福寺	永明寺	臨海縣西北六十里	五代	僧德韶		
保壽院	普明院	臨海縣東南七里	宋乾德二年（964）		東有塔乃僧德韶建俗名白塔，有三目觀音	浙231/34
寶嚴院	香積院	臨海縣縣南十九里	唐乾寧元年（894）重建		唐會昌中遭廢	
眞如院	石門院	臨海縣東北二十五里	後梁天盛三年建晉天福八年改今額			
延福院		臨海縣東四十五里	五代			
淨戒院	資聖庵	臨海縣縣四十五里	周顯德中建			
慈相院	慈聖院	臨海縣東南四十九里	宋乾德四年（966）			
上妙院	護安院	臨海縣東南六十里	後梁乾化二年（914）			浙231/37
妙智院	觀音院	臨海縣東九十里	宋建隆四年（963）			

寶惠院	水陸院	臨海縣東一百三十里	宋太平興國六年（981）			
安住院		臨海縣東一百七十里	後晉天福八年（943）			
廣福院	保福院	臨海縣東二十五里	後唐天成三年（928）			
妙果院	敬脩院	臨海縣西北三十里	唐乾寧五年（899）		開平三年賜名敬脩治平三年今額	
延慶院	龍山院	臨海縣西八里	梁天監初建後與開平中改龍潭院忠懿王改獻龍院		唐會昌中遭廢，大中祥符改今額	
法安院	山宮	臨海縣東北五里	後晉天福元年（936）	僧雲暉	宋大中祥符元年賜今額	
開福院	資糧院	臨海縣東南五里	宋建隆四年（963）		咸平二年賜金額	
永福院	無垢浴院	臨海縣西北二里	宋乾德五年（967）		後改廣福，治平三年改今額	
資聖院	興國院	臨海縣西七里	後周顯德三年（956）		宋大中祥符元年改今額	
淨樂院	奧眞院	臨海縣東十五里	後晉開運三年（946）	李敬之捨宅建	宋治平三年改今額	
定光院	勝光塔院	臨海縣南二十三里	後晉會同元年		宋治平三年改今額	
崇福院	菩提院	臨海縣東二十五里	唐咸通七年建後落乾祐二年改寶慶		大中祥符七年改今額	
慧明院	靈龜寺	臨海縣西北二十五里	五代		宋治平三年改今額	
延慶院	龍山寺	臨海縣西八里	開平中建改龍潭院		宋大中祥符中	浙231/34
慈雲院	興壽院	臨海縣東北二十五里	後周顯德三年（956）		宋淳化中改名雲溪治平三年改今額	浙231/38
淨土院	丹山院	臨海縣西三十二里	五代		宋治平三年改今額	浙231/38
普明院	護明院	臨海縣西北四十里	後晉開運二年（945）		宋治平三年改今額	浙231/38
安福院	雲水庵	臨海縣西北四十五里	宋建隆中建		宋治平三年賜今額	浙231/40
定明院		臨海縣東五十里	後周顯德三年		宋治平三年賜額	浙231/38
安禪院	禪師庵	臨海縣西五十五里	後周廣順中		宋治平三年賜額	浙231/38
澄靈院	甘泉院	臨海縣東南六十里	後晉開運中		宋大中祥符元年改今額	浙231/40
多福院		臨海縣東北一百八里	後唐長興四年	僧德韶	宋宣和中燬於寇乾道二年重建	

崇相院	育王塔院	臨海縣東南一百二十里	吳越	僧師拱	宋治平三年賜今額	浙 231/40
法雲院	仙巖院	臨海縣東一百三十里	後晉開運四年		宋大中祥符元年改今額	浙 231/40
光相院		臨海縣東南六十里	宋乾德四年建（963）		咸平四年賜額	浙 231/40
保眞院		臨海縣東一百三十里	後梁乾化中		宋治平三年賜額	浙 231/40
寶積院		臨海縣東南一百二十里	後唐時	尼院	宋建炎四年賜今額	浙 231/40
淨應院	應應院	黃巖縣東南六十里	後晉天福八年（943）		宋治平三年改今額	嘉 28/10
東禪護國院		黃巖縣東南二里	唐咸通二年建			嘉 28/10
禪定院	神祿禪師塔院	黃巖縣南七十里	後晉天福七年（942）		宋大中祥符三年賜今額	嘉 28/10
惠眾院	靈泉院	黃巖縣南七十里	宋開寶元年（968）		宋治平元年改今額	嘉 28/10
祇園院	瑞峰院	黃巖縣南七十里	後晉天福中		吳越寶正六年改今額	嘉 28/10
法會院	龍華院	黃巖縣東南七十五里	吳越寶正三年		宋治平三年改今額	嘉 28/10
西安國院		黃巖縣西七十里	後唐清泰三年（925）		宋治平三年賜額	嘉 28/10
吉祥院	應祥院	黃巖縣東南八十里	後晉天福八年（943）		宋治平三年改今額	嘉 28/10
慶恩院	脩福院	黃巖縣東南一百里	後晉天福三年（938）		宋治平三年改今額	嘉 28/10
天眞院		黃巖縣東南二百里	宋乾德四年（966）			
悟空院		黃巖縣東南三百里	後晉天福六年（941）		宋治平三年賜額	嘉 28/10
興善院	瑞弓感應塔院	黃巖縣東南三里	宋開寶間	僧德韶	宋大中祥符元年賜今額	浙 231/42
崇善院	興善院	黃巖縣東南八十里	宋乾德五年建（967）		太平興國七年賜額興善，宋治平元年改今額	
咸神院	靈湫院	黃巖縣南四十五里	唐乾寧三年建（896）		宋治平三年改今額	
小妙智院		黃巖縣西南一里內	宋乾德五年建（967）			
報恩院		黃巖縣北二十五里	後唐清泰三年（936）		宋嘉祐六年賜額	
流慶院	塔院	黃巖縣南五十里	後晉天福三年（938）		宋大中祥符元年改今額	

資聖院	報國院	黃巖縣南八十里溫嶺	宋乾德五年(967)		宋治平三年改今額	
妙智院	靈感觀音院	黃巖縣東南三十里	宋建隆元年(960)	僧南慧		浙231/44
大仁院	智仁院	黃巖縣東十里	後周顯德中		宋景德元年改今額	嘉28/12
化城院	岱石院	黃巖縣西十五里	唐乾寧三年(895)		宋治平三年改今額	嘉28/12
延壽院		黃巖縣西南二十五里	後晉天福五年(940)		宋治平三年賜額	嘉28/12
廣教院	石佛院	黃巖縣南三十五里	後漢乾祐二年(949)		宋大中祥符元年改今額	嘉28/12
普濟院	安濟院	黃巖縣南五十里	唐光化元年(898)		宋治平三年改今額	
梵安院	保安院	黃巖縣東南五十里	宋開寶中		太平興國二年改今額	
護國寺	般若寺	天台縣西北二十里	後周顯德四年(957)		僧德韶第九道場 宋大中祥符元年改今額	嘉28/13
太平興國寺	雲峰寺	天台縣東北二十五里 白雲峰側	後梁乾化元年(914)		宋太平興國五年改今額	
淨慧寺	寶慈寺	天台縣西九十里蘆峰	後唐乾化元年(914)	僧景瑫	宋大中祥符元年改今額	
慈雲院	安國雲居院	天台縣西北三十五里	後晉天福元年(942)		僧德韶第二道場 大中祥符元年改今額	浙231/5
寶相院	保國華嚴院	天台縣西北二十五里	吳越	僧德韶	宋大中祥符元年改今額	嘉28/21
淨明院	智者幽溪道場	天台縣東北二十里	後唐清泰三年(936)		1.殿前有石經幢刻云天福二年捨入 2.大中祥符元年改今額	浙232/5
禪智院	六殊院	天台縣北五十里	後晉天福二年(937)		宋治平三年改今額	嘉28/21
淨明院	通圓定慧院	天台縣西北五十五里	後周顯德四年(957)		1.僧德韶第一道場 2.大中祥符元年改今額	浙232/6
福善院	崇福院	天台縣西北七十里寒石山	後梁開平元年(907)		1.周顯德中改聖壽昭儀孫氏重新 2.大中祥符元年改今額	

明聖院	保壽觀音院	天台縣南十里	後周廣順元年（957）		宋治平三年改今額	
大明院	菩提大同院	天台縣東北九十里	周顯德五年（958）		宋治平三年改今額	
東定慧院	傳教院	天台縣東北十五里	宋乾德元年（963）		1.五代時僧希寂演天台教於此 2.大中祥符元年改今額	
天官院	旃檀瑞像院	天台縣西二十里	吳越	僧德韶	1.僧德韶第十一道場 2.宋大中祥符元年改今額	浙232/9
普慶院	保興福慶院	天台縣東北三十里	晉天福四年（939）		宋治平三年改今額	
慧覺院	大覺普興院	天台縣西三十里			1.僧德韶第十三道場 2.宋大中祥符元年改今額	浙232/9
鎮國院	開巖院	天台縣西南四十里	梁普通三年建 周顯德六年（959）重建，改泗洲禪院		大中祥符元年改今額	
大智院	大明院	天台縣東六十里	宋開寶七年		太平興國初賜號大明 治平三年改今額	《天台山方外志》4/61
要安隱院	臻福院	天台縣東北四十里	宋建隆三年		大中祥符元年改今額	
大梵寺		天台縣西北七十里明巖	五代	僧金宰樓焉	大中祥符元年改今額	嘉28/21
福應寺	普聞寺	天台縣西南七十里	漢乾祐三年（950）		1.僧德韶第六道場 2.大中祥符元年改今額	浙232/8
普慈院	大悲院	天台縣北一里	宋開寶七年（974）		宋治平三年改今額	
寒巖寺	崇福寺	天台縣西北寒石山	周顯德中	昭儀孫代重新之		浙232/7
大覺院	華嚴道場	天台縣東南十五里	宋乾德三年（965）		宋治平三年改今額	
永寧院	普寧院	天台縣東北十五里	周顯德四年（957）	吳越王	宋治平三年改今額	
景福院	呼茶院	天台縣西二十五里	周顯德七年（960）		1.宋開寶三年賜號崇福 2.大中祥符元年改今額	

仁壽院	九明寺	天台縣東北三十里	漢乾祐二年(949)		宋治平三年改今額	浙232/8
西廣福院	水陸院	天台縣西三十里	宋太平興國四年(979)		宋熙寧三年改壽聖紹興三十二年改今額	
秀巖院	西雲院	天台縣西北三十五里	晉天福八年建		1.僧德韶第三道場 2.大中祥符元年改今額	
普光院	長壽院	天台縣西北四十里	後唐清泰元年(934)		宋大中祥符元年改今額	
寶興院	寶壽院	天台縣西南五十七里	漢乾祐三年(950)		宋治平三年改是額	
西安慧院		天台縣西北三十五里	漢乾祐元年(948)		1.僧德韶第四道場 2.大中祥符元年賜額	
善興院	華頂圓覺道場	天台縣東北六十里	晉天福元年(936)	僧德韶	宋治平三年改是額	浙232/12
寶相院	彌陀塔院	天台縣西南七十里	周顯德中		1.僧德韶第七道場 2.大中祥符元年賜是額	
東安隱院	隱嶼院	天台縣東七十里	漢乾祐三年(950)			
斷橋道場		天台縣北七十里	宋開寶元年(968)		太平興國五年廢	
證教院	無量壽佛塔院	天台縣北一百里	宋建隆元年(960)		1.僧德韶第十道場 2.大中祥符元年改是額	嘉28/19
金文藏院	萬年古院	天台縣西北六十里	漢乾祐三年(950)		宋咸平二年賜額	
慧明院	慧日院	天台縣東北六十里	梁乾化元年(911)		宋治平三年改是額	
金地庵		天台縣北二十五里	晉開運三年(945)			浙232/9
廣度院	瑞峰院	僊居縣北三十里	廣天寶元年建 會昌中廢 晉天福中重建		宋宣和中改是額	浙232/14 禪院
三學院	西仁院	僊居縣東二十里	吳越時改遇明院		宋景德二年改是額	嘉29/1
宣妙院		僊居縣西北三十里	漢乾祐元年(948)			
興化院	景星院	僊居縣西北三十五里	宋開寶八年(975)			

普信院	興國院	僊居縣南四十里	宋開寶八年（975）		宋治平三年改是額	浙 232/14
金像寺	聖像寺	僊居縣西三十五里	五代	韋氏子捨宅建	宋治平三年改是額	
大興院		僊居縣西北四十里	宋開寶八年（975）			
正覺院	珠頭巖院	僊居縣東南七里	宋開寶八年（975）		宋治平三年改是額	浙 232/13
崇相院	靈峰院	僊居縣西二十五里	宋開寶中		宋天禧元年	浙 232/13
普勝院		僊居縣東北三十里	唐長興三年（931）		宋治平四年賜額	
清修院		僊居縣西二十五里	宋開寶中			
慈源院	龍泉院	寧海縣東南一百五十里	晉天福七年（942）		宋治平三年改是額	嘉 29/7
廣福院	資國院	僊居縣東二百五十里	宋太平興國七年（982）			
大覺院		僊居縣西南五十里	宋開寶中			
妙勝院		僊居縣東海中二百里	宋開寶中			
法海院		僊居縣北十五里	宋太平興國八年（983）		宋治平三年賜額	
集福院	保福院	僊居縣東百里	五代	王德安結廬於此	1.周廣順元年賜名保福 2.宋治平三年改是額	
靈峰院		僊居縣東北八十里	吳越	尚書華預捨宅建	1.宋開寶中賜名三峰 2.宋治平三年改是額	
興梵院	興國院	僊居縣南五十里	宋開寶中		宋治平三年改是額	浙 232/18
瑞相院		僊居縣東三十五里	1.唐正觀二年建 2.吳越時葉太傅景泰捨基闢之	葉景泰	宋治平三年賜額	浙 232/18
福興院	福全庵	僊居縣南十里	宋開寶中	剡人王氏捨基建	宋治平三年賜是額	浙 232/18
明智院	鄞水院	僊居縣北二十五里	石晉會同中		宋治平三年改是額	
永福院	柯山院	僊居縣西四十里	宋太平興國中			
普福院	保福院	僊居縣東五十里	宋乾德中		宋治平三年改是額	
大寧院	新寧院	僊居縣北六十里	晉天福中		宋治平三年改是額	

明因院		僊居縣東南一百三十里	晉會同中		宋治平三年改是額
福聖院		僊居縣東六十里	宋開寶中		
護法院		僊居縣東海中二百里	宋太平興國中		
祇園寺	瑞峰寺	太平興十都	晉天福間		吳越時神祿禪師道場	浙 232/20
靈山寺		太平縣玉環鄉	晉天福二年	僧啓爽	宋熙寧元年	浙 232/20

宋代台州有寺院三百九十五所,會昌前建八十七所,會昌後建六十六所,錢氏有國時建一百三十一所,吳越歸宋後建一百十一所。台州有石佛寺,寺有鐘乃周顯德二年(955)錢王女所鑄(《浙江通志》卷二三一,頁 32)。普明院東有塔,乃德韶所建,俗名白塔,有三目觀音。智者幽溪道場殿前有石經幢,刻云天福二年(948)捨入(《浙江通志》卷二三二,頁 5)。德韶在台州建道場甚多,有十多座。

中晚唐時期,禪宗在台州弘化,出自南岳系的有馬祖道一法嗣台州柏巖常徹、長慶大安法嗣浮江和尚、子湖利蹤法嗣勝光和尚;青原系則有,石霜慶諸法嗣湧泉景欣、洞山良介法嗣台州幽棲道幽、巖頭全豁法嗣瑞巖寺師彥、德山宣鑒法嗣天台山瑞龍院、湧泉景欣法嗣六通院紹禪師、雪峰義存法嗣十相審超,雲蓋志元法嗣彭州天台和尚。五代時,有玄沙師備法嗣天台山雲峰光緒、天台山國清寺師靜上座(《景德傳燈錄》卷二十一)、靈昭會下瑞巖寺師進、六通院志球、台州白雲迺禪師(《景德傳燈錄》卷二十二)。

法眼宗在本州弘化的,有文益法嗣天台山德韶、德韶法嗣般若寺友蟾、善建寺省義、善聞寺智勤,永明道潛法嗣般若寺隆一。天台山為智者大師傳法之所在,至清竦主國清寺,門下有國清寺宗昱、勝光寺瑞先、定慧寺諦觀,皆在天台山弘化。宗昱有弟子契能,主天台常寧寺。至於寺院之性質,有禪院、教院、十方律院、甲乙律院、尼院,以律院居多,禪院、教院次之。台州除有觀音院、羅漢院、彌陀院之外,有華嚴道場、圓覺道場,還有水陸院、呼茶院。在台州,唐武宗廢寺的有,臨海縣的香積院、龍山寺,黃巖縣的永壽院、香巖院、妙嘉院,天台縣的福田寺、脩禪寺、白巖寺、棲禪寺、白馬寺、佛窟寺,僊居縣的光明山寺,瑞峰院,寧海縣的清泉寺,還有天台國清寺。這些寺院,大多於大中後重建,其中龍山寺於開平中修建,改名龍潭院,吳越入宋以後才改額或賜額(《嘉定赤城志》卷二十七~二十九)。

附錄七　吳越國在明州建寺表

明州建寺表：一百二十四所。

史源：（宋理宗）《寶慶四明志》卷十七～二十一、《延祐四明志》卷十六～
　　　十八、《浙江通志》卷二三○。

寺　名	舊　名	地　　點	建置年代	建　者	賜　額年代	出處卷頁數
嘉祥院	釋天院	鄞縣東南一百步	晉天福五年		宋太平興國八年改賜是額	
延慶院	報恩院	子城南三里	周廣順三年		宋大中祥符三年	
寶雲院	傳教院	子城西南二里	寶開寶元年	漕使顧承徽捨宅爲義通傳道處	宋太平興國七年	延16/15
白衣廣仁寺	淨居報仁院	子城西	唐長興元年		宋治平元年	
景福寺	水陸蓮花院	子城南二里半	宋建隆二年		宋太中祥符三年	
聖功院	崇教院	子城西南四里	周顯德元年		宋眞宗時	乾2/14
廣福院	羅漢院	子城西南一里半	漢乾祐二年		宋太平興國九年	
東壽昌院	保安院	子城東南一里	唐清泰二年	吳越王贖徐蘊卿園地建	1.晉天福七年吳越國王命爲保安寺 2.宋大觀二年	
景德寺	鄞江院	子城東南二里	唐清泰二年		宋大中祥符元年	
西壽昌院		子城南一里半			1.東壽昌之下院 2.宋大觀三年	
天封院	天封塔院	鄞縣南一里半	漢乾祐五年		宋大中祥符三年	
大中祥符寺	崇福寺	子城南一里半	周廣順元年		宋大中祥符元年	
能仁觀音院	報慈院	鄞縣西南二里半		錢德捨宅爲之		
五峰山宗福院	五峰院	鄞縣東南五十里	晉天福六年		宋大中祥符三年	延17/4
跗跨山崇果院		鄞縣東五十五里	晉開運二年		宋大中祥符三年	延17/4
普淨院	頂峰庵	鄞縣西南七十里	宋建隆三年		宋大中祥符三年	延17/4
白雲延祥院		鄞縣東南八十里	宋乾德五年		宋大中祥符三年	延17/4
資教院	廣德院	鄞縣西四十里	周顯德元年		宋治平元年	延17/6

悟眞院		鄞縣東南五十里	漢乾祐二年		宋治平元年	延 17/6
治平院	保豐院	鄞縣南三十里	後唐清泰二年		宋治平元年	
廣壽寺	崇慶院	鄞縣東五里	周廣順元年		宋慶曆七年	延 17/6
廣嚴院	華嚴院	鄞縣東四里	晉開運元年		宋治平二年	延 17/6
普和院	靈影院	鄞縣南五十里	梁乾化二年		宋治平元年	延 17/7
明心院	厲山院	鄞縣南三十五里	晉天福五年		宋治平二年	延 17/7
慧燈院	朱村院	鄞縣東南二十五里	宋建隆二年		宋治平二年	延 17/7
福聖院	東山塔院	鄞縣東南四十里	宋乾德四年		宋治平元年	延 17/7
清修院	清涼院	鄞縣西南八十里	宋乾德二年		宋大中祥符元年	延 17/7
普照院	明福院	鄞縣南七里	宋乾德二年		宋治平二年	延 17/7
廣修院		鄞縣東六十五里	晉天福五年		宋大中祥符元年	延 17/8
慈雲院	李浦院	鄞縣南三十里	漢乾祐二年		宋治平二年	延 17/8
法雲院	甬南浴院	鄞縣東七里	宋乾德六年		宋治平二年	延 17/9
多福院		鄞縣東五里	宋乾德三年		宋治平元年	延 17/9
資聖院	漁浦門外院	鄞縣東北一里半	宋太平興國二年		宋天禧四年	延 17/13
寶林院	報國西林院	鄞縣南三十五里	晉開運三年		宋治平元年	延 17/13
延壽王廣福院	延壽王院	鄞縣東南六十里	晉天福二年		宋紹興三十二年	延 17/13
尊教院	慧日院	鄞縣東南四十里	晉天福三年		宋治平元年	延 17/13
能仁院	東安院	鄞縣西南十里	宋乾德中		宋政和七年	延 17/13
天壽院	天井院	鄞縣西南六十里	宋建隆元年		宋治平元年	《四明志》2/55、延 17/14
惠安院		鄞縣東四十里	晉天福三年		宋大中祥符三年	延 17/14
空相院	羅保安院	鄞縣西南七十里	晉開運三年		宋治平二年	延 17/14
妙智院	觀音庵	鄞縣西南七十里	漢乾祐二年		宋治平元年	延 17/15
慈福院	盛唐保安院	鄞縣東三十里	周顯德二年		宋治平元年	延 17/15
慈恩院	小溪松巖院	鄞縣西南九十里	晉天福九年		宋治平二年	延 17/15
翠巖山寶積院		鄞縣西南七十里	宋乾道三年重建			
普光院	光化院	鄞縣東四十五里	晉開運二年		宋治平元年	延 17/15
淨眾院	齋堂院	鄞縣東二十里	宋開寶二年		宋治平二年	延 17/17
珠山淨土院	珠山院	鄞縣東六十五里	晉天福元年		宋治平元年	延 17/17

阮山廣福院	阮庵	鄞縣東九十里	漢乾祐二年		宋紹興三十二年	延 17/17
多寶院	管江院	鄞縣東南八十里	宋開寶元年		宋治平二年	延 17/17
大中祥符寺	西溪院	鄞縣東五十里	晉天福三年		宋治平三年	延 17/18
安巖山華嚴院	四明院	奉化縣南五十里	漢乾祐三年	僧清聳	宋慶曆三年	《四明志》2/54、延 17/31
清涼院	歸順院	奉化縣東九十里	梁開平二年	茅將軍捨宅吳越王賜額	宋治平中	延 17/31
解空院	泰靖院	奉化縣東八十里	唐長興元年		宋治平二年	延 17/31
九峰山靈鷲院	明霸院	奉化縣東六十里	宋開寶八年		宋治平二年	延 17/32
棲眞院	棲鳳院	奉化縣東七十里	晉天福八年		宋治平二年	延 17/32
興化院	墅市院	奉化縣東七十里	唐長興元年		宋治平二年	延 17/32
清福院	太清院	奉化縣東七十里	晉天福八年		宋治平二年	延 17/32
演教院	鹿苑	奉化縣西十里	唐清泰二年		宋治平二年	延 17/30
禪悅院	保安院	奉化縣北二十里	宋開寶二年		宋治平二年	延 17/34
清蓮院	靈峰院	奉化縣西南五十里	後唐清泰二年		宋治平二年	延 17/34
法昌院	石芝院	奉化縣北二十五里	宋開寶元年		宋治平二年	延 17/37
宣密院	桐照院	奉化縣東九十里	晉開運二年		宋治平二年	延 17/37
惠日院	慈林院	奉化縣西二十里	晉天福五年		宋治平二年	延 17/37
法海院	龍潭院	奉化縣東南十里	晉天福元年		宋治平二年	延 17/31
廣福院	雲蓋庵	奉化縣南五十里	晉開運三年		宋熙寧中	延 17/35
崇勝院	固海院	奉化縣南五十里	唐天成三年		宋治平二年	延 17/35
禪寂院	登山院	奉化縣南四十里	周廣順二年		宋治平二年	延 17/35
慈覺院	興福院	奉化縣北二十里	晉天福五年		宋治平二年	延 17/38
淨業院	塔巖院	奉化縣北二十五里	梁貞明二年		宋治平二年	延 17/36
淨隱院	名山院	奉化縣東北二十里	晉天福五年		宋治平二年	
告成院	光教院	奉化縣東半里	宋開寶七年		宋大中祥符三年	延 17/30
淨名院	安寧院	奉化縣東北十里	梁乾化二年		宋治平三年	延 17/30
廣濟院		奉化縣北二十五里	宋建隆二年	僧師悟亦造廣濟橋	宋大中祥符元年	延 17/37
淨惠院		奉化縣東北四里	周顯德四年		宋天聖三年	延 17/30
報國院		奉化縣南二十里	晉天福二年		宋治平二年	延 17/38
定香院	太平院	慈溪縣西六十里	晉天福八年		宋治平二年	寶 17/13 延 18/5
赭山清果院	赭山院	奉化縣西南十里	周顯德六年		宋治平二年	

雲湖慶安院	保安院	奉化縣西北十五里	周顯德四年		宋治平元年	寶 17/14 延 18/3
禪于山吉祥院	禪天院	奉化縣西南四十里	晉天福八年		宋治平元年	寶 17/15 延 18/2
白巖院		奉化縣西南六十里	宋乾德四年		宋天聖中	寶 17/15 延 18/2
證心院	新慶院	奉化縣西五十里	晉天福七年		宋治平二年	寶 17/19
定慧院	支山院	奉化縣西南六十里	晉開運二年		宋治平元年	寶 17/19 延 18/4
法蓮院	蓮花院	奉化縣東南十五里	吳越寶正二年		宋治平二年	浙 230/14
白龍慈化院	白龍院	奉化縣東南十里	宋建隆二年	五代僧師巹結屋持戒，於此常有白龍聽經，因名白龍院	宋治平元年	寶 17/19 延 18/1
定林院	峰天院	奉化縣東二十五里	晉天福二年	唐居惠捨基建	宋天聖五年	寶 17/20 延 18/11
本覺院	彌勒院	定海縣東南一百二十里	周顯德六年		宋治平二年	寶 19/12 延 18/9
妙勝院	永安院	定海縣西三十里	後唐清泰中	姚縮	宋治平二年	寶 19/12 延 18/11
正覺院	回峰院	定海縣北六十四里	周廣順元年	僧清肅	宋治平二年	寶 19/12 延 18/14
永寧院	寧波院	定海縣西十五里	晉天福中		宋治平元年	寶 19/12 延 18/11
惠寂院	蘆浦庵	定海縣南七十五里	晉開運中		宋治平元年	寶 19/13 延 18/9
泗洲院		定海縣南三十里	後唐清泰四年	僧青立		寶 19/14 延 18/10
崇法院	回向院	定海縣西十五里	宋建隆三年		宋治平元年	寶 19/14 延 18/10
靈峰院	保安院	定海縣南四十里	周廣順元年		宋治平元年	寶 19/14 延 18/10
淨巖院	練盆院	定海縣南三十里	漢乾祐二年		宋治平元年	寶 19/15 延 18/10
寂照院	保安寺	定海縣南九十里	梁貞明中		宋治平元年	寶 19/14 延 18/10
萬壽院	永福院	昌國縣北十里	宋建隆元年		宋治平元年	慶 20/22 浙 230/28
保寧院	保安院	昌國縣東南海中	晉天福元年		宋治平三年	慶 20/22 浙 230/28

祖印院	產業院	昌國縣東北海中	晉天福五年		宋治平二年	慶20/22 浙230/28
梅岑山歡音寶院	梅岑山觀音寺	縣東海中	梁貞明二年		宋天豐三年	寶20/23
迴峰院		昌國縣西	宋建隆元年			寶20/23
興善院	少菩院	昌國縣西三十里	後唐天或二年		宋治平元年	寶20/23
超果院		昌國縣東海中	晉天福二年		宋治平二年	寶20/23
化城院	羅漢院	昌國縣西海中	漢乾祐元年		宋治平二年	寶20/23
資福院		昌國縣東北海中	晉天福八年			寶20/24
華雲寺	香蘭寺	昌國縣東北海中	周顯德七年		宋治平元年	寶20/24
封崇院	資福院 資國院	昌國縣東海中	周廣順元年		宋大中祥符三年	寶20/24
封教院	降錢院	昌國縣東北四十里	漢乾祐二年		宋大中祥符元年	寶20/24
保安院		縣東北海中	漢乾祐二年			寶20/24
普濟院	山門院	昌國縣西海中	漢乾祐元年		宋治平二年	寶20/25
普明院		昌國縣西北海中右泗州堂	錢氏忠懿王置二鐵窣堵波於此		宋大中祥符中	寶20/25
瑞雲峰延壽院	龍壽院	象山縣縣北七里	漢乾祐二年置		宋治平二年	寶26/31 浙230/23
智門院	保安院	象山縣縣西二十五里	周顯德四年置		宋治平二年	浙230/23
太平廣福寺		象山縣縣西南五十里	宋建隆三年置		宋熙寧六年	寶20/32 浙230/23
蓬萊山廣福院	蓮萊院	縣西南三十里	漢乾祐元年置		宋紹興三十二年	寶21/32
護境廣福院		象山縣東北二十里	宋建隆二年置		宋紹興三十二年	寶21/32
靈山嚴廣福院		象山縣西南四十里	宋太平興二年建	僧智瑤	宋紹興三十二年	寶21/32
寶梵院	東禪院	象山縣東北一三〇步	宋建隆二年置		宋治平二年	寶21/33
保寧廣福院	保寧院	象山縣西南二十里	周顯德五年置		宋紹興三十二年	寶21/33 浙230/23
瑞龍廣福院		象山縣東十五里	宋乾德四年置		宋紹興三十二年	寶21/33 浙230/23
新安院		象山縣南八十里	周廣順三年置			寶21/33 浙230/23
伍師院		象山縣西南三十里	周廣順三年			寶21/33 浙230/23

《浙江通志》補遺：

觀音講寺	海慧道場靈巖菴	慈谿縣東北二十里	晉天福十二年	河南刺史夏敬章即大中觀音院旁靈崇寺故址建	至元間	浙 234/14
普濟禪寺	不肯去觀音院	定海縣補陀山南	梁貞明二年	張氏	清聖祖	《浙江通志》230/24 引《普陀山志》

　　明州之寺院，據胡榘、羅濬《寶慶四明志》所載有寺三百零五所，錢氏有國時明州寺院在二百五十所以上，錢氏時所建有一百二十四所，吳越入宋才建二十五所。佛事之盛況，可由阿育王禪寺得以窺知，梁貞明二年（916）錢鏐迎塔作禮，改浮屠爲七層，第三層置七寶龕以貯佛舍利塔；周顯德五年（958）寺災，忠懿王錢弘俶又請致武林龍華寺，新其藻飾，中龕雜百寶範黃金爲座，懸珠纓以莊嚴之（《浙江通志》卷二三〇引〈宋濂育王寺碑記〉）。忠懿王曾多次將寧波阿育王寺中的佛舍利，迎請至杭州供奉。明州在唐朝時，早成日僧從南路入唐和返日的落腳處，阿育王寺與國外僧人的關係源遠流長。高麗國僧人寶雲義通（972～988）於後晉天福年間利中國求法，學成後在鄞州阿育王一帶弘揚教觀二十年，死後葬於阿育王山。日本臨濟宗開山祖師榮西，南宋時二度入鄞求法，訪阿育王寺、天童寺等習臨濟宗，返日後成爲日本佛教臨濟宗的開祖。明州的阿育王寺，成爲古代中國佛教文化交流重要場所。另寧波有天封塔，塔頂部位有錢弘俶所造的一座鎏金青銅，塔上鑄有乙卯歲（955）記的銘文與天封塔地宮石涵銘文。

　　中晚唐時期，禪宗在明州行化，南岳系有馬祖道一法嗣大海山法常、五洩靈默法嗣棲心寺藏奐、大梅法常法嗣新羅迦智、百大懷海法嗣大梅山彼岸、長沙景岑法嗣雲寶山常通，入青宗系則有，洞山良介法嗣天童山成啓、天童山義，雪峰義存法嗣翠巖令參。宋初，雲門宗在本州弘化的，有雲寶重顯。法眼宗在本州弘化的，有道潛法嗣慶祥，住崇福院，延壽亦曾住明州雲寶山。

　　天台宗在唐末，有常操主持明州國寧寺，依次傳義從、德儔，高麗義通在淨光大師處學一心三觀之旨，後被明州刺史錢惟治所留，宋開寶三年（970）漕使捨宅爲建傳教院，太平興國七年（982）賜額寶雲。傳法弟子在明州有延慶寺知禮、延慶寺異聞、廣慧寺體源；另有廣智尚賢，繼知禮主延慶寺。至於寺院性質，明州除禪、教、律院之外，有十方水陸院。

附錄八　吳越國在越州建寺表

越州建寺表：二百一十四所。

史源：《會稽志》卷七～八、《剡錄》卷八、《浙江通志》卷二三一。

寺　名	舊　名	地　　點	建置年代	建　者	賜額年代	出處卷頁數
開元寺		府東南二里一百七十步	唐長興元年	吳越武肅王建奏以開元復爲大善寺而以此爲開元寺		會7/9 浙231/4
崇報院	報恩寺	府東二里一百九十四步	晉開運四年	司農鄉周仁邈之妻許及其子從徽捨宅爲建，後改今額		會7/11
圓通妙智教院	觀音院	府東南三里一百五十步	宋開寶八年	少鄉皮文棨捨地建	宋熙寧間	會7/11
永福院	光明院	府東二百五十八步	晉天福四年	吳越文穆王建	大中祥符元年	會7/12
隆教院	無礙浴院	府東一里三百四十六步	宋太平興國元年	觀察使錢像建	大中祥符元年	會7/12
明教院	彌陀院	府東南五里四十六步	宋建隆元年	錢塘縣令林仁憲捨宅建	大中祥符元年	會7/12
旌教院	法華懺院 慧臺永壽院	府東南四里一百九十四步	周顯德三年	錢承裔建	大中祥符元年	會7/12
長慶院	廣濟院	府東南一里二百二十八步	周顯德五年	僧德欽重建	1.本爲竹園寺，會昌五年後廢 2.大中祥符元年七月賜今額	會7/13
普法院	永寧院	府東南四里二百二步	晉天福七年	吳越建爲尼院	宋大中祥符初	會7/13
壽昌院	觀音吉祥院	府東南五里三百四十六步	1.漢乾祐三年建 2.開寶三年建佛殿		宋景德二年	會7/13
廣福院	俱胝院	府東南六里七十六步	宋太平興國元年	溫州刺史錢俑子熙練捨園建	宋政和年間	會7/17 浙231/1
大能仁禪寺	祇園寺	府南二里一步四十步	吳越	觀察錢儀復建	宋政和年間	會7/17 浙231/1
能仁院	地藏院額	府西北三里三百三十七步	宋開寶六年建太平興國三年吳越給額	觀察使錢儀建	大中祥符元年	會7/20 浙231/20

廣教院	天王院	府西六里二百二十七步	後唐天成四年	吳越王錢鏐	宋天聖初	會 7/20
妙明院	光讚般若院	府北三百一百七十步	宋開寶五年吳越給額	鎮海軍都指揮使陳志建	宋大中祥符	會 7/21
泰寧寺	證道院	化城院	會稽縣東南四十里	周顯德二年	宋紹興初	會 7/22
雍熙院	大乘永興禪雲門寺院	會稽縣南三十一里十步	宋開寶五年重曜建淨名寺錢俶弟觀察使錢儀拓建	宋雍熙二年		會 7/35
顯聖院	看經院	會稽縣南三十里極迷寺壁峰前	周顯德二年	有經藏甚靈異	1.宋乾德六年賜號雲門寺 2.宋至道二年改今額	會 7/25 浙 231/13
壽聖寺	上菴	會稽縣南四十里	晉天福六年		宋熙寧三年	會 7/25 浙 231/13
天華院	無礙浴院	會稽縣東南六十里	周廣順二年		宋至道二年	會 7/26
福慶寺	靈嘉寺	會稽縣東南七十里	晉天福七年重建		大中祥符六年	
隆慶院	興福院	會稽縣東北二十里	宋建隆元年重建		大中祥符元年	會 7/26
資壽院	資國校	會稽縣南七十里	晉開運四年	阮羅建	大中祥符元年	會 7/27
護聖院	千佛塔院	會稽縣東四十里	周顯德元年	有磚塔	大中祥符元年	會 7/27
廣愛院	德政院	會稽縣東南一百里	漢乾祐三年於古寶安寺基上建		大中祥符元年	會 7/28
資聖院	證福院	會稽縣東四十里	漢乾祐元年		1.乾道元年改為禪後 2.大中祥符元年賜今額	會 7/28
福聖院	延壽院	會稽縣東北八十五里纂周浦	周廣順元年	吳越給額	1.周顯德五年吳越給額延壽院 2.大中祥符元年賜今額	會 7/28
慶恩院	報恩院額	會稽縣東南九十里	晉天福七年	吳越給額	1.周顯德元年吳越給報恩院 2.宋治平元年改賜今額	會 7/28
靈峰院	三峰院	會稽縣南二十二里	宋開寶九年	錢儀建	宋治平元年	會 7/28
普濟院	何山院 雲濟院	會稽縣東四十里	宋乾德元年	盧文朗	宋治平二年	會 7/39
渚修院	福清塔院	會稽縣南十八里	周顯德五年	集惠大師	宋治平二年	會 7/29
妙智院		會稽縣東南二十五里	晉開運二年		宋治平二年	會 7/29

淨住院	静念寺	會稽縣東北四十里	漢乾祐三年重建	陸泰	宋治平三年	會 7/29
廣教寺	善訓寺	會稽縣東二十五里	晉開運四年		宋治平三年	會 7/29
澄心院	永心院	會稽縣東六十里	唐景福二年	吳越武肅王建	宋治平三年	會 7/29
延安院	護國保安院	會稽縣東南七十里	宋建隆元年		宋治平三年	會 7/20
崇勝院	保安院	會稽縣東南九十里	晉天福七年		宋治平三年	會 7/20
九蓮院	蓮花院	會稽縣東南七十五里	宋建隆三年		宋治平三年	會 7/20
佛果院	保福院	會稽縣東南八十里	宋乾德二年		宋治平三年	會 7/20
清修院	清泰院	會稽縣東南八十里	晉開運三年		宋治平三年	會 7/20
化城院		會稽縣東南四十里	周顯德二年於古皇戒院基建			會 7/20
石佛妙相寺	南崇寺	會稽縣東五里	晉天福中	僧行欽重建	宋治平三年	浙 231/10
明覺院	大明院	會稽縣東三十五里	晉天福八年復建		有千歲和尚塔碑宋治平二年	會 7/32 浙 231/14
興福院	錢湖院	會稽縣南一百步	晉天福五年	觀察使錢俶建	宋大中祥符元年	會 7/32
法雲寺	王舍城寺寶城寺	山陰縣西北八里	吳越時	大校復興葺	宋大中祥符中	今 7/24
本覺寺	淨明寺	山陰縣西北十五里	後唐清泰三年	節度經略使謝思恭捨宅建寺有雲峰堂，後有適亭子真泉		會 7/35 浙 231/9
智度寺	梅檀寺	山陰縣西北九十五里	唐天或三年		宋大中祥符元年	會 7/35
寶嚴院	純一禪師壽塔院	山陰縣西一百二十五里	晉開運三年	吳越給額清化純一塔院	宋大中祥符元年	會 7/35
奉聖院	明恩院	山陰縣南二十五里	漢乾祐二年吳越重建		宋大中祥符元年	會 7/35
延福院	安國院	山陰縣西六十里	晉天福三年	開寶六年吳越給額	宋大中祥符元年	會 7/35
長壽院	願果院	山陰縣東北十五里	晉天福元年	鄒彥超建廣順二年吳越給額	宋大中祥符元年	會 7/36
廣濟院	聖壽院嘉宥院	山陰縣西北五十五里	晉天福六年於古福壽院基上建		宋大中祥符元年	會 7/37
報恩院	彌陀院	山陰縣西一百二十三里	宋乾德四年	寶珍捨地建	宋大中祥符元年	會 7/37

廣利院	清化西塔院	山陰縣西一百三十里請化山	宋開寶九年	柳訓捨宅建吳越給額	宋大中祥符元年	會7/37
慈恩院	永安院	山陰縣西一百二十二里	後唐長興二年	謝彥捨地建晉天福七年吳越給額	宋大中祥符元年	會7/37
延壽院	普安院	山陰縣西八十二里	後唐天城四年		宋大中祥符元年	會7/37
等慈院	天長院	山陰縣西百十二里	晉天福二年	僧道山建	宋大中祥符元年	會7/37
資教院	城山院	山陰縣一百二十一里	晉天福七年	乾祐元年吳越給額	宋大中祥符元年	會7/37
慶壽院	烏石院	山陰縣西六十五里	宋開寶七年	郡仁造捨山建	宋大中祥符元年	會7/37
集善院		山陰縣西北二十五里	宋太平興國元年	馬氏捨地能法師建		會7/38 浙231/10
上方院		山陰縣西北九十五里	晉天福二年	僧寧光		會7/38 浙231/10
香林院	寶林院	山陰縣西四十五里	漢乾祐三年		宋治平三年	會7/38
安康院		山陰縣西北九十三里	後唐長興元年			會7/38
福安院	資福院	山陰縣西北九十二里	後唐長興元年於古棲院寺基上建		宋治平元年	會7/38 浙231/9
保安院	保寧院	山陰縣西北五十一里	晉開運元年		宋治平三年	會7/38 浙231/9
安隱院	安養院	山陰縣西北十里	後唐清泰元年	高伯興等重建	宋治平三年	會7/38 浙231/9
崇教院	新興塔院	山陰縣西九十里	周顯德五年	鎮海軍都指揮使薛溫重建	宋治平三年	會7/39
普香教院	薇音普聞院	山陰縣西北五十三里	宋乾德三年於古靈隱寺基上建	開寶三年吳越給額	宋開寶六年	會7/39
鷲臺院	重臺院	山陰縣西四十五里	晉乾祐三年		宋治平三年	會7/39
資壽院	延壽院	山陰縣一百四十里	晉開運二年		宋治平三年	會7/39
明因院	遇明院	山陰縣西南一百里	晉開運元年		宋治平三年	會7/39
壽星院		山陰縣北九十九里	後唐長興元年	陳司空捨宅建		會7/39
永興院		山陰縣西北四十五里	晉天福八年			會7/39
崇福院	浴室院	山陰縣西五十里	宋建隆三年	衢州刺史朱仁幹建	1.乾德二年改法水院 2.大中祥符八年改是額	會7/39

興教院	道林院 鳥窠禪師 道場	山陰縣東南十五里	晉天福四年		宋治平二年	會 7/40
惠梧院	全悟院	山陰縣西一百二十里	周廣順元年		宋治平三年	會 7/40
善法尼院	永寧院		晉天福七年		宋大中祥符元年	會 7/41
妙智院	觀音尼院	山陰縣東南二十五里	晉開運二年			會 7/41
寶積尼寺	執慈寺	山陰縣北五里	宋乾德四年	觀察使錢儀建	宋大中祥符元年	會 7/41
崇尼教院	惠清院	山陰縣西北五里二十步	周廣順二年	吳越王肅王建	宋大中祥符元年	會 7/47
宣妙寺	崇明寺	嵊縣西十五里	晉天福四年重建		宋治平三年	會 8/1 剡 8/10
明覺院	禪林寺	嵊縣南二十里	晉天福元年重建		宋大中祥符元年	會 8/2 剡 8/8
福感寺	報恩寺	嵊縣東二十五里	晉天福四年		宋大中祥符元年	會 8/2 剡 8/7
實性院	清泰院	嵊縣西二百五十步	晉天福七年重建		宋大中祥符元年	會 8/2 剡 8/7
寶積院	德興院	嵊縣三十里	後唐長興四年		宋大中祥符元年	會 8/2 剡 8/7
普安院		嵊縣東二十五里	唐清泰二年重建			會 8/5 剡 8/7
戒德院	光德院	嵊縣西四十里	晉天福七年重建		宋治平二年	會 8/3 剡 8/10
定林院	松山院	嵊縣四十五里	晉天福八年重建		宋治平三年	會 8/3 剡 8/11
圓超院	靈岫菴	嵊縣西二百五十步	晉天福六年建奉國院			會 8/3 剡 8/4
眞如院	寶壽院	嵊縣西四十里	周顯德三年		宋大中祥符元年	會 8/4 剡 8/10
天竺院	西明院	嵊縣西二十里	晉天福七年		宋大中祥符元年	會 8/4 剡 8/9
法祥院	延福院	嵊縣東七十里	後唐清泰二年重建		宋大中祥符元年	剡 8/8
尊勝院	厚山院	嵊縣東四十里	晉天福六年重建		宋治平三年	會 8/4 剡 8/7
超化院	水陸院	嵊縣北二百步	晉天福七年		宋大中祥符元年	會 8/5 剡 8/5
瑞像院		嵊縣東二百步	唐景福元年	吳越武肅王		會 8/5 剡 8/5

大明院	崇明寺	嵊縣西三十里	晉天福七年	姚氏女捨宅為寺	宋治平二年	會 8/5 剡 8/7
證道院	五龍院	嵊縣西四十里	晉開運元年	晉白道猷道場		會 8/5
華藏院	雪峰院	嵊縣西六十里	晉開運二年		宋大中祥符元年	會 8/5 剡 8/7
皇覺院	仙巖院	嵊縣西六十里	漢乾祐三年		宋治平二年	會 8/5
顯淨寺	青林寺	嵊縣西二十里	後唐長興元年重建		宋治平二年	會 8/5 剡 8/9
資福院	增福院	嵊縣東二十里	晉天福八年		宋治平二年	會 8/6 剡 8/7
空相院	開明院	嵊縣南四十里	宋太平興國元年		宋治平二年	會 8/6 剡 8/9
悟空寺	保安院	嵊縣西三十里	周廣順元年於古烏流寺基上建		宋治平三年	會 8/6 剡 8/9
安國院	太平院	嵊縣西六十五里	晉天福七年		宋治平三年	會 8/6 剡 8/9
明心院	黃上塔院	嵊縣北二里	宋建隆二年	陳承鄴捨宅建	宋大中祥符元年	會 8/5 剡 8/6
化城寺	靈根寺	諸暨縣東北八十五里	晉天福七年	周顯德三年吳越給額	宋大中祥符	會 8/7
青蓮院	碧泉院	諸暨縣西十八里	晉天福四年		宋至道二年	會 8/7
寶乘院	石佛院	諸暨縣北二十里	後唐同光二年	吳越武肅王	宋大中祥符元年	會 8/7
慈氏院	玉泉院	諸暨縣西北十八里	晉天福七年		宋大中祥符元年	會 8/7
靈峰院	溪山院	諸暨縣北六十五里	後唐長興二年			會 8/8
修惠院	資聖院 精進院	諸暨縣東北七十五里	後唐長興五年於古資聖院基上建			會 8/8
崇壽院	寶泉院	諸暨縣西南二十里	宋乾德二年		宋大中祥符元年	會 8/9
法藏院	官田院	諸暨縣東南八十里	晉天福七年		宋大中祥符元年	會 8/9
延祥院	清福院	諸暨縣東北四十里	晉天福七年		宋大中祥符元年	會 8/9
薦福院	報恩院	諸暨縣東七十里	宋開寶四年		宋大中祥符元年	會 8/9
上普潤院	醴泉院	諸暨縣東南二十五里	晉天福七年			會 8/9
下普潤院	石井院	諸暨縣東北二十五里	宋太平興國元年 建於古靈塔基上			會 8/9
明教院	仁豐院	諸暨縣西南六十里	晉天福七年		宋天聖初	會 8/10

淨土院		諸暨縣北五里	唐天祐元年		宋大中祥符元年	會 8/11
永慶院	永光塔	諸暨縣南五十里	周顯德元年			會 8/11
法雲院	龍安院	諸暨縣東五十里	晉開運二年			會 8/11
化城院	紫巖院	諸暨縣東五十二里	宋開寶四年重建			會 8/11
顯教院	忠山院	諸暨縣西南七十里	晉開運四年		宋大中祥符	會 8/11
崇法院	水陸院	諸暨縣西一里	宋開寶四年		宋大中祥符	會 8/11
離相院	福田院	諸暨縣東南九十里	晉天福四年於歸禪師塔院基上建			會 8/11
永福院	應國禪院	諸暨縣東南二十五里	晉天福七年重建			會 8/11
淨住院	龍潭禪院	諸暨縣南六十五里	宋建隆三年重建		宋大中祥符元年	會 8/12
崇教院	玄寂禪師塔院	諸暨縣南六十五里	周廣順元年重建			會 8/12
清涼院	上林院	諸暨縣東南九十里	漢乾祐二年			會 8/12
明覺院	靈峰院	諸暨縣東五十五里	周顯德四年			會 8/12
淨隱院	崇化院	諸暨縣東南一百里	晉開運三年			會 8/12
正覺院	菩提院	諸暨縣東六十里	晉開運元年			會 8/12
香林院	松林院	諸暨縣西南二十五里	漢乾祐三年			會 8/13
雲就院		諸暨縣北七十里	晉天福五年			會 8/13
梵惠院	淨福院	諸暨縣西南四十里	宋乾德四年			會 8/13
廣福院	鴻福院	諸暨縣南六十里	周顯德三年			會 8/13
普濟院	通濟院	諸暨縣北七十里	宋乾德五年		宋治平三年	會 8/13
天曹院		諸暨縣西四十里	宋開寶五年			會 8/13
寶林院		諸暨縣南六十里	晉天福四年於玄寂禪院基上建			會 8/13
解空院	法訏院	諸暨縣東南九十里	宋建隆二年			會 8/14
四果院	保安羅漢院	諸暨縣東北七十里	晉天福二年	吳越文穆王	宋大中祥符元年	會 8/14
嘉福院	嘉善院	諸暨縣南六十五里	宋乾德五年於懷靜禪師院基上建			會 8/14
祇園寺	祇園永興寺 崇化寺	蕭山縣西北一百步	宋建隆元年重建		宋治平三年	會 8/14
覺海寺	政信寺	蕭山縣南四十里	晉天福四年重建		宋大中祥符元年	會 8/14

慈雲寺	開善資宅寺	蕭山縣西南四十里	晉天福三年重建		宋大中祥符元年	會 8/14
惠濟院	資國看經俗稱竹林寺院	蕭山縣東北一百五十步	晉天福五年	悟眞師於古寺基上建	宋太平興國七年	會 8/14
正覺院	十善院	蕭山縣東五十步	後唐天成元年	吳越武肅王建	宋大中祥符元年	會 8/18
廣慈禪院	安禪寺保安禪院	蕭山縣南七十里	梁大同二年建晉天福七年重建		宋景德二年	會 8/16
眞濟院	興國禪院	蕭山縣南三十八里	晉天福六年重建	吳越文穆王給額	宋太平興國七年	會 8/16
明化院	化度院	蕭山縣西十二里	後唐長興三年	吳越文穆王建	宋景德三年	會 8/16 浙 231/18
開善院	資化院	蕭山縣東四十里	晉天福元年		宋大中祥符元年	會 8/16 浙 231/18
淨惠院	妙緣院	蕭山縣南三十五里	晉天福八年		宋大中祥符元年	會 8/16 浙 231/18
廣法院	六通救苦禪院	蕭山縣西十二里	後唐天成元年		宋大中祥符元年	會 8/17
廣福院	龍門護國院	蕭山縣西南七十里	後唐同光元年		宋大中祥符元年	會 8/17
資教院	崇眞院	蕭山縣東十四里	晉開運三年		宋大中祥符元年	會 8/17
興法院	大翔寺寶乘院	蕭山縣東四十里	晉天福八年重建	吳越改爲寶乘院	宋大中祥符元年	會 8/17
資福院	妙福院	蕭山縣西十二里	周廣順元年		宋大中祥符元年	會 8/17
顯教院	崇福院	蕭山縣南十五里	宋乾德二年		宋治平三年	會 8/17
栖眞院	福安院	蕭山縣南七十里	漢乾祐二年		宋治平三年	會 8/18
興善院	新興院	蕭山縣東五十里	晉天福三年		宋治平三年	會 8/18
靈峰院	郭峰院	蕭山縣南八十里	周顯德六年		宋治平三年	會 8/18
法印院	法華院	蕭山縣南九十里	周顯德二年		宋治平三年	會 8/18
六和院	通興福院	蕭山縣南六十里	漢乾祐元年		宋治平三年	會 8/18
崇因院	崇明院	蕭山縣南六十里	漢乾祐二年		宋治平三年	會 8/19
建初寺	興元寺	餘姚縣南二百步	周顯德四年重建		宋大中祥符元年	會 8/20
普滿寺	靈瑞塔寺	餘姚縣東北十五里	周顯德六年		宋大中祥符元年《會稽續志》按寺銅牌鑴刻云建隆二年建，稱越爲東都蓋是時	會 3/12 會 8/20

廣安寺	報恩寺	餘姚縣西北五十五里	漢乾祐二年重建	宋大中祥符元年	
羅漢院		餘姚縣東一里三十步	周顯德四年重建		會 8/30
如意院	保安院	餘姚縣東北三十五里	晉天福六年	宋大中祥符元年	會 8/22
寶稜院	保安院	縣西三十五里	晉天福六年	宋大中祥符元年	會 8/22
廣教院	瑞明院	餘姚縣西北四十五里	晉天福六年	宋大中祥符元年	會 8/22
西福昌院	烏山資福院	餘姚縣東北三十五里	周廣順元年	宋大中祥符元年	會 8/22
普明院	松山報恩院	餘姚縣西北三十五里	漢乾祐元年	宋大中祥符元年	會 8/22
建福院	天華院	餘姚縣西北三十五里	周顯德二年重建	宋崇寧元年	會 8/23
普圓院	化安院	餘姚縣東南三十五里	後唐清泰元年	宋大中祥符元年	會 8/23
法性院	觀音院	餘姚縣東二百三十步	晉天福七年於古大寧寺基上建	宋大中祥符元年	會 8/23
靜凝教忠寺	報國興福院	餘姚縣西北五十里	晉天福二年重建	宋大中祥符元年	會 8/23
清果院	鹿母院	餘姚縣東北七十里	晉天福七年	宋治平三年	會 8/23
禪慧院	精進院	餘姚縣東北七十里	晉天福七年	宋治平三年	會 8/34
明真院	四明院	餘姚縣南三十里靈源山	後唐長興元年	宋治平三年	會 8/24
極樂院	彌陀院	餘姚縣南一里	漢乾祐元年	宋治平三年	會 8/24
普安院	興安院	餘姚縣南十五里	晉開運二年	宋治平三年	會 8/24
慈聖	日雲院	餘姚縣南七十里	晉開運二年	宋治平三年	會 8/24
智果院	建福院	上虞縣東十里	後唐清泰元年	宋大中祥符元年	會 8/26
明教院	仙壽院	上虞縣西北二十里	後唐清泰元年	宋大中祥符元年	會 8/26
普淨院	報恩院	上虞縣西北七十里	晉天福七年	宋大中祥符元年	會 8/26
法果院	含珠院	上虞縣西南五十里	晉天福六年	宋大中祥符元年	會 8/26
智度院	光相院	上虞縣西南三十里	晉天福七年	宋大中祥符元年	會 8/27
諸林院		上虞縣東南七里	後唐長興三年	漢乾祐二年吳越給額	會 8/27
勝固院	永清院	上虞縣南六十里	晉天福七年	宋大中祥符元年	會 8/27
澄照院	涼泉院	上虞縣南四十里	晉天福二年	宋大中祥符元年	會 8/27

東資聖院	聖壽院	上虞縣東南十五里	晉天福八年		宋大中祥符元年	會 8/27
太岳院		上虞縣南五十里	唐清泰元年	陳師蓋等建		會 8/27
明因院	福泉院	上虞縣東南十里	晉天福五年		1.吳越給額 2.宋治平二年改今額	會 8/28
瑞像院		上虞縣西南十五里	晉天福六年於甘南源院基上運		開運四年吳越給額	會 8/28
海惠院	仙鳳院	上虞縣東南十五里	晉天福七年		1.乾祐二年吳越給額 2.宋治平三年	會 8/28
仕度院	雲溪院	上虞縣東南十里	晉天福五年		宋大中祥符五年	會 8/28
廣教院	保安寺	上虞縣西四十里	宋開寶四年	口事治	宋治平三年	會 8/28
淨眾院	見明院	西北五十里	晉天福四年		宋治平二年	會 8/28
福祈禪院		上虞縣西北三十五里	晉天福四年			會 8/29
湧泉院		上虞縣南二十里	漢乾祐二年			會 8/29
雲居寺	石門寺	新昌縣東北三十里	晉天福九年吳越建		宋大中祥符元年	會 8/29
大明寺	東岬寺	新昌縣東北二十五里	後唐同光元年		宋大中祥符元年	會 8/29
七寶院	千佛院	新昌縣西南五里	晉開運三年重建	趙仁爽	宋大中祥符元年	會 8/29
福聖院	無礙浴院	新昌縣北八十步	周顯德元年	僧昭度	1.吳越給額 2.大中祥符元年改賜今額	會 8/30
寶嚴院	釋天院	新昌縣西九十步	晉開運二年	趙仁爽	1.吳越給額 2.大中祥符元年改賜今額	會 8/30
廣福院	天姥院	新昌縣東南六十里	周廣順元年	大寂禪師德韶建	宋至道三年	會 8/30
昌法院	靈慶院	新昌縣東四十里	周廣順元年		宋治平三年	會 8/30
保福院	遵德保安院	新昌縣東十五里	周顯德三年		宋治平三年	會 8/30
香林院	梅林院	新昌縣東北三十里	周顯德四年			會 8/30
普潤院	華嚴院 清潭院	新昌縣西三十五里	晉天福八年		宋治平三年	會 8/30
方廣院	華嚴院	新昌縣東北十五里	宋乾德六年		宋治平三年中	會 8/30

　　越州寺院，據《嘉泰會稽志》所載，凡三百四十八所，錢氏時修建二百一十四所，凡梁開平以後，稱造某寺賜某額，皆當時所爲。府東南有開元寺，大鐘重數千斤，佛大士應眞之像，皆雄特工緻冠絕它刹。宋人遊會稽山水，必至

會稽縣東北之稱心寺（《會稽志》卷七，頁 31）。會稽縣南大乘永興禪院，有兩珍貴石刻。蕭山縣兩有化度院，為唐宋國禪師道場，實兩浙往來一都會，被風濤阻礙著，於此休憩，為後唐長興三年吳越王所建（《浙江通志》卷二三一，頁 18）。1971 年紹興城北橋頭一工地，出土了塗金塔一座，塔內有小木筒，筒內載經卷，首題吳越國王錢俶敬造〈寶篋印經〉八萬四千座，充份供養之，時乙丑歲字樣。

中晚唐時，南岳系在越州弘化的，有馬祖道一法嗣洞泉惟獻、百丈懷海法嗣禹迹寺契真；青原系則有石霜慶諸法嗣雲門山拯迷寺海晏、夾山善會法嗣越峰和尚、雲峰義存法嗣洞巖可休、越山師鼐與鏡清禪苑道忞。溈仰宗在吳越國越州弘化的，有溈山泉祐法嗣光相，南塔光通法嗣全付，全付則為文穆王所仰重，王遣將闢雲峰清化院居之，師以晉開運四年寂，弟子應清等十餘人奉師遺訓，不墜其道（《宋高僧傳》卷十二）。曹洞宗則有，洞山良介法嗣乾峰和尚。法眼宗人在越州弘化的較多，有諸暨五峰、碧泉寺行新、雲門寺重曜、稱心寺敬璡、何山院道孜、清泰寺道圓、開善寺義圓、觀音院安、觀音院朗、大禹榮、象田默、地藏院瓊禪師，以及希辨法嗣上林寺胡智。

律宗在越州弘化亦盛，武肅王曾命慧則臨鹽，律師元表於廣明中至大善寺講南山律鈔，門下以越州清福為上首。四分律之傳承，有丹甫者，居開元寺，會稽成佛範淵府乃其倡導之功，門下出智章，至贊寧撰《宋高僧傳》時法嗣猶存。此外精通律學者，有開元寺虛受。時開元寺有允文，專攻相部律宗與中觀論，門下有懷益、懷肅、思寂；贊寧曾登會稽禮敬允文真相，見法孫可翔苦節進修之狀（《宋高僧傳》卷十六〈唐會稽開元寺允文傳〉）。天台宗人，則有錢塘源清法嗣德聰，住開元寺；慶昭法嗣智仁，住報恩寺，咸潤住永福寺；而咸潤有弟子善朋，住永福寺。宋初，雲門宗在本州弘化的有天衣寺義懷禪師。

越州在中晚唐時，真言宗盛行，永貞元年最澄、義真曾至龍興寺，隨順曉學習密教，並受秘密灌頂。大中初年，越州諸暨保壽院神智持大悲心咒，治人無數；而全清禪師持密藏禁咒法，能劾鬼神，治人邪疾。唐末應天山寺希圓，恒勵人急修上生之業，以乾寧二年（895）寂。大善寺虛受，曾撰上《生經疏》；又有志通者，在越州法華山默修淨業，以天福七年（942）寂。越州寺院，除禪宗寺院之外，有法華懺院、淨土院、彌陀院、觀音院、水陸院與華嚴院寺。

附錄九　吳越國在溫州建寺表

溫州建寺表：十七所。

史源：《浙江通志》卷二三四、《樂清縣志》卷五、《溫州府志》卷五～十六。

寺　名	舊　名	地　　　點	建置年代	建　者	賜額年代	出處卷頁數
普賢瑜珈寺	寶陀寺	唐府內	周廣順中		宋大中祥符間	浙 234/1
福聖寺		永嘉縣四都	宋開寶三年（970）			浙 234/2
西巖寺		樂清縣湖上奧山	石晉天福間			浙 234/4
三峰寺		泰順縣左	晉天福間		宋祥符間	浙 234/10
護國寺	聖堂	瑞安縣集雲山頂	唐會昌間本寂院僧無數因奉沙汰隱居於此禪定十數年，藤蘿繞身，時號為藤羅尊者，因地立祠，名聖堂			浙 234/9
淨明寺		平陽縣夾嶼山	宋乾德間			浙 234/8
報恩尼院			天福七年建			《樂清縣志》卷五
靈山院			晉天福二年			《樂清縣志》卷五
天柱院			宋太平興國三年			《樂清縣志》卷五
淨名菴	慶縱		宋太平興國二年			《樂清縣志》卷五
昭福院			梁貞明間			《溫州府志》卷十六
廣福寺			梁貞明二年			《溫州府志》卷十六
江心寺		甌江江心嶼上	宋開寶中建			《溫州府志》卷五
福聖寺			宋開寶三年建			《溫州府志》卷五

　　溫州江心寺，在甌江江心嶼上，唐季以還嶼上逐漸建成梵宇和浮屠，咸通七年（866）於西山東麓建淨信禪院，宋開寶二年（869）又於東山西麓建普寂禪院，並先後建西塔、東塔。雙塔對峙挺拔，有凌雲之勢，今雙塔成為溫州風光的標幟。永嘉縣有廣福寺，據《溫州府志》所載，梁貞明間建，宋治平間賜額，又昭福院在岩門村，梁貞明二年（916）建，至明、清寺院鼎盛，鐘鼓聲，木魚不絕，香客信士盈門（《溫州府志》卷十六〈寺觀〉）。岩頭鎮西北有普安禪寺，唐時禪房百餘間，為浙南天台宗重要道場，南宋後期鄭光鄂重建之。

　　溫有大雲寺，後梁乾化元年（911）方外鴻楚往龍興寺傳戒，相國寺貞峻為臨壇大德，會稽郡大善寺虛受充監壇選練，吳會稽間行此職者，從虛受始，後唐長興三年（932）鴻楚寂。溫州寺院，錢氏有國之前多遭毀壞，武肅王之

時溫州有大雲寺，智琮爲僧正。鴻楚亦居此寺爲戒師，但與小松山鴻莒一樣多異行；鴻楚撰《上生經鈔》，郡邑人謂爲僧寶中之異寶。忠懿王時有願齊，住普照道場（《景德傳燈錄》卷二十六）；另有慶縱，於太平興國二年（977）建淨名庵。潙仰宗人靈空禪師，武肅王時亦曾在溫州弘化（《景德傳燈錄》卷十一）。宋初雲門宗人，有天衣義懷，爲樂清縣人。法眼宗人，青原下九世德韶法子有瑞慶寺本先、大寧院可弘、光慶寺遇安、雁蕩山的願齊、本先法子如畫（《景德傳燈錄》卷二十六）。天台宗人在溫州行化的，有慶昭弟子繼齊，淨光大師有傳法弟子願齊，居普照寺。律宗有希覺，於溫州開元寺剃度，往天台山師事西門慧則，後爲溫州刺史錢鏵所禮重，門下以贊寧爲上首。

附錄十　吳越國在婺州建寺表

婺州建寺表：十五所

史源：《浙江通志》卷二三二、《浦江縣志》卷九。

寺　名	舊　名	地　點	建置年代	建　者	賜額年代	出處卷頁數
密印寺	永福寺	府治西北五十步	吳越	錢氏	宋大中祥符中	浙 232/21
寶相寺	靈石寺	金華縣十二都	後有雙峰，巖中湧出大石佛七軀，吳越錢氏鑿而取去			浙 232/25
妙法院		金華縣二十五都	晉天福間	里人施地建		浙 232/26
棲眞寺	石國寺靈洞	蘭谿縣東二十里銅山鄉	後唐長興間		宋大中祥符中	浙 232/26
昭化寺	昭明寺	蘭谿縣東紫巖鄉	周顯德初			浙 232/28
智度教寺	五雲寺	義烏縣西早里		婺州刺史錢元懿建殿	宋大中祥符中	浙 232/7
隆平教寺	保寧寺	義烏縣東二十里	後唐長興間		宋大中祥符中	浙 232/7
上封寺	光義寺	永康縣東北百步	晉天福岡			浙 232/33
普濟寺	清泉寺	永康縣西北四十五里	吳越寶大元年（920）			浙 232/34
慈尊禪寺	東臺寺	武義縣東北二十里	宋開寶元年（968）		宋大中祥符二年	浙 232/35
無礙寺		武義縣西二十五里	周顯德五年（958）			浙 232/35
左溪講寺	普安寺雙溪寺	浦江縣東二十三里	宋開寶間			浙 232/36
白佛寺	慈相教院	浦江縣南一里	宋乾德元年（963）			浙 232/37
保安教寺	保安寺	浦江縣南八里	晉天福八年	倪盈捨地建	明漢武二十四年	浙 232/37
寶林寺		浦江縣	晉開運二年			《浦江縣志》卷八

　　婺州在錢氏有國之時，禪宗、天台、淨土、眞言教也頗有流行。五泄山有禪寺，爲馬祖道一的弟子靈默所建造，初名三學禪院，咸通六年（865）賜名永安禪寺，天祐三年（906）改名應于禪院，宋代改爲五泄禪寺，禪寺自唐以來高僧輩出，或創禪宗於佛界，或揚梵音於宇內，而尤以五泄靈默、洞山良价、寧波藏奐、婺州蘇溪、龜山眞元、蘭溪貫休等聲譽卓著。靈默禪師的弟子得法者眾，燈錄載有福州龜山正元、婺州蘇溪和尚，其中洞山良价尤爲傑出。洞山法嗣在吳越弘化的有成啓、道幽、乾峰與義禪師。法眼宗在婺州弘化的，有德韶會下全肯及全肯弟子紹忠，住智者寺（《景德傳燈錄》卷二十六）。又南泉法孫長沙景岑法嗣嚴靈禪師，在金華山弘化。

　　武肅王之時，貫休曾住婺州和安寺（《宋高僧傳》卷三十）。而南岳四世婺州木陳從朗、新建（趙州從諗法嗣）、金華山俱胝（志賢法嗣）也在吳越弘化。忠獻王時，道密於婺州建法華寺（《浙江通志》卷二三二）。婺州有南寺塔，與塔北中興寺遙遙相峙，故名中興寺塔。中興寺古名法華寺，梁天監六年（507）始建，唐武德中廢，至德萬乾耀請法華寺廢額重建，迄乾符四年（877），釋貫休書「雪山道場」四字，至太平興國中改今額。又據南寺塔出土石碑〈婺州東陽縣中興寺新磚塔舍利記〉稱：「建隆元年（960）庚申歲，天台國師德韶罄舍資金，鼎新構砌，寺有僧文捷、敬溫、敬超、匡信、師德，並進居檀越葛仁口、鄭口、金暉口口力募緣，結茲磚塔。」南寺塔形，四面實心九層，爲磚結構的樓閣式塔，上承唐風，簡潔秀麗，在江南建塔史上具有重要價值。

　　婺州有雙林寺，甚爲有名，開運元年（944）忠獻王遣僧慧龜往雙林寺，開善慧大士塔，奉迎舍利靈骨諸物至錢塘縣光冊殿供養，並建龍華寺，以其骨塑大士像，請靈照住持（《佛祖統紀》卷四十二）。天台宗的六祖慧威、七祖玄朗，亦爲婺州人，後吳越王分別敕賜全眞尊者與明覺尊者之謚號。律師景霄，曾在金華東日山獎訓初學，著《簡正記》二十卷。在婺州傳《南山律鈔》者，有金華雙林寺智新，行瑫曾師事之（《宋高僧傳》卷二十五）。

附錄十一　吳越國在處州建寺表

處州建寺表：十二所。

史源：《浙江通志》卷二三四〈寺觀九〉。

寺　名	舊　名	地　　點	建置年代	建　者	賜額年代	出處卷頁數
佛日寺		府城南五里	宋乾德三年（965）			浙234/12
梵嚴寺		縉雲縣北十里	吳越寶正四年（929）			浙234/14
天壽寺		縉雲縣西十里	晉開運間			浙234/14
妙相寺		縉雲縣南一百里	宋建隆元年（960）			浙234/14
九松寺		縉雲縣東六十里	晉開運間			浙234/14
香嚴院		遂昌縣邑西四十里	周顯德五年（958）			浙234/18
寶嚴院	多寶院	遂昌邑西二十里	宋乾德二年		宋治平二年	浙234/18
翠峰院		遂昌縣唐山	五代時	僧貫休		浙234/18
崇仁寺		龍泉縣南五里	五代時			浙234/20
資聖寺		龍泉縣南十里	晉天福間			浙234/20
集福寺		龍泉縣西二里	晉天福間	東廊有魯般鐘樓約高七丈		浙234/21下
覺林寺		廣元縣十一都	宋太平興國二年（977）			浙234/23

　　錢氏有國時，在處州建寺十處所。武肅王時，名僧貫休曾住和安寺，且在處州建翠峰院（《浙江通志》卷二三四；《宋高僧傳》卷三十）。南岳四世有緣（神照法嗣），在連雲院行化。溈仰宗在處州弘化的，有仰山門下遂昌禪師（《景德傳燈錄》卷十二）。法眼宗在處州弘化的，有師智，住報恩寺，師事文益法嗣清聳禪師（《景德傳燈錄》卷二十六）。僧德韶，為法眼文益上首，十七歲時受業於處州龍歸寺。曹洞宗在本州，僅見廣利院容禪師，乃曹山本寂法嗣（《景德傳燈錄》卷二十）。天台第五祖智威，處州處雲人，永隆三年（862）十一月示寂，吳越王追諡為玄達尊者，嗣法弟子為慧威。處州始建於隨開皇九年（589），留傳於今的古寺有金山寺，焦山定慧寺與寶華山隱昌寺。縉雲山西門有樓眞寺，始建於唐咸通二年，相傳為南岳四世，玄眞出戒之地而得名。有惠明寺，據《景寧畲族自治縣志》卷二十記載，咸通二年惠明和尚建寺於南泉山，並在寺園圍栽植茶樹。寺後尚有一株白茶，樹齡千年以上。

　　青原系雪峰義存的法派，也在處州弘化，有翠峰從欣（福州長慶慧後法嗣）、福林澄和尚（婺州報恩院寶資法嗣）、處報恩守眞（翠峰從欣法嗣）。德山宣鑒法派，在處州行化的有報恩契從，雙谿保初禪師（兩人皆婺州明招德謙禪師法嗣，《景德傳燈錄》卷二十四）。

附錄十二　吳越國在衢州建寺表

衢州建寺表：十五所

史源：《浙江通志》卷二三三。

寺　名	舊　名	地　　點	建置年代	建　者	賜額年代	出處卷頁數
湧泉寺		城西北二十五里	晉天福國			浙 233／3
故城寺		城南亨衢鄉	宋乾德二年（964）			浙 233／3
明教寺		城北二十里	宋太平興國元人（976）	谷口、鄭永等建		
光嚴寺		城東四十里清平鄉	周廣順間			浙 233／4
地藏上寺		城西三十五里	石晉開運二年（945）			浙 233／4
地藏下寺		城西五里	漢乾祐年間			浙 233／4
太平寺		城北三十五里	後唐天成間			浙 233／4
瀫水寺		龍游縣東北十五里	晉天福中			浙 233／7
保安寺		常山縣北二十五里		吳越侍御史江景房建		浙 233／10
寶成寺		江山縣東北一里	吳越時		宋大中祥符年	浙 233／11
太平寺		江山縣南三十五里	宋乾德元年（963）	僧德浩	宋太宗時	浙 233／13
太康院		開化縣南五十里	周顯德元年（954）			浙 233／15
雲門院		開化縣西雲臺鄉	宋開寶中			浙 233／16
龍華院		開化縣西二十里	晉天福四年（939）			浙 233／15
瓈源寺		江山縣東南六十里	晉天福七年（943）		僧法諲結菴於此，錢王召至錢塘，賜號通躋大師及寺額	浙 233／12

　　衢州於天祐三年（906）被錢鏐所取，自錢氏有國，建寺凡十五所。錢鏐爲杭牧之前，衢州子湖巖有利蹤（800～880，南泉普願法嗣）在安國禪院行化四十五年，其弟子有劉鐵摩尼者（《景德傳燈錄》卷十）。晚唐之時青原系雪峰義存之思想大盛，其門下在衢州有南臺仁（《景德傳燈錄》卷二十）。忠獻王時，宗季曾投衢州巨信論師，學名數論，兩人偕在杭州開講。衢州有法諲，住瓈源寺，錢王召至錢塘，賜號通濟大師及寺額（《浙江通志》卷二三三）。忠懿王時，因寺院林立，香火鼎盛之故，衢州曾發生火災（《十國春秋》卷八十一）。衢州有志澄，住鎮境寺，後遷住杭州西山寶雲寺說法，錢

王賜號積善，賜紫衣（《景德傳燈錄》卷二十六）。江山縣有太平寺，爲德浩於宋乾德初建，宋太宗時給額（《浙江通志》卷二三三）。衢州刺史朱仁幹，於宋建隆三年（965）建浴室院。侍御史江景房於常山縣，建保安寺（《浙江通志》卷二三三）。宋開寶三年（970）衢州刺史翁晟創山西禪院，請道潛法嗣懷省禪師主持（《景德傳燈錄》卷二十六）。宋初法眼宗一派於吳越大興玄旨，在衢州行化的有可先（清聳法嗣）、鎭境寺志澄（道潛法嗣，《景德傳燈錄》卷二十六）。

後周顯德元年，錢弘俶建慧日永明院（即杭州淨慈寺）禮請衢州道潛禪師居之，爲開山祖師，建隆二年（961）延壽任第二任住持。衢州烏石山中，有唐古刹福慧禪寺和通濟大師手植銀杏兩株，樹齡千餘年。爛柯山爲衢州佛教發祥地之一，山之南麓有梁時所建的寶岩古寺，唐宋時多位高僧在此弘法。州市南街的天寧寺，係浙西佛教中心，梁高僧臥雲禪師建，原名吉祥寺，宋朝更名報恩光孝寺，後賜名天寧萬壽禪寺。天寧寺歷代出高僧，法眼宗永明延壽禪師曾駐錫此地，完成《宗鏡錄》百卷，圓寂後諡號智覺禪師，因禪師之故天寧寺在當時亦被稱爲永明禪院。衢州多南朝梁時流傳下來的古寺，如寶岩寺，每年七月杪，香市雲集，成爲浙西伽藍勝境（廖中元〈爛柯山與佛教〉，《浙江佛教》1997 年第四期）。